高职高专"十三五"规划教材

物流管理专业

U0653191

采购管理

申纲领　编　著

微信扫一扫

教师服务入口　　　　学生服务入口

南京大学出版社

图书在版编目(CIP)数据

采购管理 / 申纲领编著. — 南京：南京大学出版社，
2018.3

高职高专"十三五"规划教材·物流管理专业
ISBN 978 - 7 - 305 - 19968 - 4

Ⅰ. ①采… Ⅱ. ①申… Ⅲ. ①采购管理 Ⅳ.
①F253

中国版本图书馆 CIP 数据核字(2018)第 041364 号

出版发行　南京大学出版社
社　　　址　南京市汉口路 22 号　　　邮　　编　210093
出 版 人　金鑫荣

丛 书 名　高职高专"十三五"规划教材·物流管理专业
书　　　名　采购管理
编　　著　申纲领
责任编辑　代伟兵　武 坦　　　　编辑热线　025 - 83597482

照　　排　南京理工大学资产经营有限公司
印　　刷　南京人民印刷厂
开　　本　787×1092　1/16　印张 15.75　字数 393 千
版　　次　2018 年 3 月第 1 版　2018 年 3 月第 1 次印刷
ISBN 978 - 7 - 305 - 19968 - 4
定　　价　39.80 元

网　　址：http://www.njupco.com
官方微博：http://weibo.com/njupco
微信服务号：njuyuexue
销售咨询热线：(025)83594756

前　言

在物流迅速发展的今天，采购，这个长期不被重视的领域，已经越来越引起人们的关注，企业管理者试图从中挖掘新的利润源泉。在采购的实践中人们发现，采购环节确实存在着很大的利润空间，通过正确的运作和管理，可以大大降低企业的生产和流通成本，给企业带来很大的利润和经济效益，对资源的节约和社会的可持续发展可起到巨大作用。

本书全面分析和总结了我国物流业和采购业发展的现状，并吸收了国内外先进的物流和采购理念、技术和管理思想，尽可能详尽地阐述采购业务中的基础理论、采购组织和管理的技术与操作规程，内容新颖、详略得当、深入浅出、简明易懂，注重实际操作性。全书共分为十一个项目，分别从采购概述、采购模式、电子采购、招标采购、采购基础、采购计划和采购预算、供应商管理、采购成本分析与控制、采购谈判和合同管理、企业内部采购管理及其他采购管理等各个与采购相关的知识信息进行阐述。每个项目还增加了知识目标、技能目标、引导案例、小思考、案例分析、同步练习等内容，使各章内容的系统性更加突出，体现了高等职业教育的应用性、技术性与实用性特色。

由于采购管理是一门发展迅速、新成果层出不穷的学科，因此，在编写过程中，尽量从学生的角度出发，深入浅出，循序渐进，使学习内容逐步深化。全书从采购的实际案例入手，引出各章的重要概念、基本原理和运作程序，并从理论上和实践环节上进行详细的阐述，使读者能准确了解所学的知识。既注重了理论的系统性和规范性，又突出了实用性和灵活性，在内容上既体现了采购管理战略的国际化，又体现了策略的本土化，编者本着全面客观的原则，尽可能翔实客观地将目前采购管理学科的不同观点展示出来，以便于教学和自学使用。

本书由许昌职业技术学院教授申纲领编著。在编写过程中，参考了大量的著作、文献，借鉴了国内外同行专家的很多研究成果，在此，对涉及的专家、学者表示衷心的感谢！

由于作者水平有限，书中难免有粗疏乃至错误之处，恳请读者批评指正。

编著者

2018 年 3 月

目　录

项目一　采购概述

知识目标	技能目标	建议学时
■ 掌握采购管理的概念 ■ 了解采购方式和采购类型 ■ 掌握采购管理的内容和采购部门的职责	■ 熟悉采购管理的分类 ■ 弄懂采购的流程 ■ 学会采购管理的内容	6

▶ 引导案例

空调批发公司的采购管理案例

某公司是一家北京空调的批发公司,它的客户既有如西单、蓝鸟、双安这样的大商场,也有北京街头很多地方可看到的空调专卖店,大致能有几十家,大商场的销售占主要部分。公司主要出售三家公司的空调产品:美的、日立、三菱,其中美的的产品占公司销售的绝大部分,经营空调的品种大约为三四十种。公司的销售额已经达到了一个亿,假设一个空调的平均单价为 2 000 元,一年销售空调的数量将大致为 5 万台,这 5 万台空调绝大部分集中在一年的三个月或更短时间中销售,公司的财务部人员 5 位,主要业务就是核算与供应商及客户的往来账和库存商品的明细账。它的主要供应商"美的"必须采用预付款的方式进行往来结算,而其他两家可以采用赊购的方式。

由于 5 万台空调集中在比较短的时间里采购与销售,公司的人手又少,同时在空调热卖的日子里,同一型号的空调不同的进货批次价格不一样,它的供应商都是空调的货先到,采购发票延迟很长时间后才能到达。所以,由于这些的原因导致企业与供应商的往来账,始终不能非常清楚,与供应商对账时,有时无据可查。在空调热卖的日子,公司的经理常会说,空调的预付款怎么又没有了,因为这之前已经花了。另外,企业的管理人员尽管知道哪种空调好卖,但没有准确的数字,所以有时不能准确地把握未来空调进货的数量,进多了可能会占压库存(为了节省成本,此公司的仓库较小),进少了又失去了销售的机会。

此公司应用了进销存软件之后,解决了两大问题。第一,采购管理完善了,与供应商的往来账变得清晰明了,有据可查了。他们是这样解决问题的,因为发票滞后到达,所以公司首先输入原始到货单和付款单,公司的计算机系统自动记供应商往来账,及时为企业的经理提供信息,待到采购发票到达了,再进行核对。这看起来似乎是很简单的问题,但因为企业的采购批次繁多及采购的品种繁多,就发生了本质的变化,变得非常复杂。供应商往来账的清晰仅是一个结果,为了实现这个结果,在计算机系统的帮助下,企业规范了采购管理的业务处理流程与原始数据。第二，增强了采购的准确性，减少了盲目性，同时为企业采购资金的筹备提供了依据。这个企业大部分的空调销售是来自大商场，顾客在商场付款购买空调后，公司是在两三天后才给客户安装的，而此时公司在商场的信息员，将把信息发回公司，公司的计算机系统对此信息进行汇总，据此公司可以较准确地预测未来采购的数量。

问题：

1. 如果公司为了把库存减到最少，公司应该采取何种方式利用销售信息？对供应商提出什么样的要求？

2. 如果供应商与企业都用计算机进行记账，如何对账最方便？

随着经济全球化的深入发展，我国企业面临着更为严峻的挑战，如何使企业立于不败之地，不仅要在生产制造、市场营销等方面寻找突破口，也要在采购上挖掘潜力。树立现代采购理念，利用科学的采购理论和方法指导采购，将会形成企业采购优势，提高企业市场竞争力。

任务一　采购类型与方式

1.1.1　采购概述

1. 采购的概念

采购是指采购人或采购实体基于生产、转售、消费等目的，购买商品或劳务的交易行为。采购同销售一样，都是市场上一种常见的交易行为。

狭义的采购就是指买东西，即"一手交钱，一手交货"，以货币换取物品的方式。这种以钱换取物品的方式，无论对于个人还是企业机构都是普通的采购途径。因此，在狭义的采购之下，买方一定先具备支付能力，也就是要有钱，才能换取他人的物品来满足自己的需求。

广义的采购是指除了以购买的方式占有物品之外，还可以通过其他途径（如租赁、借贷、交换等）取得物品的使用权，以达到满足需求的目的。现代意义的采购大多和供应商联系在一起，并随着企业和社会经济的发展而不断被赋予新的内涵。在市场经济条件下，企事业单位获取所需物质资料的主要途径是市场采购。而采购行为是否合理，对保证生产和服务质量、降低成本、提高经济效益都会产生直接影响。

其实采购不是单纯的购买行为，而是从市场预测开始，经过商品交易，直到采购的商品到达需求方的全部过程。其中包括了解需要、市场调查、市场预测、制订计划，确定采购方式、选择供应商，确定质量、价格、交货期、交货方式、包装运输方式，协商洽谈、签订协议、催交订货、质量检验、成本控制、结清货款、加强协作、广集货源等一系列工作环节。

采购的含义非常广泛，既包括生产资料的采购，又包括生活资料的采购；既包括企业的采购，又包括事业单位、政府和个人的采购；既包括生产企业的采购，又包括流通企业的采购。

采购是一种常见的经济行为，从日常生活到企业运作，从民间到政府，都离不开它。无论是组织还是个人，要生存就要从其外部获取所需要的有形物品或无形服务，这就是采购。企业采购是指企业根据生产经营活动的需要,通过信息搜集、整理和评价,寻找、选择合适的供应商,并就价格和服务等相关条款进行谈判达成协议,以确保需求得到满足的活动过程。

采购管理是指为保障企业物资供应而对企业的整个采购过程进行计划、组织、指挥、协调和控制活动。

企业采购管理的目的是为了保证供应,满足生产经营需要,既包括对采购活动的管理,也包括对采购人员和采购资金的管理等。一般情况下,有采购就必然有采购管理。但是,不同的采购活动,由于其采购环境,采购的数量、品种、规格的不同,管理过程的复杂程度也不同。个人采购、家庭采购尽管也需要计划决策,但毕竟相对简单,一般属于家庭理财方面的研究,这里我们重点研究的是面向企业(组织、集团、政府等)的采购管理活动。

2. 采购的基本特征

1) 采购是从资源市场获取资源的过程

采购对于生产或生活的意义,在于它能够提供生产或生活的所需要而自己又缺乏的资源。这些资源,包括生活资料(如粮食、服装等),也包括生产资料(如机床、矿石等);包括物质资源(如原材料、设备、工具等),也包括非物质资源(如产销信息、办公软件、生产技术等)。能够提供这些资源的供应商,形成了一个资源市场。采购的基本功能就是帮助人们从资源市场获取其所需要的各种资源。

2) 采购是商流和物流过程的统一

在采购过程中,一是要将资源的所有权从供应商(卖方)转移到购买方,这是商流过程,主要通过商品交易、等价交换等方式来实现商品所有权的转移;二是要实现将资源的物质实体从供应商转移到购买方,这是物流过程,主要通过运输、储存、包装、装卸等手段来实现商品空间位置的转移。只有这两个过程都完全实现了,采购过程才算完成。

3) 采购是一种经济活动

采购是企业经济活动的主要组成部分。所谓经济活动,就是要遵循经济规律,追求经济效益。在采购活动整个过程中,一方面,通过采购,获取了资源,保证了企业生产的顺利进行,这是采购的效益;另一方面,在采购过程中,也会发生各种费用,这就是采购成本。我们要追求采购经济效益的最大化,就要不断降低采购成本,以最少的成本换取最大的效益。而要做到这一点,关键的关键,就是要努力追求科学采购。科学采购是实现企业经济利益最大化的基本利润源泉。

3. 采购的功能

"有钱就能买到好东西",很多企业长期持有的这种传统观念使他们把采购当作例行性的行政工作,忽视了采购对企业产销活动的直接贡献。但是,随着市场经济发展和技术的进步,采购已由单纯的商品买卖发展成为一种职能,一种可以为企业节省成本、增加利润、获取服务的资源。采购已由战术地位提高到战略地位,其主要体现在现代采购具有控制生产成本、保证生产供应、控制产品质量、促进产品开发等功能。

1) 采购的生产成本控制功能

采购成本是企业成本管理的主体和核心部分,采购是企业管理中"最有价值"的部分。

从生产企业来看,各类物料转移的价值构成产品价值的主要部分。对于一个典型的制造企业,一般采购成本(包括原材料、零部件)要占 60%,工资和福利占 20%,管理费用占 15%,利润占 5%。而在现实中,许多企业往往将大量的时间和精力放在如何控制不到总成本 40% 的企业管理费用及工资和福利上,而忽视其主体部分——采购成本,结果往往事倍功半,收效甚微。

2) 采购的供应控制功能

稳定的供应才有稳定的生产。在生产过程中,即使 99% 的物料到位,只要有 1% 的物料由于各种原因不能及时到位,也将迫使生产中断,给企业造成重大损失。因此,从供应的角度来看,采购是供应链管理中"上游控制"的主导力量。

为了满足最终顾客的需求,企业都力求以最低的成本将高质量的产品以最快的速度供应到市场上,以获取最大利润。而为了尽可能获取较多的利润,企业会想方设法加快物料和信息的流动,这样就必须依靠采购的力量,充分发挥供应商的作用,因为占成本 60% 的物料和相关信息都来自供应商。供应商如果能提高其供应可靠性及灵活性、增加送货频率、缩短交货周期,就可以极大地促进企业管理水平的提高,如缩短生产周期、提高生产效率、减少库存、增强企业对市场需求的应变力等。

3) 采购的产品质量控制功能

质量是企业产品的生命。采购物料时不只考虑价格问题,还包括考察供应商的产品质量水平、质量保证能力、售后服务、产品服务水平、综合实力等。有些东西看起来买得很便宜,但如果经常维修,不能正常工作,就会大大增加使用的总成本;如果买的是假冒伪劣产品,企业会蒙受更大的损失。

采购能对质量成本的削减做出贡献。当供应商交付产品时,许多企业都会进行来料检查和质量检查。采购任务的一部分是使企业的质量成本最小化,所采购货物的来料检查和质量检查成本的降低,可以通过选择那些将生产置于完善的控制之下并拥有健全的质量组织的供应商来实现。

4) 采购的促进产品开发功能

随着科学技术的发展,产品开发周期在极大地缩短,产品开发同步工程应运而生。以汽车为例,20 世纪 50 年代其开发周期为 20 年,70 年代缩短到 10 年,80 年代缩短到 5 年,90年代则进一步缩短到 3 年,21 世纪则为 1 年左右,企业之所以能够做到这一点与供应商早期参与密不可分。通过采购让供应商积极参与到企业产品开发中,不仅可以利用供应商的专业技术优势缩短产品开发时间,节省产品开发费用以及产品制造成本,还可以更好地满足产品功能需要,提高产品的市场竞争力。冯·锡培尔指出,成功的工业革新常常是从供应商和买方的相互深入作用中得出的。积极地寻求这种相互作用是采购的任务。通过这种方式,采购能够对产品的持续革新和改进做出积极的贡献,这将导致公司在其最终用户市场取得更为强大的市场地位。

科学的采购不仅能减少所购物料或服务的价格,而且在保证生产经营顺利进行的同时,能有效支持企业的战略、改善库存管理,稳步推进与供应商的关系,密切了解供应市场的趋势。因此,加强采购管理对于企业提升核心竞争力具有十分重要的意义。

4. 采购的目标

总的来说,采购的目标就是寻找、跟踪、评估供应商,监督实物供给活动,避免由于供给中断或质量不合规定给企业生产、运作带来灾难性的影响。具体说,采购前目标可分为四个方面:获取企业所需数量和质量的产品和服务;以尽可能低的成本获取这些产品和服务;确保供应商按要求供货,提供其他相关服务;巩固与供应商之间良好的供需关系,寻求替补供应商。

为了达到上述目标,采购应该完成以下几项具体内容:

(1) 采购要为整个企业的生产提供一个连续不断的原材料供给、产品供给和服务供给。原材料和零部件必须在需要时及时供应,生产线的中断有可能影响雇主和客户利益,当然也会增加企业成本。

(2) 维持企业所必需的质量标准。一个企业产品的质量往往受限于其购买的原材料和零部件的质量。计算机行业处理数据时常用一句话来形容:"进来的是垃圾,出去的也是垃圾",这句话在这里也是适用的。当企业专注于控制采购成本时,往往会忽视采购的质量。因此,在降低价格的同时绝对不能在产品质量上妥协。

(3) 寻找或培养可靠的供应商。好的供应商不仅有助于企业解决很多采购方面的问题,而且还能促进企业研发水平提高,提升企业竞争力。采购经理的主要目标之一就是要发现高质量的供应商,并与之成为战略合作伙伴。

(4) 将采购物品标准化。将原材料标准化,可以适当降低库存、储运成本,而且可以使采购部门在一定的质量上与供应商洽谈价格,降低对某些供应商的依赖性。

(5) 以最低价格购买所需产品和服务。所谓最低价格,是根据所购买产品的时间限制、所消耗的资源以及企业采购成本限制等条件来决定的,不可能有统一的规定,也不会自动达成。此外,考虑最低价格时也应该将非货币因素考虑在内。这些非货币成本包括劳务、原材料的质量、数量以及特殊运输条件等因素所引起的成本。

(6) 创造竞争优势,提高企业的竞争地位。科学合理的采购可以确保企业以最低价格购买到所需的原材料,并且可以维系企业的竞争地位。这样做不仅控制了成本,还能够确保企业原材料的及时供应。同时,采购活动还可以培养和建立与供应商之间的关系,确保即使是在比较恶劣的条件下也有一个稳定、连续的原材料供应,从而使企业自身在竞争当中处于有利地位。

(7) 加强与其他部门的协同工作。采购不是一个完全独立的环节,它和生产、计划、营销、财务密切相连,几乎涉及整个企业运作过程的方方面面。因此,采购部门一定要和其他部门通力合作,协调解决共同的问题。

(8) 以最低的管理成本达到采购的目的。与企业其他活动类似,采购活动涉及运营成本以及管理成本。整个采购运作过程需要合理有效的管理,因此在考虑运营成本最小的同时也应该考虑将整个过程的管理成本最小化。

总之,采购的目标不再仅仅是以最少的钱买到最好的商品,而是要发挥采购在企业中的战略职能,为企业降低成本、提高产品质量、推进产品开发、提升企业竞争力等方面做出积极的贡献。

1.1.2 采购类型

1. 以采购性质分类

以采购性质分类,采购可分为公开采购与秘密采购、大量采购与零星采购、特殊采购与普通采购、正常性采购与投机性采购、计划性采购与市场性采购。

（1）公开采购是指采购行为公开化;而秘密采购是指采购行为在秘密中进行。

（2）大量采购是指采购数量多的采购行为;而零星采购是指采购数量零星化的采购行为。

（3）特殊采购是指采购项目特殊。采购人员事先必须花很多时间从事采购情报搜集的采购行为,如采购特殊规格、特种用途的机器。普通采购是指采购项目极为普通的采购行为。

（4）正常性采购是指采购行为正常化而不带投机性;而投机性采购是指物料价格低廉对大量买进以期涨价时转手图利的采购行为。

（5）计划性采购是指依据材料计划或采购计划的采购行为;而市场性采购是指依据市场的情况、价格的波动而从事的采购行为,此种采购行为并非根据材料计划而进行的。

❓小思考

正常性采购与投机性采购有哪些不同?

2. 以采购时间分类

以采购时间分类,采购可分为长期固定性采购与非固定性采购、计划性采购与紧急采购、预购与现购。长期固定性采购是指采购行为长期而固定性的采购;而非固定性采购是指采购行为非固定性,需要时就采购。计划性采购是指根据材料计划或采购计划的采购行为;紧急采购是指物料急用时毫无计划性的紧急采购行为。预购是指先将物料买进而后付款的采购行为;现购是指以现金购买物料的采购行为。

3. 以采购订约方式分类

以采购订约方式分类,采购可分为订约采购、口头或电话采购、书信或电报采购以及试探性订单采购。订约采购是指买卖双方根据订约的方式而进行采购的行为。口头或电话采购是指买卖双方不经过订约的方式而是以口头或电话的洽谈方式进行采购的行为。书信或电报采购是指买卖双方利用书信或电报的往返进行采购的行为。试探性订单采购是指买卖双方在进行采购事项时因某种缘故不敢大量下订单,先以试探方式下少量订单,等试探性订单采购进行顺利时,才下大量订单。

4. 按照采购的范围分类

1）国内采购

国内采购主要指在国内市场采购,并不是指采购的物资都一定是国内生产的,也可以是国外企业设在国内的代理商采购所需物资,只是以本币支付货款,不需以外汇结算。国内采购又分为本地市场采购和外地市场采购两种。通常情况下,采购人员首先应考虑本地市场采购,这样可以节省采购成本和时间,减少运输,同时保障供应;在本地市场不能满足需要时,再考虑从外地市场采购。

2) 国外采购

所谓国外采购,指国内采购企业,直接向国外厂商采购所需物资的一种行为。这种采购方式一般通过直接向国外厂方咨询,或者向国外厂方设在国内的代理商咨询采购,主要采购对象为成套机器设备、生产线等。国外采购的优点主要有:质量有保证;平抑国内产品的价格,因为国外供应商提供产品的总成本比国内供应商的低一些;可以利用汇率变动获利。但也存在一些不足,其中包括:交易过程复杂,影响交易效率;需要较高的库存,加大了储存费用;纠纷追索困难,无法满足急需交货。尽管国外采购存在一定的风险,但由于我国在材料、设备等方面技术相对落后,国外采购仍然是我同企业采购的一种重要途径。

国外采购的对象主要有国内无法生产的产品,如电脑制造商需要的 CPU、汽车制造商需要的光电控制系统等;无代理商经销的产品,通常直接进行国外采购;在价格上占据优势的国外产品,如进口汽车、农产品等。

1.1.3　采购方式

采购方式是采购主体获取资源或物品、工程及服务的途径、形式与方法。当采购计划确定以后,采购方式的选择就显得格外重要。它直接决定着企业能否有效地组织、控制物品资源,以保证其正常生产和经营以及较大利润空间的实现。采购方式的选择主要取决于企业制度、资源状况、环境优劣、专业水准、资金情况和储运水平等。

采购方式很多,划分方法也不尽相同。

1. 现货采购、远期合同采购和期货采购

按采购方式的发展历程,采购方式可划分为现货采购、远期合同采购和期货采购。

1) 现货采购

现货采购是指商品交换中即期实现货币转化为商品的购买行为。现货采购具有即时交割、责任明确、无信誉风险、灵活方便、手续简单、易于组织管理等优点,但现货采购对市场的依赖性大。

2) 远期合同采购

远期合同采购是指供需双方为稳定供需关系、实现商品购销而签订远期合同的采购方式。它通过合同约定,实现商品的供应和资金的结算,并通过法律和供需双方信誉与能力来保证预定交割的实现。

3) 期货采购

期货可分为金融期货和商品期货。这里所讲的是商品期货的采购。期货采购是采购者在交易所买入标准化的,受法律约束的期货合约,在未来的某时刻、某地点按期货合约规定购入货物的采购方式。

2. 集中采购与分散采购

在企业内部按采购权限可将采购方式分为集中采购与分散采购。这是企业从资源、环境和制度角度出发,根据自身管理制度、成本、效率、采购数量、组织状况等所做出的采购方式决策。

1) 集中采购

集中采购是指企业在核心管理层建立专门的采购机构,统一组织实施企业所需物品的采购进货业务。

2) 分散采购

分散采购是将企业或企业集团的采购权限分散到下属各需求单位,各需求单位根据自身生产经营的需要自行组织实施采购的方式。它是集中采购的完善和补充,有利于采购环节与存货、供料等环节的协调配合,有利于增强基层工作人员的责任心,使基层工作富有弹性和成效。

3. 直接采购与间接采购

按采购主体完成采购任务的途径,采购方式可分为直接采购与间接采购。

1) 直接采购

直接采购是指采购主体自己直接向物品供应单位(一般指生产厂家)进行采购的方式。一般指企业从物品源头进行采购,以满足生产经营所需。目前,绝大多数企业均使用此类采购方式。

2) 间接采购

间接采购是指通过中间商实施采购行为的方式,也称委托采购或中介采购。委托流通企业采购是目前经营活动中最常用的间接采购方式,一般依靠有资源渠道的贸易公司、物资公司等流通企业实施,或依靠专门的采购中介组织执行。还有一种采购方式叫企业闲置物品串换或资源交换,也可算作间接采购方式。

4. 招标采购

招标采购是指通过招标的方式,邀请所有的或一定范围内的潜在供应商参加投标,采购实体通过某种事先确定并公布的标准从所有投标者中评选出中标供应商,并与之签订合同的一种采购方式。由于招标采购在公开、公正、公平和竞争性方面具有优势,使得招标采购作为一种比较理想的方式,为世界各国及各种经济组织所推荐。

任务二 采购管理

1.2.1 采购管理的概念

1. 采购管理的概念和基本职能

所谓采购管理,是指为保障企业物资供应而对企业采购进货活动进行的管理活动。它包括以下四项基本职能。

1) 供应商管理

供应商管理主要包括对供应商的评估、谈判、引进、评审和淘汰等环节,供应商的引进主要来自于新供应商的申请和为引进新品而选择的供应商。

供应商引进的淡判条件,包括折扣、购销形式、结算方式等,以及引进后对供应商的评审监控,对不合格供应商的淘汰等,均可以应用供应商分级体系进行统一管理。统计供应商在经营过程中的产品质量、产品销量、供货率、供货速度以及交易额等,通过与对应的分级标准相比较,可以对供应商级别进行设定和调整。

目前通常按照交易额标准将供应商划分为 ABC 三类。A 类供应商属于重点供应商,数量占全部供应商的 5%～10%,但是交易额占全部交易额的 70%～75%;B 类供应商属于正常供应商,数量占全部供应商的 20%,交易额占全部交易额的 20%;C 类供应商属于一般供应商,数量占全部供应商的 70%～75%,交易额只占全部交易额的 5%～10%。对不同类别的供应商,在采购时应区别对待。例如,在折扣和付款方式上,可以对 A 类供应商给予一定的优惠。

在评审供应商时,可按照产品供货率、供货速度、产品销量(产品库存占供货比率)和到货质量四个因素对供应商的服务质量进行评审,也可以分为 ABC 三类,在采购时同样进行区别对待,对长期服务质量不达标的供应商进行淘汰。

2) 制订采购计划和日常订货管理

采购计划按照时间可分为长期计划、中期计划和短期计划,这里仅讨论短期采购计划,即年度采购计划或季度采购计划。日常订货管理以采购计划为基准,根据实际经营情况不断进行调整。

采购计划的调整采取信息系统自动识别计划与实际差异(包括安全库存预警、库存过高预警、滞销品自动筛选)和人工跟踪识别差异两种方式相结合。采购计划制订的目标是以最小的成本实现既定的客户服务水平,需要决定三个变量:一是品种的选择;二是各品种的采购数量;三是各品种的采购时间。品种选择时可依据前面的品种类别划分,对重点品优先处理的同时,注意商品组合的广度和深度,构造商品群。

对各品种的订货需要做出经济订货批量(EOQ)和经济订货周期(EOT)的决策。

3) 新品引进

新品引进主要考虑的是新品对原有品种的广度和深度的影响,目的是通过新品引进不断更新品种结构。新品需要通过试销期来决定其品种属性,在试销期结束后,通过属性转变纳入到采购计划中或者淘汰。

4) 滞销品的淘汰与控制

按照产品品种的划分,滞销品指的是毛利低且周转率低的商品。通过信息系统自动识别与人工筛选相结合的方式,依据日常的销售和库存情况对其进行识别和控制。

2. 采购管理的发展趋势

面对中国入世后更剧烈的国际竞争,企业利润率的提高,不仅要从争取更多的市场份额入手,降低企业运作成本的重要性亦日趋突显。比较于增加市场份额与销售收入,对企业而言,降低企业运作成本则显得更易于控制与操作。在企业运作成本中,企业的采购成本则占了相当大的份额。因此采购管理作为企业生产经营管理过程中的基本环节,已经越来越受到企业的广泛重视。那么,采购管理未来的发展趋势是什么呢? 简单地说,采购管理将从简单的购买向"合理采购"转变,即选择合适的产品,以合适的价格,在合适的时间,按合适的质量并通过合适的供应商获得。总的来说,今后的采购管理将表现出以下几种趋势。

1）采购管理的集中化

采购管理的集中可以增强企业的核心竞争力，从而推动企业的发展。

2）采购管理的职能化

以往，很多公司的采购部门隶属于生产部门。近年来，越来越多的公司采购部门从生产部门或其他部门独立出来，开始直接向总经理、副总经理汇报。相应的，采购部门发挥着越来越大的作用，采购职能也从原来的被动花钱，开始有了节省资金、满足供应、降低库存等一系列目标。

3）采购管理的专业化

传统采购组织中，采购员发挥不了很大作用：一方面是领导对采购认识的局限、采购环境的恶劣，以及对采购舞弊的恐惧；另一方面也由于采购员和采购组织的软弱无力和技能缺乏，造成采购的低技术性。

4）采购管理的电子商务化

电子商务是随着因特网技术和新经济管理理论的发展而出现的一种新兴的商务方式。由于采购是企业直接面对市场的第一个窗口，因此电子商务的发展将在未来彻底改变现在的采购管理模式。传统采购管理面临的问题如信息狭窄，不及时、不准确，采购数据流失等，都将在实施电子商务的过程中逐步消失，现在通过电子商务，管理人员可以立即获取并分析过去的或现在的交易信息，并为未来的采购提供决策支持数据。目前有很多企业已经认识到电子商务对采购管理的重要性，并试图运用因特网进行信息共享、访问电子目录等，但这些还只是电子商务的一些表层应用。可以预见，在不远的将来，其他潜在的电子商务应用如订单跟踪、资金转账、产品计划、进度安排、收据确认等也将得到广泛应用，并直接改变未来的采购管理模式。总之，电子商务对采购管理的影响将在企业的战略规划中得到体现，而不是仅仅对采购管理战术性的改变。

5）采购管理的战略性成本管理

采购管理中的关键内容是降低企业总的采购成本。企业为获取更多的利润或保持较高的竞争力，实施成本降低战略往往是首选。但随着技术、设备等领域成本降低空间的大幅度减小，以往被忽略的采购部门对成本降低带来的作用越来越明显。

为了成功地进行战略性成本管理，供应链成员除了必须面对同其他贸易伙伴协作并对其敞开大门外，还必须正确认识战略将涵盖的内容：一是对企业的业务流程加以改进，识别并消除不带来增值的成本和行为；二是供应链中制定技术性和特殊性产品和服务的价格策略；三是在不同的市场中分享成本模型和节约的成本。可以说，随着成本压力的增加和企业间竞争加剧，战略性成本管理成为未来企业必须面对并要认真对待的课题。而这些又将直接影响未来的采购管理，并决定未来采购管理的方向。

6）采购管理的战略采购

战略采购来源于对物资分类管理的细化。战略采购的关键是与供应商保持密切的合作关系，特别是那些重要的供应商、转换成本高的供应商。事实上，战略采购将直接导致供应链管理。

由于战略采购的管理重点仍将是以供应商评价、选择和发展为主，因此战略采购未来的发展将以战略联盟和伙伴关系出现，特别是战略物资供应商的管理将率先采取这种管理方式。伴随着战略采购的实施,供应商转换成本的进一步细化和明确,采购管理还将出现许多策略性采购行为,如订货、报价、发货等将实现自动化。同时对许多低价值、不重要的标准化产品的采购还会出现以外包的形式给第三方或采购承包商,这样可以降低采购和供应部门的业务费用。

❓小思考

战略采购有哪些重要性?说出企业中哪些属于战略采购。

1.2.2　采购管理的过程与内容

为了实现采购管理的基本职能,采购管理需要有一系列的业务内容和业务过程。采购管理的内容与过程如下。

1. 采购管理组织

采购管理组织,是采购管理最基本的组成部分。为了搞好采购管理,需要有一个合理的管理机构和一个精悍的管理组织机构,要有一些能干的管理人员和操作人员。

2. 需求分析

需求分析,就是要弄清楚企业需要采购一些什么品种、需要采购多少,什么时候需要什么品种、需要多少等问题。作为全企业的物资采购供应部门,应当掌握全企业的物资需求情况,制订物料需求计划,从而为制订出科学合理的采购订货计划做准备。

3. 资源市场分析

资源市场分析,就是根据企业所需求的物资品种,分析资源市场的情况,包括资源分布情况、供应商情况、品种质量、价格情况、交通运输情况等。资源市场分析的重点是供应商分析和品种分析。分析的目的是为制订采购订货计划做准备。

4. 制订采购订货计划

制订采购订货计划,是根据需求品种的情况和供应商的情况,制订出切实可行的采购订货计划,包括选定供应商、供应品种、具体的订货策略、运输进货策略以及具体的实施进度计划等,解决什么时候订货、订购什么、订多少、向谁订、怎样订、怎样进货、怎样支付等一些具体的计划问题,为整个采购订货进货规划一个蓝图。

5. 实施采购订货计划

实施采购订货计划,就是把上面制订的采购订货计划分配落实到人,根据既定的进度实施。具体包括联系指定的供应商、进行贸易谈判、签订订货合同、运输进货、到货验收入库、支付货款以及善后处理等。通过实施这样的具体活动就完成了一次完整的采购活动。

6. 采购评估

采购评估,就是在完成一次采购以后对这次采购进行评估,或月末、季末、年末对一定时期内的采购活动的总结评估,主要在于评估采购活动的效果、总结经验教训、找出问题,提出改进方法等。通过总结评估,可以肯定成绩、发现问题、制定措施、改进工作,不断提高采购管理水平。

7. 采购监控

采购监控,是指对采购活动进行的监控活动,包括对采购有关人员、采购资金、采购事物活动的监控。

8. 采购基础工作

采购基础工作,是指为建立科学、有效的采购系统,需要建立的一些基础建设工作,包括管理基础工作、软件基础工作和硬件基础工作。

任务三　采购组织设计

1.3.1　采购组织的建立

1. 采购组织的类型

1）分散型组织

（1）基本概念。分散采购指由各预算单位自行开展采购活动的一种采购实施形式。分散的采购组织结构是伴随着总部对企业运作管理权限的放开,分支机构掌管了日常事务后出现的。

分散型采购组织的一个重要特点就是每个经营单位的负责人对自己的财务后果负责,分支机构采购服务的客户满意度不断提高。总部通常以"参谋"（而不是直线职能）的角色或以内部咨询机构的名义进行监督,制定合作政策,消除部门间的障碍,最终成为各分支机构间的沟通桥梁。因此,每个经营单位的管理者要对所有的采购活动负完全责任。

这种组织的缺点之一是不同的经营单位可能会与同一个供应商就同一种产品进行谈判,结果达成了不同的采购条件。当供应商的能力吃紧时,经营单位相互之间会成为真正的竞争对手。

（2）优缺点。分散型采购组织的优缺点如表1-1所示。

表1-1　分散型采购组织的优缺点

优　点	缺　点
自主性、灵活性、多样性	造成供应商分散和混乱
可在本地采购,受当地欢迎	技术人员短缺,成本上升
交叉交易	重复采购,分支机构间缺乏沟通
有利于部门间竞争	缺乏财务控制
有利于员工互换	过量的地方采购

分散型采购组织对于拥有多样化经营单位结构的跨行业公司特别有吸引力,每一个经营单位采购的产品都是唯一的,并且与其他经营单位所采购的产品有显著的不同。

2）集中型组织

（1）基本概念。集中采购指由一个部门统一组织本部门、本系统的采购活动（简称部门集中采购)的采购实施模式。因此,集中采购的实施主体可以是集中采购代理机构,也可以是一个部门委托采购代理机构进行。集中的采购组织结构是建立在职能一体化基础上的,通常是在董事会的领导之下,这种模式下的采购部门是一个整体。企业内的分支机构的采购活动,都要接受总部的管理,总部也就是专业技能、档案和权力的聚集地。

(2)适用及优缺点。在这种组织结构中,公司一级层面上设有一个中心采购部门,其中完成的工作主要有:公司的采购专家在战略和战术层面上的运作;产品规格的集中制定;供应商选择的决策;与供应商之间的合同准备和洽谈。

集中型采购组织的优缺点如表1-2所示。

表1-2 集中型采购组织的优缺点

优 点	缺 点
规模效应	上下级之间的抱怨
标准化,有利于采购战略的实施	对系统的反抗
有利于财务管理	丧失机会
有利于评估,有利于监督	过高的管理费用
有利于采用信息技术与系统	对市场的反应较慢

通用汽车公司(欧洲)和大众汽车公司可以被当作将其战略和战术采购业务集中到一个相当高程度的例子。这种组织的主要优点是:通过采购协作可以从供应商处得到更好的条件(在价格和成本方面以及服务和质量方面);促进采购朝向产品和供应商标准化的方向发展。这种结构适用于几个经营单位购买相同产品,并对它们具有战略重要性的情况。

知识库

集中采购与分散采购需要考虑的标准

集中或分散采购应到什么程度的问题难以简单地回答。大多数公司在两个极端之间进行平衡,在某个时候它们会采用集中的采购组织,而在几年以后它们选择更加分散的采购组织。最近几年,许多汽车公司都决定将其采购业务集中化。很多其他的公司,如办公设备制造商也采取类似的措施,从职能结构转向部门结构。

下面的因素或标准在决定采购的集中或分散时经常被使用:

● 采购需求的通用性。经营单位对所购买产品所要求的通用性越高,从集中的或协作的方法中得到的好处就越多。这就是为什么大型公司中的原材料和包装材料的购买通常集中在一个(公司)地点。

● 地理位置。当经营单位位于不同的国家和地区时,这可能会极大地阻碍协作。实际上,在欧洲和美国之间的贸易和管理实践中存在较大的差异。甚至在欧洲的范围内也存在着重大的文化差异。一些大型公司已经将其协作战略从全球的转为地区的。

● 供应市场结构。有时公司会在它的一些供应市场上选择一个或数量有限的几个大型供应商组织。在这种情况下,力量的均衡肯定对供应商有利,采用一种协同的采购方法以在面对这些强有力的贸易伙伴时获得一个更好的谈判地位是有意义的。

● 潜在的节约。一些类型的原材料价格对采购数量非常敏感。在这种情况下,购买更多的数量会立刻导致成本的节约,对于标准商品和高技术部件都是如此。

● 所需的专门技术。有时,有效的采购需要非常高的专业技术,如在高技术半导体和微芯片的采购中。因此,大多数电子产品制造商已经将这些产品的购买集中化,在购买软件和硬件时也是如此。

● 价格波动。如果物资(如果汁、小麦、咖啡)价格对政治和经济、气候的敏感程度很高,集中的采购方法就会受到偏爱。

● 客户需求。有时,客户会向制造商指定其必须购买哪些产品,这种现象在飞机工业中非常普遍。这些条件是与负责产品制造的经营单位商定的。这种做法将明显阻碍任何以采购协作为目标的努力。

3) 混合型采购组织

在有些制造企业中,在公司一级的管理层次上设立公司采购部门,同时各个经营单位也有自己的采购部门。

公司采购部门和部门采购部门的分工一般如下:

(1) 公司采购部门通常处理与采购程序和方针相关的问题。

(2) 公司采购部门定期对下层经营单位的采购工作进行审计。

(3) 公司采购部门对战略采购品进行详细的供应市场研究,经营单位的采购部门可以参考使用。

(4) 公司采购部门协调、解决部门或经营单位之间的采购工作。

(5) 公司采购部门不进行战术采购活动,完全由部门或经营单位的采购组织实施。

(6) 公司采购部门可能对各经营单位采购部门的人力资源进行管理。

而经营单位自己的采购部门实施具体的采购工作,即制订采购计划、与供应商联系谈判、签订合同、支付货款等。

4) 跨职能采购小组

跨职能采购小组是采购中一种比较新颖的组织形式,在这里以 IBM 公司的采购小组为例来进行介绍。1992 年,IBM 公司由于财务出现了巨大的亏损,因此,IBM 的采购职能被加以重组。IBM 的新采购组织采用了一个与供应商的单一联系点(商品小组),由这个小组为整个组织提供对全部部件需求的整合,合同的订立是在公司层次上集中进行的。然而,在所有情况下的采购业务活动都是分散的。

采购部件和其他与生产相关的货物是通过分布在全球的采购经理完成的,这些经理对某些部件组合的采购、物料供应和供应商政策负责。他们向首席采购官(CPO)和他们自己的经营单位经理汇报。经营单位经理在讨论采购和供应商问题以及制定决策的各种公司业务委员会上与 CPO 会晤。CPO 单独与每一个经营单位经理进行沟通,以使得公司的采购战略与单独的部门和经营单位的需要相匹配。这保证了组织中的采购和供应商政策得到彻底的整合。IBM 通过这种方法将其巨大的采购力量和最大的灵活性结合在一起。

对于与生产相关的物料的采购,IBM 追求的是全球范围内的统一采购程序,供应商的选择和挑选遵循统一的模式。他们越来越集中于对主要供应商的选择和与他们签订合同,这些供应商以世界级的水平提供产品和服务并且在全球存在。这实现了更低的价格和成本水平、更好的质量、更短的交货周期,并因此实现了更低的库存。这种方法还实现了更少的供应商和逐渐增加的相互联系,因为采购总额被分配给更少的供应商,因此可以更多地关注价值链中与单个供应商的关系,并可以发展以持续的绩效改善为基础的关系。

2. 采购组织方式

在建立一个有效的采购组织过程中,有必要了解策略、结构和授权之间的关系,因为一旦企业的目标确立后,必须拟订一定的策略来达到目标,而策略又必须要有适当的人员编制与组织结构来执行。

1) 分权式的采购组织

分权式的采购组织就是将与采购相关的职责和工作分别授予不同的部门来执行。例如,物料或商品需求计划可能由制造部门或商品销售部门来拟订;采购工作可能由采购或商品部门掌管,库存的责任则可能分属不同的部门:产成品(商品)归属销售部门,在制品归属制造部门,原料或零部件则归属于物料或仓储部门。

在这种分权式的组织方式中,采购部门只承担物料管理中的一部分功能与责任,将有关物料计划或商品需求计划、采购及库存的主管部门分属不同的指挥系统。

这种分权式的采购组织,由于职责过于分散,往往造成权责不清、目标冲突、浪费资源等后果。

2) 集权式的采购组织

集权式的采购组织是将采购的职责与工作集中授予一个部门来执行。为了建立一个综合物料体系,因而设立一个管理责任一体化的组织体系,此物料管理部门通常负责生产管理、采购及仓储等。

企业基于策略性目标的考虑以及人事结构的安排,其采购组织也可能是介于分权与集权之间的混合式。譬如,为了达到"零库存"的目的,许多制造业的公司将采购部门的工作扩大到包含物料需求计划等作业,但未包含仓储及运送功能。

另外,也有许多从事批发或零售的企业为了推行"买卖一元化"的经营策略,采购部门的工作包括产品开发、市场调查、卖场规划和毛利率的控制,采购部门转变为独立的商品部等。

3. 采购管理机制

采购管理机制要解决采购管理由谁管、管什么以及怎样管的问题,也就是要解决采购管理的权限范围、审批机制和决策程序问题。

1) 采购管理机制与采购管理组织的关系

采购管理组织是一个运作组织结构。它很具体,根据一定的运作规则进行采购管理。同样的一个组织结构,在不同的机制下其权限范围、审批程序和决策程序都不一样,一旦采购管理机制定下来,就需要一定的采购管理组织来实施。这个采购管理组织是实施这种采购管理机制的工具和运作模式,是这种采购管理机制的具体化和模式化的体现,它保证了这种管理机制的实现。

2）几种采购管理机制

（1）基于采购的采购管理机制。

基于采购的采购管理机制，就是为了采购而设立的采购管理组织通常采取的采购管理机制。这种组织机构的特点是：采购任务很明确，包括采购什么、采购多少，甚至包括到哪儿去采购，都已经有明确规定，而且都是由别人规定的，该组织只要按此执行就可以了。这种采购管理组织所做的工作，就是整理所收到的采购任务单，然后分配落实到各个采购员，督促各个采购员按时执行，并把采购的货物送达各个需求者。

这是一种最简单、最基本，也是最落后的采购管理机制。这种采购管理组织不需要进行资源市场分析、货品选择、供应商选择，也不需要考虑物流优化、库存量控制、降低采购成本等一系列问题。它不需要对需求者承担更多的责任，只要把需求者需要采购的东西采购回来、交给他们，就可以了。这样，在采购管理和需求者之间没有形成一种利益共享的关系。

传统的采购管理大多数是属于这种机制。例如，一个物资公司，由几个经营部组成。各个经营部专门进行货物销售。货物销售完需要采购时，就制定采购任务单，规定了采购的品种、数量，甚至供应商，交公司的采购管理科。采购管理科收到各个经营部送来的采购任务单后，汇总、分配给各个采购员去采购。采购货物后入库就算完成任务了。这种采购管理就是典型的基于采购的采购管理机制。一般的生产企业也是如此。

由于这种采购管理机制权限范围较窄，对人的素质要求不是太高，所以一般采用科长负责制。在一些中小型工厂中，一般是由采购科科长担任采购管理决策工作。在有些更小的工厂中，甚至就由生产科长兼管采购管理工作，或者直接由工厂的厂长兼管企业的采购管理工作，指派一些采购员去完成采购任务。

（2）基于生产的采购管理机制。

基于生产的采购管理机制，是为了生产的需要而建立的采购管理组织通常采取的采购管理机制。由于一个生产企业有多个车间，每个车间所需的原材料、零部件、设备和工具等，在品种、数量、时间上各不相同。采购部门通过研究各个车间的需求规律，为各个车间统一制订订货计划，这样能更全面地满足生产的需要，这种根据生产的需要来考虑采购问题的制度，就是一种基于生产的采购管理机制。

基于生产的采购管理组织的基本特点，就是采购管理组织不是简单地负责采购，它还要为生产服务，是站在生产的角度来进行采购。这种采购管理组织的权限范围宽，它要综合考虑生产的需要和整体效益最高来制订产品的自制或采购决策，根据这个决策所产生的采购需求来研究需求规律、制订采购任务计划，并进行采购。

显然，这种采购管理机制比基于采购的采购管理机制要复杂得多，对采购管理者的要求也更高。采购管理者不但要懂采购，还要懂生产，要根据生产的整体效益最高来制订生产与采购决策。因此，这种采购管理机制更加科学、创造的效益更高，是一种比较好的采购管理机制。

但由于这种采购管理机制权限范围较宽，对人的素质要求较高，所以一般采用部长负责制，一般是由生产供应部或采购供应部部长担任采购管理决策工作。

（3）基于销售的采购管理机制。

基于销售的采购管理机制，是为了满足企业销售的需要而建立的采购管理组织通常采取的采购管理机制。一般流通企业或生产企业（包括生产流通型企业）设立的采购管理组织采取这样的管理机制。

例如,一个流通企业,在多个地点进行销售,由公司采购部统一采购进货,公司采购部门随时掌握各个门市的销售动态和库存变化动态,及时组织采购订货进货。一旦采购活动组织得不好,就可能造成有的网点缺货,而有的还没售完,新采购的货物就已经到达,造成资金占用和库存积压。所以采购管理的工作直接关系到企业的整体经济效益。因此,企业采购管理组织的采购决策要着眼于销售来制订。

又如,一个生产企业,它为社会提供某种产品或服务。为了生产这种产品或服务,它要向社会购进原材料、设备和工具。但是企业不能盲目地生产,也不能盲目地采购,它要根据社会对企业产品的需求量和需求速度来确定企业产品的生产量和生产速度,同时要根据企业生产量和生产速度来决定原材料的采购量和采购速度。这样才不至于造成缺货或库存积压,才能使企业总成本最低、效益最高。也就是说,这个时候采购管理组织的采购决策也要着眼于市场销售情况,并考虑生产情况来制订。

在企业中,所实行的采购管理机制都是一种基于销售的采购管理机制。这种采购管理机制的特点是:立足于企业的销售情况来制订采购决策,以销定供或以销定产再定供。这样可实现整个企业产、供、销的整体效益最大化。这时的采购决策是使企业整体效益最优的采购决策。

但是这种采购管理机制对人的要求很高,采购管理决策较复杂。这种采购管理决策要全面考虑企业销售、生产、供应等各个方面的情况,实际上相当于是一种企业级的管理决策,决策级别就相当于总经理级的决策级别。所以这种采购管理决策机制,一般采用副总经理负责制,由副总经理负责采购管理的决策工作。

通过对以上三种采购管理机制的分析比较可知,基于采购的采购管理机制最简单、最原始、最落后,对人的要求也最低,一般实行科长负责制;基于生产的采购管理机制属于中等,对人的要求也是一般水平,一般实行部长负责制;基于销售的采购管理机制最复杂、最先进,对人的要求也最高,一般实行副总经理负责制。

4. 采购部门的组织机构

任何企业或机构,除非规模很小,都非常注重采购部门的建立。

采购部门的组织机构,或称采购组织内的部门化,也就是将采购组织应负责的各项功能整合起来,并以分工方式建立不同的部门来加以执行。

一般而言,规模较大的采购组织,是按其执行的专业功能建立部门的。

一般中小规模的采购组织,通常缺乏稽催、管理、研究的功能,或因这三种功能不明显而未分别设置部门,至多将其部分功能合并为一管理科或并入采购科里面。对于主要执行购买功能的采购部门可以有以下四种组织结构形式。

? 小思考

举例说明大、中、小企业采购部门的组织机构该如何设置?

1)产品结构式

产品结构式是指将企业所需采购的产品分为若干类,每个或几个采购人员分成一组负责采购其中一种或几种商品的组织形式。这种形式适用于所需采购的商品较多、专业性较强、商品间关联较少的企业。

2）区域结构式

区域结构式是指将企业采购的目标市场划分为若干个区域。每一个或几个采购人员负责一个区域的全部采购业务。这种组织形式便于明确工作任务和绩效考核，有利于调动员工的积极性及与供应商建立良好的人际关系，也适合于交易对象及工作环境差异性大的企业。

3）顾客结构式

顾客结构式是指将企业的采购目标市场按顾客的属性进行分类，每个或几个采购人员负责同一类顾客的组织形式。这种组织形式可使员工较为深入地了解顾客的需求情况及存在的问题，通常适用于同类顾客较为集中的企业。

4）综合式

综合式综合考虑了上述三种因素的重要程度和关联状况，稍具一定规模的企业在采购量较大且作业过程复杂、交货期长等情况下可以选择此种结构形式。

1.3.2 采购部门的职责

1. 采购组织的职责

采购部是公司对供应商的唯一窗口，也是能对公司客户产生极大作用的组织。它是联系公司客户和供应商的纽带，从总体来讲，它具有对内和对外两类不同的职责。对外是选择和管理供应商，控制并保证价格优势；对内是控制采购流程，保证采购质量和交货周期，能够满足公司生产和市场的需要。

1）采购总部的职责

（1）组织工作职责的制定。

（2）商品结构的制定（大组、小组、商品群、价格带、品项数等）。

（3）采购作业规范手册的编制与更新。

（4）拟订全国品牌采购条件、年度采购计划。

（5）统一订货与结算商品的处理。

（6）定期召开全国联合采购会议，加强地区采购部与全国采购本部、地区采购部与地区采购部之间的交流。

（7）促进各分店之间的采购交流工作。

（8）采购工作的培训与稽核。

（9）协助新开张分店地方性商品的采购工作。

（10）协调财务部门，确保全国联合采购供应商的"绿色通道"。

（11）辅导各分店的采购工作。

（12）分析各分店商品结构，并给予各分店建议或指导。

（13）协调各分店与供应商之间的矛盾及交易条件。

（14）制定符合公司规章制度同时满足质量控制和财务制度的采购控制流程，确保公司的采购活动能够满足来自生产部门、市场部门、公司内部的各种采购要求。

(15) 通过人员培训和组织调整,控制采购的合同风险和法律风险,杜绝来自公司内外的对采购流程的侵犯,提高采购部门的纯洁性。

2) 采购部门的职责

(1) 供应商(包括寻找新的物料代替品)的调查与选择。通过采购调研做出供应商的筛选、甄别、评价、认证、培养、审核、考察、评审、资料备案等。

(2) 与供应商协商对采购最有利的供货条件(包括质量、折扣、价格、进货奖励、广告赞助、促销办法、订货办法、送货期限及送货地点等)。

(3) 收集市场信息、价格变化的调查分析,掌握市场的需要及未来的趋势。对市场(国内和国际)的行情有及时的了解,保证公司在采购价格上的优势。在市场状况发生明显变化时能够妥善利用供应商的资源和采取适当战略降低风险和取得竞争优势。

(4) 核对清购单所购物料的技术规范和技术标准。

(5) 供货商交货时品质、数量的验收追踪和处理。

(6) 询价、洽谈采购条件,填制订购单并签订采购合同。

(7) 通过不懈的努力,降低采购运作的成本,提高采购效率,提高内部和外部的客户满意度。

2. 采购人员的职责和要求

在市场经济条件下,决定企业成功的根本因素是人,企业采购都要通过采购人员来完成。有的企业每年外购总值高达数亿,甚至数百亿,只要采购管理工作发生一点疏漏,就可能造成严重后果。可见采购人员的能力和素质对一个企业来说有多么重要。

1) 采购(总监)经理的职责

(1) 在总经理的领导授权下,直接负责采购部门的各项工作,并行使采购总监的职权,对商品政策进行监督。

(2) 在公司总体经营策略的指导下,制定符合当地市场需求的营运政策、客户政策、供应商政策、商品政策、价格政策、包装政策、促销政策、自有品牌政策等各项经营政策。

(3) 遵循公司总体经营策略下,领导采购部门达到公司的业绩及利润要求。

(4) 给予采购人员相应的培训。

(5) 保持采购本部与其他分店的密切沟通与配合。

(6) 设定与监督商品品质与新鲜度基准。

(7) 督导新商品的导入。

(8) 开发特色商品。

(9) 决定厂商业务合作的方式。

(10) 采购人员的培养及管理。

(11) 负责监督及检查各采购部门执行岗位工作职责和行为动作规范的情况。

(12) 负责采购人员的考核工作,在授权范围内核定员工的升职、调动、任免等。

总体而言,采购经理需要根据运营整体进度规划,开发或优化现有供应商,并与之签订规范的产品经销合同;及时评估现有供应商的质量和效率,及时优化供应链,降低进货成本。依据采购部的采购需求单及补货单,保障执行采购;将市场上的销售情况反馈给产品经理,为其提供采购建议;与储运部门沟通接洽,及时理顺流程,保障入库;与财务部门沟通,及时审核、履行付款财务手续;检查并监督本部门是否将财务记录和资料进行归档留存;控制库存在合理的程度内,与供应商协调,及时安排办理调退货,优化库存。

➢ 知识库

未来采购经理所应具备的 10 大能力

在一次饮茶时,一位从事家电配件销售的朋友深有感触地说,现在的采购人员花样翻新,供应商无所适从,据他介绍,P 公司的采购员 A 小姐是一个"高手",为此,她常常受到公司的表彰,A 小姐的"高招"是:一方面采取多家同时供应的方式,挑起供应商之间对回扣的攀比;另一方面又大肆压低供应商的配件价格,以获取公司的高额奖金与表彰。供应商由于回扣不断增高而价格不断降低的压力,无法对配件生产进行"精耕细作",导致配件质量的不断下降,而企业由于只凭表象来评价采购人员,在一定的程度上助长了采购人员的暗箱操作,损害了企业的利益。

在一项关于采购的调查问卷中,被调查者认为未来采购经理最重要的 10 大能力是:

- 人际沟通能力。
- 客户导向意识。
- 决策能力。
- 分析能力。
- 谈判技巧。

- 对变革的适应能力。
- 处理冲突的能力。
- 解决问题的能力。
- 个人影响力与说服力。
- 电脑应用技术。

2) 采购员的职责和要求

采购员的日常工作就是进行采购作业,包括商品的议价、交易条件协商、新商品的引进及议价、商品的配送方式、数量决定。

其职责主要包括下面几项:

(1) 热爱本职工作,注意市场信息的收集。

(2) 工作要细,采购要精,行动要速,质量要高,服务要好。

(3) 廉洁奉公,不徇私舞弊,不违法乱纪,讲究职业道德。

(4) 采购必须以采购单进行采购,金额超过规定数额以上须经采购经理批准。

(5) 采购多种物品时,要分轻重缓急,合理采购。大宗高额物资须经采购中心招标采购,小宗大量物资,同申购部门代表一同采购。

(6) 严把质量关、价格关,不采购假冒、伪劣、不符合质量要求的商品,及时做好入库报销工作。

❓ 小思考

你认为应该怎样通过制定规章制度,杜绝采购人员徇私舞弊的行为?

对采购人员的要求主要集中在以下几个方面:

(1) 采购人员应该是懂技术的、理智型的购买者。出色的采购人员是懂技术的,他们对所需设备的性能、原材料的质量、零部件的规格以及供应者提供的产品是否符合质量要求等都心中有数；他们不是盲目型，也不是冲动型的购买者，而是理智型的购买者；他们对产品的质量要求比较严格，供货要求适时，特别强调售后服务是否跟得上，而很少受情感因素的影响。只有这样，才能保证采购进来的货物能物有所值、物有所用。

（2）采购人员应该是具有协作精神、目光长远的人。采购的目的不仅是买货，而是运用货物具有的功能。所以采购人员需要具备协作精神，积极地保持与生产、技术、财务人员的联系，从而分析研究货物的功能，掌握货物的价值，使自己对采购行为做出的判断不仅限于眼前，而是让企业站在更高角度，真正做到采购回来的货物能够物尽其用。

（3）出色的采购人员应该是信息十分灵通的人。他们对于行情变化、市场等了如指掌，在他们头脑中储藏着大量的、准确的活信息。毫不夸张地说，他们在日常工作中是眼观六路、耳听八方的人，时时处处留心，通过耳闻目睹、日积月累掌握大量的信息。这一点对于采购人员来说万分重要，否则他们采购回来的货物就不可能既价廉又物美并适应最新需求。

另外，采购人员还要达到以下要求：

（1）作为采购部的员工必须对公司绝对忠诚，不接受厂商的回扣、旅游招待、赠品、宴会，违者将按公司有关规定处理。

（2）采购人员必须具备丰富的商品知识，慎重选择商品，建立商品组织，控制商品结构，清除滞销商品，经常引进新商品维持商品的快速周转及新鲜度。

（3）采购人员应建立稳定的采购渠道，寻找充足的货源，避免脱销。

（4）采购人员必须适时开发新商品。

（5）采购人员应经常做市场调查，掌握竞争对手的商品构成、价格策略、促销手段等，并采取相应对策。

项目小结

采购是一种常见的经济行为，从日常生活到企业运作，从民间到政府，都离不开它。无论是组织还是个人，要生存就要从其外部获取所需要的有形物品或无形服务，这就是采购。企业采购是指企业根据生产经营活动的需要，通过信息搜集、整理和评价，寻找、选择合适的供应商，并就价格和服务等相关条款进行谈判，达成协议，以确保需求得到满足的活动过程。

采购是指采购人或采购实体基于生产、转售、消费等目的，购买商品或劳务的交易行为。采购同销售一样，都是市场上一种常见的交易行为。采购不是单纯的购买行为，而是从市场预测开始，经过商品交易，直到采购的商品到达需求方的全部过程。其中包括了解需要、市场调查、市场预测、制订计划、确定采购方式、选择供应商、确定质量、价格、交货期、交货方式、包装运输方式、协商洽谈、签订协议、催交订货、质量检验、成本控制、结清货款、加强协作、广集货源等一系列工作环节。

采购管理是指为保障企业物资供应而对企业的整个采购过程进行计划、组织、指挥、协调和控制活动。采购和采购管理是两个不同的概念。采购是一项具体的业务活动，是作业活动，一般由采购员承担具体的采购任务。采购管理是企业管理系统的一个重要子系统，是企业战略管理的重要组成部分，一般由企业的中高层管理人员承担。

➤ 案例分析

采购的电梯质量不合格

据悉,2016 年 6 月 5 日,深圳市某公司从日本采购一批电梯 11 台,总价值 140 万美元。后向深圳市皇岗检验检疫局申报,该局于 6 月 16 日派员进行检验,该批货物包括 GPM-Ⅲ 客用升降梯 6 台、GPS-Ⅲ 客用消防梯 3 台、YS-MA 液压升降梯 2 台,从日本横滨港海运至深圳蛇口,再运至工地。检验中,检验检疫人员发现该批货物存在如下质量问题:主机曳引轮、限速器等关键件生锈,主机包装箱内有积水;包装简陋,控制柜内干燥剂饱和并有水流出;导轨变形、锈蚀;部分设备如限速器、缓冲器等无制造编号;随机未附技术资料,如安装、使用、维护说明书等。后经检验检疫局人员对机内积水进行抽样送检确认,积水样品"含有氯化钠"。经双方多次交涉和谈判,日方公司终于承认电梯出厂时未按标准提供包装,对货物保护不够,导致该批电梯在运输过程中出现受潮、生锈等情况。为避免造成工程延期,7 月 8 日,皇岗检验检疫局经请示上级主管部门后同意实施应急方案,对部分配件生锈且不影响电梯整体运行质量的电梯进行现场防锈处理后安装,供载人、载货急用,防锈由日方公司负责,并在安装运行后,延长上述两台电梯的质量保证期 2 年。同时对其余 9 台电梯出具了"进口设备不准安装使用通知书"和"检验证书",作为中方向日方提出索赔、退换货的依据。

其后货主等相关方又以检验检疫局的"检验证书"和"不准安装使用通知书"为依据与供货方开展了多轮谈判。9 月 23 日买卖双方达成电梯换货补充协议书。主要内容包括:9 台电梯全部退回日本更换,涉及货值 110 万美元。

问题:
采购的电梯质量不合格的原因是什么?

同步练习

一、选择题

1. 期货采购是采购者在交易所买入标准化的,受法律约束的期货合约,在未来的某时刻、某地点按期货合约规定(   )的采购方式。

A. 购入货物   B. 售出货物   C. 储存货物   D. 供应货物

2. 期货可分为金融期货和(   )。

A. 近期期货   B. 商品期货   C. 远期期货   D. 经营期货

3. 分权式的采购组织就是将与采购相关的职责和工作分别授予(   )来执行。

A. 同一个部门   B. 统一的部门   C. 不同的部门   D. 同一级领导

4. 集权式的采购组织是将采购的职责与工作集中授予(   )执行。

A. 一级部门   B. 一级领导   C. 一级组织   D. 一个部门

5. 采购人或采购实体基于生产、转售、消费等目的,购买商品或劳务的交易行为叫(   )。

A. 采购   B. 供应   C. 销售   D. 生产

二、问答题

1. 采购和采购管理有哪些不同？
2. 什么叫间接采购？什么叫招标采购？
3. 分散型采购组织有哪些优缺点？
4. 采购部门的职责有哪些？
5. 集中型采购组织有哪些优缺点？

三、实训题

实训内容：了解采购

1. 实训目的

通过实训使学生加深对所学采购基础知识的理解,掌握基本实训技能,培养学生实事求是的科学态度和良好的科学素养,为进一步的学习打下良好的基础。通过对采购的学习,了解采购的地位与作用、采购的原则与程序,熟悉采购管理的基本职能,来进一步加深对采购的认识。

2. 实训组织

在老师的指导下,将班级同学 4~6 人划分为一组,选定一位组长,负责整理并统计各同学的发言及数据。老师根据情况合理安排,在规定的时间内,小组讨论,得出结论,然后进行班级讨论。老师需要尽可能地调动同学们的参与积极性。

3. 实训题目

(1) 说出你认为的采购和采购管理的不同,然后在小组内讨论这个定义是否合理。每个小组对采购和采购管理下一个定义,然后在所有的小组内进行讨论,评出最好的采购和采购管理的概念。

(2) 评比采购的原则(5R),对不同的原则指标进行权重的排序。小组内人员、讨论确定各标准的权重数据,并把各组数据求平均,并进行讨论。

	适时	适质	适量	适价	适地	总和
权重						100%
权重						100%
……						100%
平均值						100%

通过对该原则进行的权重排序,加强学生对采购原则的感性认识。对不同的企业可能有不同的适应类型,老师可根据实际情况安排对不同企业进行权重的排序。

微信扫描
查看拓展资料

项目二　采购基础

知识目标	技能目标	建议学时
■ 掌握采购商品的细分 ■ 掌握供应市场细分的必要性 ■ 了解采购商品规格说明	■ 能够对采购的商品进行细分 ■ 对采购商品的规格能够解释清楚 ■ 掌握采购市场调查和分析的内容	6

➤ 引导案例

胜利油田的采购管理

在采购体系改革方面,许多国有企业和胜利石油境遇相似,虽然集团购买、市场招标的意识慢慢培养起来,但企业内部组织结构却给革新的实施带来了极大的阻碍。

胜利油田每年的物资采购总量约85亿元人民币,涉及钢材、木材、水泥、机电设备、仪器仪表等56个大类,12万项物资。行业特性的客观条件给企业采购的管理造成了一定的难度,然而最让中国石化胜利油田有限公司副总经理裴国泰头痛的却是其他问题。

胜利油田目前有9 000多人在做物资供应管理,庞大的体系给采购管理造成了许多困难。胜利油田每年采购资金的85个亿中,有45个亿的产品由与胜利油田有各种隶属和姻亲关系的工厂生产,很难将其产品的质量和市场同类产品比较,而且价格一般要比市场价高。例如,供电器这一产品,价格比市场价贵20%,但由于这是一家由胜利油田长期养活的残疾人福利工厂,只能是本着人道主义精神接受他们的供货,强烈的社会责任感让企业背上了沉重的包袱。同样,胜利油田使用的大多数涂料也是由下属工厂生产,一般只能使用3年左右,而市面上一般的同类型涂料可以用10年。还有上级单位指定的产品,只要符合油田使用标准、价格差不多,就必须购买指定产品。

在这样的压力下,胜利油田目前能做到的就是逐步过渡,拿出一部分采购商品来实行市场招标,一步到位是不可能的。

利油田的现象说明,封闭的体制是中国国有企业更新采购理念的严重阻碍。中国的大多数企业,尤其是国有企业采购管理薄弱,计划经济、短缺经济下粗放的采购管理模式依然具有强大的惯性。采购环节漏洞带来的阻力难以消除。

统计数据显示,在目前中国工业企业的产品销售成本中,采购成本占到60%左右,可见,采购环节管理水平的高低对企业的成本和效益影响非常大。一些企业采购行为在表面上认可和接纳了物流的形式,但在封闭的市场竞争中,在操作中没有质的改变。一些采购只是利用了物流的技术与形式,但经常是为库存而采购,而大量库存实质上是企业或部门之间没有实现无缝连接的结果,库存积压的又是企业最宝贵的流动资金。这一系列的连锁反应正是造成许多企业资金紧张、效益低下的局面没有本质改观的主要原因。

问题:

胜利油田应如何解决在采购中出现的问题?

任务一　供应市场分析

在经济生活中,生产者与消费者之间存在很多矛盾,如生产者与消费者在空间上分离、生产者与消费者在时间上有差异、生产者与消费者在商品估价上有差异、生产者与消费者在商品供需数量上有差异、生产者与消费者在商品供需质量上有矛盾等。市场作为社会生产力发展到一定阶段的产物,就是为解决这些矛盾而存在和发展的。

供应市场分析是指企业针对所采购的物品或服务,系统地进行供应商、供应价格、供应量、供应风险等与供应市场相关的情报数据的调集、收集、整理、归纳,从中分析出所有相关要素以获取采购决策所需要的依据的过程。

2.1.1　市场和市场结构

市场的含义随着商品经济的发展而不断发生变化,在不同的历史时期、不同的场合,具有不同的含义。"市场"最初的含义是指商品交易的场所,"市"就是买卖,"场"就是场所,"市场"即买者和卖者于一定的时间聚集在一起进行交换的场所。

在现代市场经济中,市场是指整个商品变换关系的总和,它包含了商品变换中买方、卖方、中间人及辅助机构之间的所有关系。

在完全竞争市场中,商品价格由无数的卖者和买者共同决定,任何单个的卖者和买者都只能是价格的接受者且他们拥有产品的完备信息,卖者与买者可以自由进出市场,卖者生产的产品完全相同,没有任何差异。这样的市场在现实生活中不存在,只有少数农产品市场与它比较相似。

从根本上说,市场结构是反映市场竞争和垄断关系的概念,一个产业的市场结构问题,其实质就是该产业的竞争性(或者说是垄断性)程度问题。

按竞争程度,可以把市场划分为完全竞争市场、垄断竞争市场、寡头垄断市场和完全垄断市场四种市场结构。

在垄断竞争市场中,卖者与买者众多,卖者提供的产品存在一定的差异,对价格起着一定的影响作用,卖者与买者可以自由进出市场。这样的市场较为现实,如大多数日用消费品市场、家电市场就是这种市场。

在寡头垄断市场中,只有少数的卖者,这些卖者占有相当大的市场份额,对产品价格有很大的影响力,但卖者之间的相互依存度很大,价格和产量具有相对稳定性,整个市场进入有很大障碍。这样的市场也较为现实,如电力、石油等市场就是这种市场。

在完全垄断市场中,只有一个卖者,其产品具有特殊性,能完全控制产品价格,其他卖者几乎不可能进入市场。例如,一些国家造币所需专用林场的木材,属于自然资源垄断;铁路、邮政等属于政府垄断;拥有专利权的微软等属于控制垄断。

2.1.2 分析供应市场的必要性

供应市场分析,就是要对供应市场进行全面系统的分析和预测,目的在于为采购战略决策提供客观依据。

通过对供应市场分析,企业可以得到所需要的采购数据资料,从而为采购决策的定量化、科学化提供基础。在现代市场经济中,随着供应管理在企业价值链中的地位越来越高,更多的人开始认识到企业要想在竞争日益激烈的市场环境下生存和发展,不仅要重视产品销售市场的分析,还要更加重视供应市场的分析和研究。供应市场分析的必要性体现在以下几个方面。

1. 提高企业竞争力的现实性

通过对供应市场分析,企业能够敏锐地发现市场中各种因素的变化趋势,并能及时地把握有利时机,将潜在的机会变成企业现实的利益,从而大大提高企业的竞争力。

2. 企业采购工作的适应性

市场是企业经营的外部条件,企业的生存离不开市场。但市场变化多端、市场中的关系错综复杂,都给企业带来很大的威胁。因此,必须要正确认识市场,客观分析其中的关系,能动地适应市场的变化,把握其中的有利时机,及时做出防范威胁的措施,企业的采购工作才能具有良好的适应性,从而得以顺利开展。

3. 保证企业采购决策的正确性

任何一项决策都需要以科学的数据资料作基础,采购决策也不例外。要想保证企业采购决策的正确性,必须要对供应市场进行科学的调查分析,了解市场中各种因素之间相互制约、相互影响的关系,获得正确科学的市场资料,并以这些资料为基础,及时调整采购战略。只有这样才能防止采购战略决策不会偏离正确的轨道。

2.1.3 供应市场分析的步骤

供应市场分析可以是周期性的,也可以是以项目为基础进行的;可以是定量分析,也可以是定性分析,但多数是定量分析和定性分析相结合;可以是短期市场分析,也可以是长期市场分析。虽然每个项目对供应市场分析都有其自己的方法,但一般情况下,供应市场分析都有以下几个主要步骤。

1. 确定供应市场分析的目标企业

供应市场中各种因素之间的关系错综复杂,涉及面广,因此要对供应市场进行分析,首先要明确分析目标,找准定位,以便使自己的市场分析具有针对性。例如,把生产太阳能热水器的企业作为目标企业。

2. 设计供应市场调研方案

在对相关资料进行分析之后,就要设计供应市场调研方案,确定以后调研的具体内容,如调研的时间安排、调研的内容、调研的组织配备等。

3. 对供应市场进行调研

根据供应市场调研方案,开始调研工作。认真调查各种原材料的供需现状及发展趋势等问题。调研的方式有很多种,如深入调研法、电话调研、访谈等,可以灵活采用各种调研形式。调研过程要围绕调研主体,突出重点,紧扣调研内容。

4. 搜集相关资料并进行分析

搜集与供应市场相关的资料并进行分析,根据其结果做出初步的判断,确认是否有必要进一步进行供应市场调查,从而为下一步的安排奠定良好的基础。相关资料和信息的来源主要有各种信息中心或互联网上查询的信息,广告及供应商提供的资料,国家有关部门发布的政策方针、发展规划等。

5. 撰写供应市场分析报告

整个市场调研过程可以搜集到很多相关资料,通过对这些资料的归纳、总结、分析,可以得出客观的调研分析结论。根据得出的结论,可以分别采用不同的采购策略。将调研结论以书面报告的形式撰写出来,供决策者进行决策。

任务二 采购商品的细分

2.2.1 采购商品的一般分类

根据一定的目的,选择恰当的标志,将任何一个商品集合总体逐次进行划分的过程,即商品分类。商品分类一般将商品集合总体划分为大类、品类、品种或大类、中类、小类、品种、细目等范围逐渐缩小、特征更趋一致的局部集合体。

商品的大类一般根据商品生产和流通领域的行业来划分,既要同生产行业对口,又要与流通组织相适应。商品品类或中类等是指若干具有共同性质和特征的商品的总称,它们各自包括若干商品品种。商品品种是按商品特性、成分等方面特征进一步划分得到的商品类组。品种的名称,即具体商品名称。

任何集合总体都可以根据一定的标志逐次归纳为若干范围较小的单元(局部集合体),直至划分为最小的单元。上述商品的局部集合体,可以继续划分至最小的单元——商品细目。细目是对品种的详尽区分,包括商品的规格、花色、型号、质量等级等。细目能更具体地反映商品的特征。

对品种繁多的商品进行分类,是采购活动科学化、规范化管理的需要,它有利于采购活动提高管理效率和经济效益。

1. 采购物品的 80/20 法则

采购物品的 80/20 法则的含义是:通常情况下(指原材料、零部件等),只占采购物品总价值的 20%(这 80% 的采购物品中,50% 的物品的价值总量在采购物品总价值的 20% 以下),而剩下的数量或者种类占 20% 的采购物品则占有采购物品总价值的 80%。因此,在制订采购策略时要充分考虑采购物品的这种 80/20 特性,把采购工作的重点放在价值占 80% 而数量或种类只占 20% 的物品上。

2. 采购商品的分类

采购商品的分类是采购工作专业化实施的基础。依据不同采购物品的重要性及供应风险，可将它们分为战略采购品、瓶颈采购品、集中采购品及正常采购品。

1）战略采购品

战略采购品指价值比例高、产品要求高，同时供应风险比较大（只能依靠个别供应商供应、供应难以确保或者供应物资对企业很重要）的采购物品。原材料是许多公司采购总量中的重要组成部分。原材料的采购通常涉及大量的资金，而且原材料在一定程度上决定了成品的成本价格，因此它们通常被称为战略产品。比如汽车厂需要采购的发动机和变速器，电视机厂需要采购的彩色显像管及计算机厂商需要采购的微处理器等。

企业要对提供战略品的供应商进行重点管理，和其建立战略合作伙伴关系，通过双方的共同努力去改进产品质量，提高交货可靠性、降低成本并组织供应商早期参与本公司的产品开发等，以确保供应，降低供应风险。

2）瓶颈采购品

瓶颈采购品指价值比例虽不算高，但供应风险较大的物品，如油漆厂用的色粉、食品行业的维生素等。这类采购品的采购策略主要是要确保产品供应，必要时甚至可提高一些价格和增加一些成本，同时也要积极与供应商搞好关系，以确保供应。

3）集中采购品

集中采购品指那些价值比例较高，但供应风险不大，很容易从不同的供应商处采购到的物品，主要包括化工、钢铁、包装等原材料或标准产品等。这类采购品宜采用集中竞价的方法进行采购，这类采购品的采购主要是降低采购成本，追求最低价格，通常可采取两种做法：一是将不同时期或不同单位的同类产品集中起来统一同供应商谈判；二是采用招标的方式找不同的供应商参与竞价。但是，在追求价格的同时要保证质量和供应的可靠性。一般情况下，这类物品不宜签订长期合同，且采购时要密切关注供应市场的价格走向和趋势。

4）正常采购品

正常采购品指价值较低、供应风险也较低，有大量供应商的商品，如办公用品、标准件等。这类采购品进行系统化采购即可。这类采购品只占采购总价值的20%，因此无须花费大量的时间和精力，其采购策略是要提高行政效率，采用程序化、规格化、系统化工作作业方式等进行采购。例如，减少供应商数量，采用计算机系统、程序化作业以减少开单、发单、跟单、跟票等行政工作时间，提高工作的准确性及效率等。

2.2.2 采购商品的细分

商品分类是商品学的重要研究内容，又是商品经营管理的一种手段。商品分类为国民经济各部门各企业实施各项管理活动奠定了科学基础；商品科学分类有利于推行标准化活动；商品科学分类有利于开展商品研究和教学工作；商品的科学分类便于消费者和用户选购商品。

不同类型的商品进行采购时会产生很多各不相同的问题，因此为了采购方便，采购商品还可以进行如下细分。

1. 细分的种类

1) 有形商品和无形商品

(1) 有形商品采购包括原料、辅助材料、半成品、零部件、成品、投资品或固定设备,以及维护运营用品(MRO 物品)等的采购。

① 原料。原料就是未经转化或只有最小限度转化的材料,在生产流程中作为基本的材料存在。在产品的制造过程中,即使原料的形体发生物理或化学变化,它依然存在于产品里面。通常,原料是产品制造成本中所占比率最高的项目。

② 辅助材料(辅料)。辅助材料指的是在产品制造过程中除原料之外,被使用或消耗的材料。有些辅料与产品制造有直接的关系,但在产品制成时,辅料本身已经消失,如化学制品所需要的催化剂;有些辅料虽然还附着在产品上,但因其价值不高而被视为辅料,比如衬衣上的纽扣,有些辅料与产品制造过程没有直接的关系,只是消耗性的材料或工具,如包装材料及燃料等。

③ 半成品。这些产品已经经过一次或多次处理,并将在后面的阶段进行深加工。它们在最终产品中实际存在。比如用于制造最终产品的钢板和钢丝等。

④ 零部件。它指的是不需要再经历额外的物理变化,但是将通过与其他部件相连接而被包括进某个系统中的产成品,它们被嵌入最终产品内部。比如汽车上的发动机和变速箱。

⑤ 成品。成品主要是指用于销售而采购的所有产品。它们在经过可以忽略的价值增值后,与其他的成品一起销售,如由汽车生产商提供的附件(汽车收音机等)。制造上并不生产这些产品,而是从专门的供应商那里取得这些产品。百货公司所销售的消费品也属于这个范围。

⑥ 投资品或固定设备。这些产品不会被立刻消耗掉,但其价值经过一段时间后会贬值。账面价值一般会逐年在资产负债表中报出。投资品可以是生产中使用的机器,也可以是计算机和建筑物。

⑦ MRO 物品(Maintenance,Repair and Operations,保养、维修与运营用品)。这些产品是为保持组织的运转(尤其是辅助活动的进行)而需要的间接材料或用于消费的物品。这些物品一般由库存供应,这些物资有办公用品、清洁材料和复印纸等。

(2) 无形商品采购主要是咨询服务和技术采购,或是采购设备时附带的服务。其主要形式有技术、服务和工程发包。

① 技术。技术是指能够正确操作和使用机器、设备、原料等的专业知识。只有拥有了技术才能正确使用机器和设备,从而降低材料损耗率,减少机器或设备的故障率,这样才能达到减少投入,增加产出的目的。

② 服务。服务是在合同的基础上由第三方(供应商、承包商、工程公司)完成的活,它是指为了用于服务、维护、保养等目的的采购。服务包括从雇佣临时劳务到由专业的工程公司(承包商)为公司服务这么大的范围。另外,服务还包括安装服务、培训服务、维修服务等某些特殊的专业服务。

③ 工程发包。工程发包包括厂房、办公室等建筑物的建设与修缮,以及配管工程、动力配线工程、空调或保温工程及仪表安装工程等。工程发包有时要求承包商连工带料,

以争取完工时效;有时要求承包商自行备料,仅以小时来计付工资给承包商,如此可以节省工程发包的成本。但是规模较大的企业,本身兼具机器制造和维修能力,就有可能投入材料自行施工,无论在完工品质和成本上还是在时间等方面上,均有良好的管制和绩效。

2) 直接物料和间接物料采购

物资还可以划分为直接物料和间接物料。

直接物料是与最终产品的生产直接相关的物料,它通常是大宗采购。这种采购具有可预见性和大宗交易的特点,因此在采购交易中所占的比例比较少。

间接物料是公司购买的与最终产品不直接相关的商品或服务。间接物料又可以分为ORM(运营资源管理)和MRO。ORM通常是指企业日常采购的办公用品和服务,MRO是指维持企业生产活动持续进行而做的维护、修理、装配等间接物流(如润滑油)。一般情况下,对于直接生产物料,供应商相对比较固定,以长期供货合同或一定期间内稳定的价格供货,有专门的采购部门和采购人员负责各类原材料的采购,物料价格比较高,批次比较多,重复性大;对于间接物料,价格相对较低,采购周期不定,供应商来源广泛,价格随采购批次变动可能较大,相对采购成本较高。

2. 不同商品的采购策略

根据上面的分类,下面介绍几种主要类型商品的采购策略。

1) 原材料采购

原材料采购的方式包括现货采购和期货采购等不同的方式。在现货采购中,商品交易所发挥了非常重要的作用。世界上主要的商品交易所位于美国,其中有从事贵重金属交易的纽约商品交易所,从事谷物、玉米、大豆交易的芝加哥交易所。另外,美国之外的一个主要商品交易所是伦敦金属交易所,它主要从事有色金属的交易。

期货交易是远期交易,这意味着采购的货物将在未来时间里交货,不是意图在约定的时间接受或交付这些货物,而是通过清算原始交易和新的交易之间的价差履行合同。因此,在期货交易市场并没有货物交易,有的只是关于货物的合同的交易。适宜在期货交易市场进行采购的原材料有以下几类:

(1) 所采购的原材料占有成品成本价格的很大部分;

(2) 几乎不可能将由采购带来的价格上涨转嫁到销售价格上;

(3) 成品中使用的原材料不能被其他产品代替,如果有很多可能的替代品,使用期货市场的必要性就较低。然而,如果一种产品依赖于一种特定的原材料,期货市场将非常有用。

2) 投资品采购

投资品的采购首先需要做周密的计划,然后设置专门的项目小组负责投资方案,小组成员通常包括项目领导人、项目工程师、计划工程师、项目管理员、工艺工程师或环境专家、项目采购员及各个专业的工程师。

项目领导人最终负责项目在技术、预算和计划方面的工作;项目工程师负责不同技术专业之间的协调;计划工程师负责设立和维持最新的计划和文件;项目管理员负责预算管理,与项目有关的各项事务;项目采购员作为采购部门的代表并对采购的所有方面负责。

❓小思考

期货交易和现货交易有哪些不同？

投资项目的采购中还包括一些特殊的方面,具体如下:

(1) 银行担保。这是采购方提出的对供应商的要求,要求确保供应方按照合同履行义务。

(2) 产权让渡。在供应商收到这些原料的货款时,原料的所有权被转移给采购方。

(3) 性能保证。供应商保证在一定的环境下达到订单中规定的性能(通常供应商必须在验收测试中加以证明)。

3) 元件采购

采购元件时,最值得注意的是元件的质量问题,因为生产线上的任何缺陷都会导致延误和生产损失。因此,买方应该特别注意对供应商的质量管理,一般采取的预防措施是:在供应商满足订单的要求之前,首先对其现有的质量体系和生产流程进行检查。如果认为供应商能够按照要求的质量提供产品之后,这个供应商将被列在"许可的供应商"名单上,而那些经常不能够满足质量标准的供应商将被淘汰。在评估之后,双方将共同努力达成质量协议,确定质量改善的目标。在质量协议达成后,将对是否满足了所有的条件进行定期检查。当存在疑问或确信有质量问题时,将进行额外的质量检查,直至满足规定的质量标准。有关供应商质量行为的信息将被记录在质量控制系统之中。以此信息为基础,可以根据供应商的表现在谈判中采取行动。

4) MRO 用品的采购

在 MRO 用品的采购方面,首先应该减少行政工作来提高采购效率。通常采取的措施包括通过标准化使产品种类大为减少,通过电子商务和互联网技术等,向特定的经销商采购。同供应商之间的协定可以通过所谓的滚动交易进行,它规定了价格、交货条件和合同期限。订单实际上是由使用者依据事先商定的全部合同条件自己发出的,这使得采购者能够摆脱大量的行政工作。

在采购 MRO 用品时,可以采用系统合同。系统合同通常涵盖一个工厂或部门对 MRO 用品的所有需求,这种需求一般会提供给供应商,由它来维持库存和确保定期、及时的交货。系统合同的建立过程为:

(1) 由相关的使用者和采购者对一个特定的产品组或产品种类进行分析,在详细的清单基础上削减产品品种并将其标准化。

(2) 分析供应商的数量以便把整个产品组交付给一个专门的供应商(通常是一个经销商),它负责清查存货和供应所有的货物。

在这种方式下,内部的使用者可以直接向供应商订购,而无须采购部门的干涉。供应商以一定的周期向每个部门的经理或预算负责人提供该部门发出订单的汇总表(一般以月为单位来统计)。这种解决方案避免了大量的工作,并且解决了许多采购部门中的所谓"小订单问题"。但是,这类合同要求供应商和用户之间有高度的联合。

5) 劳务采购

劳务采购中经常遇到的问题是"自己做"和外购的取舍问题。一般情况下,当内部能力不足可能导致无法完成计划的工作,或者由于缺乏经验而无法以可接受的质量水平或合理的成本水平在内部完成计划的工作时,适宜采用外部采购。

劳务采购的作用在于:第三方的知识、设备和经验可达到最优使用,本部门风险转嫁给第三方,从而使自身组织中的工作更加简单,第三方独立的观察可以避免自身组织的短视。但是,外部采购可能导致对供应商的依赖增加,需要经常检查和外购有关的成本,将活动外包给第三方时也会产生风险,如沟通风险、信息"泄露"的风险、由第三方实施活动时的社会和法律问题的风险等。

任务三 采购商品规格说明

2.3.1 商品规格的含义

商品规格是描述产品各方面要求的各种形式的结合体,用来反映商品品质的主要技术指标,是用户将需求传递给可能的供应商的主要方式。

商品规格可以描述供应商必须满足的性能参数,或者给出产品或服务如何去做的完整的设计方案。商品规格一般由产品设计部门、使用部门或采购质量专职管理机构共同确定,它是供应商进行生产的依据或标准,也是企业来料检验部门所遵循的标准。如果采购方不能明确定义所采购物料的规格,那么供应商就不能提供正确的产品,自然也就不能开始报价工作。

2.3.2 商品规格说明的必要性

商品规格有助于供应商决定它们是否提供这种产品或服务,并且如果提供,以什么成本提供。规格说明是采购订单和采购合同的核心,规格对获得优秀品质的商品起着非常重要的作用,更能协调解决工程部门、制造部门、行销部门及采购部门之间的设计冲突。在准备报价或者进入报价之前,供应商需要以规格说明作为基础。

产品在设计时,原料的成本会因规格已经确立而固定,并且是发生在向采购部门提出采购之前。由于市场、原料及生产方法的经常波动、持续修正、简化及改善提高等,从原始设计中就将商品规格化、标准化将会节省相当大的金额。

2.3.3 商品规格的类型

商品的规格可以用多种形式进行描述,也可以是几种描述形式的综合。常用的描述方式主要有工程样图、品牌、市场等级、样品、化学和物理规格、商业规格、原材料和制造方式的规格、设计规格、功能规格等。多数企业的产品需要以上述方法中的两种或更多的方法来对产品规格进行说明。

1. 工程样图

规格的一般形式是工程样图或者工程设计图。这种形式的规格适用于机械加工品、铸件、压膜部件、建筑、电子线路和组件等的采购。这种描述方式成本较大,这不仅在于准备样图的成本,而且还在于它用来描述的产品对于供应商来说往往是非标准化的商品,因此需要很大的花费才能生产。不过,这种描述方式是所有规格描述方法中最准确的一种,尤其适用于购买那些生产中需要的精密度非常高的产品。检验部门则按工程样图来测量尺寸和进行其他方面的检验。

2. 品牌

品牌是指产品的牌子,它是销售者给自己的产品规定的商业名称,包括名称、标志、商标。品牌实质上代表着供应商对交付给采购者的产品特征、利益和服务的一贯性的承诺。当采购方对购买的一件产品使用效果很满意,以后往往会再购买同样品牌的产品。

但是购买品牌产品可能成本比较高,采购方会选择非品牌的替代品。而且在采购时过分强调品牌,会导致潜在供应商数量的减少,丧失众多供应商竞争带来的价格降低或改进质量的机会。

3. 市场等级

所谓市场等级,是依据过去所建立的标准来判定某项特定的商品。此方法通常限于天然商品,这样的产品主要有木材、农产品及肉和奶制品。市场等级的评定工作必须由权威部门来完成。在采用市场等级的规格方式时,检验的作用非常重要。

4. 样品

样品可以用作规格。当样品满足采购方的需求时,规格将引用样品,并且声明生产的其他产品应该以样品为标准。这种方法适用于那些难以用文字、图样表达的物料以及它的特性。例如,小麦、玉米、棉花等最好利用样品建立市场等级,这是最佳的描述规格的方法。

5. 化学和物理规格

化学和物理特性决定的规格定义了采购方所想采购的原材料的特性。例如,不同规格的浓硫酸(98%的浓硫酸和60%的浓硫酸)其化学和物理特性不同(如98%的浓硫酸比60%的浓硫酸的吸水性要强得多)。

6. 商业规格

商业规格描述原材料做工的质量、尺寸、化学成分、检验方法等。

由于各行业重复使用相同的材料,因此该行业和政府就为这些材料制定商业标准,用于完整地说明该行业标准化的材料。当材料是依据商业规格制定的时候,采购就可以省去许多麻烦。在商业贸易往来中,许多商品已经设立了标准规格。商业标准可适用于原料、装配物料、个别的零部件及配件等。

7. 原材料和制造方式的规格

原材料和制造方式的规格使供应商确切地了解使用什么样的原材料和如何生产所需要的产品。该规格最常使用于军事服务和能源部门,近年来在产业界也用修正后的这些规格,如颜料、钢铁、化学及药品等行业。但是这种方法在产业界中的应用还是非常少的——采用这种方法,规格制定及检验的成本是相当高的。

8. 设计规格

设计规格是买方为自己建立的规格,它完整描述了自己所需要的产品或服务,并且通常会定义通过何种流程可以制造出该产品和原材料。

买方在建立设计规格时应该尽量符合产业标准,如果必须有特别的尺寸、公差或特征时,应努力使这些"特别品"成为标准零件的附加或替代品,如此可以节省许多时间和金钱。另外,还应该尽可能地避免因使用著名品牌或因商标或专利品造成的单一供应源所导致的过高价格。由于设计规格是买方建立的符合自身要求的特殊规格,其检验成本相当高,因此使用这种方法采购原料时需要特别做好检验工作。

9. 功能规格

功能规格定义了产品或服务所必须达到的成果,它们用于定义重要的设备和许多类型的服务。采购方对最终结果感兴趣,细节并不制定,由供应商决定。当使用了功能规格时,供应商将最大限度地确定如何满足需求,同时对最终产品的质量承担风险。

使用这种规格时,供应商的选择非常重要,必须选择有能力且诚实的供应商,因为供应商必须承担设计、制造产品及品质的责任。若供应商能力不足,就无法提供许多先进的技术及制造;若供应商不够诚实,材料及技术则可能会相当低劣。所以使用这项规格时,必须在众多的供应商中选择最佳者,有潜力的供应商可保证品质及通过竞争提供较合理的价格。

2.3.4 服务的工作说明

1. 服务的工作说明概述

如果工作说明不清楚可能会导致很多问题,如质量低劣的服务、浪费时间和金钱、合同纠纷和诉讼、顾客的不满等。因此,需要编制良好的工作说明,让工作人员对自己的工作有清楚明白的认识,使顾客的满意度提高等。除了货物、工程以外的所有项目都属于服务采购的范围,包括专业服务、技术服务、信息服务、课题研究、运输、培训、维修、劳务等。当采购服务时,通常以工作说明的形式定义规格等。

2. 工作说明的类型

工作说明可以分为以下几种类型:

(1) 工作的绩效说明。采购方描述自己所需的服务应该达到的绩效特点,供应商根据此工作的绩效说明去提供相应的服务。

(2) 工作的设计说明。这是最详细的工作说明形式。在这种形式的工作说明中,采购方详细描述了自己所需服务的提供方法,但是没有详细说明此服务应该达到的绩效情况。此种类型主要用于建筑、货物的制造等。

(3) 工作的功能说明。采购方描述自己将要解决的问题,由供应商根据此工作的功能说明来想办法解决问题。

(4) 工作的努力水平说明。工作的努力水平说明是工作的绩效说明的一种特殊形式,它由同行的评估来度量。

(5) 复合的工作说明。这种工作说明是以上四种工作说明方式的组合。

3. 工作说明的编制

工作说明需要遵循已有的标准大纲进行编制,防止遗漏要点。该标准大纲包括:

(1) 项目目标。项目所要达到的目标情况要在这部分说明。

(2) 背景信息。背景信息将提供问题的历史信息,如为什么问题需要解决,目前存在的可能的限制条件,以及供应商可能需要注意的问题等。

(3) 工作范围的要求。这个部分定义了项目的工作范围、技术因素、各种文件、工作任务、检验、接受和绩效标准、采购方和供应商的责任等内容。

(4) 工作进度。以时间进度表的形式表示工作完成的特定阶段。

(5) 可交付性。此部分描述所需要交付的内容、检查周期、评估标准和需要收集的信息。

(6) 进度报告的最终期限。本部分规定了进度报告的最终时间以及该报告包括的各种信息。

(7) 绩效评估要素。每个工作说明都应清晰地规定衡量绩效和质量的标准。

2.3.5　规格带来的问题

如果规格不适用于企业的特定情况,那么企业就采购不到所需的产品,从而可能造成企业成本的增加以及顾客接货的延迟等问题。

产品规格出现问题的原因如下。

1. 标准化的缺乏

制定的规格应该尽可能满足更广范围的应用,如果规格的适用范围较窄,将导致额外成本的增加等问题。

❓小思考

什么是标准化? 举例说明。

2. 苛刻的规格

苛刻的规格是指规格的制定者对物资供应的要求比它实际所需要的条件更严格。这种行为将导致过高的采购成本和原本可用的供应商由于达不到过于严格的规格要求而被淘汰。

3. 松散的规格

松散的规格是指规格的制定者省略了关键的细节或对关键的参数施加了限制。这种情况会带来一连串的质量问题,供应商交付来的商品或服务满足了规格的要求,但是却不能满足实际的应用要求。

4. 倾斜的规格

它是指满足特殊的产品或服务的规格。这种倾斜的规格可能会抑制竞争,从而使采购价格过高。

5. 无用的普通规格

当普通产品创立了品牌,有能力限制竞争时,就会制定较高的价格,从而使规格的作用消失。

6. 过时的规格

因为规格是供应商报价和为采购方提供产品或服务的依据,所以如果规格过时,将会使所有的后续工作产生问题,从而可能形成较高的成本。

7. 国际标准的差异

供应商和采购方必须要使用统一的国际标准规格体系,否则供应商提供的产品或服务可能就会不能满足采购方的要求。

项目小结

供应市场分析是指企业针对所采购的物品或服务,系统地进行供应商、供应价格、供应量、供应风险等与供应市场相关的情报数据的调集、收集、整理、归纳,从中分析出所有相关要素以获取采购决策所需要的依据的过程。

供应市场分析,就是要对供应市场进行全面系统的分析和预测,目的在于为采购战略决策提供客观依据。在现代市场经济中,随着供应管理在企业价值链中的地位越来越高,更多的人开始认识到企业要想在竞争日益激烈的市场环境下生存和发展,不仅要重视产品销售市场的分析,还要更加重视供应市场的分析和研究。通过对供应市场分析,企业可以得到所需要的采购数据资料,从而为采购决策的定量化、科学化提供基础。

供应市场分析可以是周期性的,也可以是以项目为基础进行的;可以是定量分析,也可以是定性分析,但多数是定量分析和定性分析相结合;可以是短期市场分析,也可以是长期市场分析。

➢ 案例分析

为什么品牌蔬菜在超市、农贸市场难觅踪迹

近日,一个新的蔬菜品牌——都市乡村,出现在青岛的部分超市里,这个蔬菜品牌来自青岛都市乡村菜业有限公司,它是市"菜篮子"工程重点推荐企业、集团消费"阳光食品工程"的单位之一,在去年青岛市经贸委举行的全市集团消费"阳光食品工程"联合采购招标中获得过蔬菜类"第一名"。常到超市或农贸市场采购的人对青岛的蔬菜供应都会有这样一个印象:超市里,市蔬菜科技示范园的麦饭石蔬菜是被摆放在显要位置的,价格也比其他蔬菜高很多;在其他超市尤其是农贸市场里,除摊位上偶尔标注某种蔬菜产于何地外,很少再有品牌蔬菜。与其他食品的品牌化供应相比,目前青岛市场上的蔬菜货源主要还是以几大批发市场为主,缺少品牌。据悉,在参加集团消费"阳光食品工程"第五次联合采购的投标企业名单里的蔬菜大类中,除青岛市蔬菜科技示范园、青岛都市乡村菜业公司外,还有众康源农产品公司、青岛福鸿蔬菜食品公司等9家投标公司,这些公司有极强的实力给集团消费单位提供蔬菜配送,但在超市、农贸市场,它们均难觅踪迹。蔬菜作为一日三餐的必需品,其质量、安全与市民健康密切相关。但是,蔬菜种植是千家万户的小生产,政府不可能顾及种植、运输、销售等诸多环节,管理成本也太高,这些工作必须由企业来完成。如果完全让市场来配置资源,微薄的利润又难以吸引企业涉足。

问题:

1. 从市场发展的角度分析品牌蔬菜的发展趋势。

2. 试从蔬菜销售是微利销售这个角度分析,为什么品牌蔬菜在超市、农贸市场难觅踪迹?

提示:

1. 如何降低品牌蔬菜生产、物流的成本,从而降低价格,提高竞争能力。

2. 加大对品牌蔬菜的宣传力度,使消费者认识到品牌蔬菜虽然价格高,但质量好,买品牌蔬菜物有所值。

同步练习

一、选择题

1. 苛刻的规格是指规格的制定者对物资供应的要求比它实际所需要的条件更( )。

A. 严格　　　　B. 宽松　　　　C. 方便　　　　D. 协调

2. 根据一定的目的,选择恰当的标志,将任何一个商品集合总体逐次进行划分的过程叫( )。

A. 商品集合　　B. 商品分类　　C. 商品分配　　D. 商品销售

3. 在市场中,只有一个卖者,其产品具有特殊性,能完全控制产品价格,其他卖者几乎不可能进入市场,这种市场属于( )。

A. 单一市场　　B. 买方市场　　C. 完全垄断市场　　D. 卖方市场

4. 包括原料、辅助材料、半成品、零部件、成品、投资品或固定设备,以及维护运营用品(MRO物品)等的采购属于( )。

A. 无形市场采购　　B. 市场采购　　C. 购买商品　　D. 有形商品采购

5. 企业针对所采购的物品或服务,系统地进行供应商、供应价格、供应量、供应风险等与供应市场相关的情报数据的调集、收集、整理、归纳,从中分析出所有相关要素以获取采购决策所需要的依据的过程叫( )。

A. 供应市场分析　　B. 采购市场分析　　C. 市场调查分析　　D. 市场预测

二、问答题

1. 供应市场分析的必要性体现在哪些方面?
2. 采购物品的80/20法则的含义是什么?
3. 采购商品是如何分类的?
4. 商品规格的描述方式主要有哪些?

三、实训题

实训内容:采购计划的编制

1. 实训目的

了解家电企业采购计划编制的程序和内容,要求切合实际,能在实际采购中正确地应用。

2. 实训组织

带领同学们到企业进行调查了解,然后编写出采购计划,作为平时成绩。

3. 实训题目

老师根据家电企业的实际,拟出题目,提出要求。

(1) 编制一份彩色电视机主要零部件的采购计划。

(2) 编制一份洗衣机主要零部件的采购计划。

微信扫描
查看拓展资料

项目三　采购计划和采购预算

知识目标	技能目标	建议学时
■ 掌握预算的编制方法和流程 ■ 掌握采购预算编制步骤及注意事项 ■ 了解编制采购计划的基础资料和程序	■ 学会动手编制采购计划 ■ 学会动手编制采购预算	4

> **引导案例**

某企业采购计划制订程序

（1）营业部于每年年度开始时，提供主管单位有关各机型的每季度、每月的销售预测。售预测须经会议通过，并配合实际库存量、生产需要量、现实状况，由生产销管理单住编制每月的采购计划。

（2）生产管理单位编制的采购计划副本送至采购中心，据以编制采购预算，经经营会议审核通过后，再将副本递交财务单位编制每月的资金预算。

（3）营业部门变更"销售计划"或有临时的销售决策（如紧急订单），应与生产单位、采购中心协商，以排定生产日程，并修改采购计划及采购预算。

某企业采购计划制订管理办法：

为了规范公司采购行为，降低公司经营成本，特制订如下采购计划和申请管理办法：

（1）根据公司年度经营计划、材料消耗定额、各部门物资需求以及现有库存情况，可以制订年度采购计划预案。

（2）根据年度生产进度安排、资金情况和库存变化，相应制订年、季度或月度的具体采购计划，该计划按期滚动修订。

（3）公司年度采购计划须经总经理办公会议批准实施，半年、季度采购计划须经总经理审批，月度采购计划变化不大的经主管副总经理批准。

（4）根据采购计划制作的采购预算表，以一式多联方式提交，分别经采购部经理、主管副总经理、总经理按权限签批核准。

（5）公司物料库存降低到安全库存量或控制标准时，可及时提出采购申请，并分为定量订购和定时订购两种方法实施采购。

问题：

企业为什么要制订采购计划？

任务一 采购计划

3.1.1 编制采购计划的目的

所谓计划,就是根据组织内外部的实际情况,权衡客观需要和主观可能,通过科学预测,提出在未来一定时期内组织所要达成的目标以及实现目标的方法。采购计划作为采购管理的第一步,起到指导采购部门的实际工作、保证产销活动的正常进行和提高企业经济效益的作用。

计划是管理的首要职能,任何组织都不能没有计划。计划是管理人员对未来应采取的行动所做的谋划和安排。

采购计划就是购入原材料的预见性的安排及部署,因此对于整个采购运作的成败具有非常重要的作用。采购计划是企业管理人员在了解市场供求情况,认识企业生产经营活动过程和掌握物料消耗规律的基础上对计划期内物料采购管理活动所做的预见性安排和部署。它重点需要考虑的问题是:是否采购、采购什么、采购多少、怎样采购以及何时采购。采购计划是采购管理工作的第一步,采购计划制订得是否合理、完善直接关系到整个采购运作的成败。

3.1.2 编制采购计划的基础资料

采购计划编制的基础资料主要有销售计划、生产计划、设备维修计划和技术改造计划、存量管制卡、物料清单、基本建设计划和科研计划等。

1. 销售计划

销售计划是指规定企业在计划期内(年度)销售产品的品种、质量、数量和交货期,以及销售收入、销售利润等。生产计划一般源于销售计划,销售计划不准确,会直接影响到产品的生产出现问题,从而给企业带来负面影响。因此,如果销售计划估算出了问题,就会影响到生产计划,从而导致采购计划的准确性。

2. 生产计划

生产计划是指规定企业在计划期内(年度)所生产产品品种、质量、数量和生产进度以及生产能力的利用程度。生产计划决定采购计划,采购计划又保证了生产计划得以实现。因此,企业的生产部门和采购部门要相互配合,共同制订生产计划和采购计划,避免产生物料积压或物流供应不足等问题。

3. 设备维修计划和技术改造计划

设备维修计划是规定企业在计划期内(年度)需要进行修理设备的数量、修理的时间和进度等。技术改造计划是规定企业在计划期内(年度)要进行的各项技改项目的进度、预期的经济效果,以及实现技改所需要的人力、物资、费用和负责执行的单位。这两个计划提出的物料需求品种、规格、数量和需要时间也是编制物料采购计划的依据。

4. 存量管制卡

若物料有库存,那么物料采购数量就不一定等于根据物料清单所计算的物料数量。因此,企业用存量管制卡记载物料目前的库存状况。采购计划必须要考虑物料清单、存量管制卡、物料的作业时间等内容才能保证采购数量的准确性。

5. 物料清单

物料清单是由研发部门或产品设计部门制订,根据此清单可以精确计算出制造某一种产品的物料需求数量。由于现代社会产品品种层出不穷,如果物料清单不能及时修订,就可能导致采购的物料需求数量、规格等与实际的使用量、规格产生差异,从而造成有的物料规格过时或不易购得,采购的数量过多或过少。因此,必须保证物料清单最新、最准确才能保证采购计划最准确。

6. 基本建设计划和科研计划

基本建设计划是规定企业在计划期内(年度)的建设项目、投资额、实物工程量、开竣工日期、建设进度等。科研计划是规定企业在计划期内(年度)进行的科研项目。这两个计划提出的物料需求同样也是编制采购计划的依据。尤其是科研计划所需的物料有些比较新或者比较少,这就会直接影响到物料的采购难度,因此更应该作为采购计划的依据。

3.1.3　采购计划的编制程序

采购计划编制是确定从企业外部采购哪些产品和服务能够最好地满足企业经营需求的过程,需要考虑的事项包括是否采购、怎样采购、采购什么、采购多少以及何时采购。在编制采购计划之前,先要做自制或外购分析,以决定是否要采购。

采购计划编制主要包括两部分内容:采购认证计划的制订和采购订单计划的制订。

1. 采购认证计划的制订

采购认证是指企业采购人员对采购环境进行考察并建立采购环境的过程,它包括准备认证计划、评估认证需求、计算认证容量和制订认证计划四个方面。下面就对这四个方面展开详细论述。

1）准备认证计划

（1）熟悉认证的物资项目。采购人员在制订采购计划之前,需首先熟悉要认证的物料项目,包括该物料项目涉及的专业知识范围、认证物料目前的供应状况等。一般物料项目涉及的专业知识范围很广,包括机械、电子、软件等方面,所以采购人员需要搞清采购项目属于哪个专业。这之后采购人员还要了解物料目前的供应状况,初步对该物料的采购有个大概了解。

（2）开发批量需求。要制订比较准确的认证计划,采购计划人员首先必须熟知物料需求计划。开发批量物料需求通常有两种情况:一是在目前的采购环境中能够找到的物料供应。例如,以前接触的供应商的供应范围比较大,就可以从这些供应商的供应范围中找到企业需要的批量物料需求。二是现有的采购环境中无法提供企业需要采购的新物料,需要企业的采购部门到社会供应群体中寻找新物料的供应商。

（3）掌握余量需求。采购人员在进行采购操作时,可能会遇到两种情况:一是随着企业规模的扩大,市场需求变得越来越大,现有的采购环境容量不足以支持企业的物料需求;二是由于采购环境呈下降趋势,使物料的采购环境容量逐渐缩小,无法满足采购的需求。在这两种情况下,就会产生余量需求要求对采购环境进行扩容。企业的采购人员要在进行市场调查的基础上选择新的采购环境。采购环境容量的信息一般由认证人员和订单人员提供。

(4)准备认证环境资料。通常采购环境的内容包括认证环境和订单环境两个部分。认证容量和订单容量是两个完全不同的概念,认证过程本身是对供应商样件的小批量试制过程,需要强有力的技术力量支持,有时甚至需要与供应商一起开发;而订单过程是供应商模式化的生产过程,其突出的表现就是自动化流水作业及稳定的生产,技术工艺已经固化在生产流程之中,所以订单容量的技术支持难度比起认证容量的技术支持难度要小得多。因此,企业对认证环境进行分析时一定要分清认证环境和订单环境。

(5)编制认证计划说明书。做好上述工作后,就要准备好认证计划所需要的材料,主要包括认证计划说明书(物料项目名称、需求数量、认证周期等),同时附有开发需求计划、余量需求计划、认证环境资料等。

2)评估认证需求

(1)分析开发批量需求。要做好开发批量需求分析不仅要分析物料数量上的需求,而且要掌握物料的技术特征等信息。开发批量需求的样式是多种多样的,按照需求的环节可以分为研发物料需求和生产批量物料需求;按照采购环境可以分为环境内物料需求和环境外物料需求;按照供应情况可以分为直接供应物料需求和需要定做物料需求;按照国界可分为国内供应物料需求和国外供应物料需求等。对如此复杂的情况,计划人员必须对于开发物料需求做详细的分析,必要时还应与开发人员、认证人员一起研究开发物料的技术特征,按照已有的采购环境及认证计划经验进行分类。

(2)分析余量需求。分析余量需求首先要对余量需求进行分类。前面已经说明余量认证的产生来源:一是市场销售需求的扩大;另一种情况是采购环境订单容量的萎缩。这两种情况都导致目前采购环境的订单容量难以满足用户的需求,因此需要增加采购环境容量。对于因市场需求原因造成的,可以通过销售及生产需求计划得到各种物料的需求量及时间。对于因供应商萎缩造成的,可以通过分析现实采购环境的总体订单容量与原定容量之间的差别得到。这两种情况的余量相加即可得到总的需求容量。

(3)确定认证需求。根据开发批量需求及余量需求的分析结果,计划人员就可以确定认证需求了。认证需求是指通过认证手段,具有一定订单容量的采购环境。

3)计算认证容量

(1)分析项目认证资料。不同的认证项目及周期千差万别,各不相同。对于某种行业的企业来说,需要认证的物料项目可能是上千种物料中的某几种,熟练分析几种物料的认证资料是可能的。但对于规模比较大的企业,分析上千种甚至上万种物料其难度则要大得多。因此,企业的采购人员要尽可能地熟悉物料采购项目的认证资料。

(2)计算总体认证容量。在企业的采购环境中,供应商的订单容量与认证容量是两个不同的概念。因此,在供应商认证合同中,应说明认证容量与订单容量的比例,防止供应商只做批量订单,不愿意做样件认证。计算采购环境的总体认证容量的方法是把采购环境中的所有供应商的认证容量叠加即可,对有些供应商的认证容量需要加以适当系数。

（3）计算供应商承接认证量。供应商承接认证量等于当前供应商正在履行的认证的合同量。各种物料项目认证周期不同,认证容量计算是一个复杂的过程,因此一般是计算要求的某一时间段的承接认证量。最恰当的处理方法是借助电子信息系统,模拟显示供应商已承接认证量,以便认证计划决策使用。

（4）确定剩余认证容量。某一物料所有供应商群体的剩余认证容量的总和,称为该物料的剩余认证容量,其计算公式为:

$$物料认证容量＝物料供应商群体总体认证容量－承接认证量$$

这种计算过程可以被电子化,一般 MPR 系统不支持这种算法,应单独创建系统。认证容量是一近似值,仅作参考,认证计划人员对此不可过高估计,但它能指导认证过程的操作。

4）制订认证计划

（1）对比需求与容量。认证需求量与供应商对应的认证容量之间一般都会存在差异,一般会出现两种情况:

① 认证需求量＜认证容量,没有必要进行综合平衡,直接按照认证需求制订认证计划;

② 认证需求量＞认证容量,就要进行认证综合平衡,对于剩余认证需求要制订采购环境之外的认证计划。

（2）综合平衡,调节余缺。计划人员从全局出发,综合考虑生产、认证容量、物料生命周期等要素,判断认证需求的可行性,通过调节认证计划来尽可能地满足认证需求,并计算认证容量不能满足的剩余认证需求。

（3）确定余量认证计划。对于采购环境不能满足的剩余认证需求,应提交采购认证人员分析并提出对策,与之一起确认采购环境之外的供应商认证计划。采购环境之外的社会供应群体如果没有与企业签订合同,那么制订认证计划时要特别谨慎,并要由具有丰富经验的认证计划人员和认证人员联合操作。

（4）制订认证计划。认证计划是订单计划的基础。制订认证计划就是确定认证物料数量及开始认证时间,其确定方法如下:

$$认证物料数量＝开发样件需求数量＋检验测试需求数量＋样品数量＋机动数量$$
$$开始认证时间＝要求认证结束时间－认证周期－缓冲时间$$

2. 采购订单计划的制订

1）准备订单计划

（1）预测企业的市场需求。有了市场需求才会有后来的生产及采购活动,因此要想制订比较准确的订单计划,计划人员必须首先掌握客户订单和市场需求计划。根据客户订单和市场需求计划就可得到生产需求计划。

（2）确定企业的生产需求。生产需求对采购来说就是生产物料需求,其时间根据生产计划而产生,是订单计划的主要来源。采购计划人员需要深入了解、熟知生产计划以及工艺常识,以利于理解生产物料需求,确定企业生产需求。在 MRP 系统中,物料需求计划是主生产计划的细化,它主要来源于主生产计划、需求的预测、物料清单文件、库存文件。编制物料需求计划的主要步骤包括:

第一步:决定毛需求(为满足市场预测或客户订单需求,或上级物料项目的订货需求而产生的对该物料的需求)。

第二步:决定净需求(从毛需求中减去库存可用量和预计入库量之后的差)。

第三步:对订单下达日期及订单数量进行计划。

(3)准备订单环境的资料。物料采购的订单环境是在订单物资的认证计划完成之后形成的,订单环境资料主要包括:① 订单物料的供应商消息;② 订单比例信息(对多家供应商的物料来说,每一个供应商分摊的下单比例称之为订单比例,该比例由认证人员提供并给予维护);③ 最小包装信息;④ 订单周期(指从下单到交货的时间间隔,一般是以天为单位的)。

订单环境一般使用信息系统管理。订单人员根据生产需求的物料项目,从信息系统中查询了解物料的采购环境参数及描述。

(4)编制订单计划说明书。其主要内容包括订单计划说明书(物料名称、需求数量、到货日期等),并附有市场需求计划、生产需求计划、订单环境资料等。

2)评估订单需求

只有准确地评估订单需求,才能为计算订单容量提供参考依据,以便制订出好的订单计划。

(1)分析市场需求。制订订单计划首先要考虑的是生产计划,但订单计划不仅仅来源于生产计划,它还应兼顾企业的市场战略以及潜在的市场需求等。此外,制订订单计划还需要分析市场要货计划的可信度,分析市场签订合同的数量、还没有签订合同的数量等一系列数据,同时研究其变化趋势,全面考虑要货计划的规范性和严谨性,还要参照相关的历史要货数据,找出问题的所在。

(2)分析生产需求。在分析市场需求的基础上,下一步就需要分析生产需求,首先要做的是研究生产需求的产生过程,其次分析生产需求量和要货时间。

(3)确定订单需求。根据对市场需求和对生产需求的分析结果确定订单需求。通常来讲,订单需求的内容是通过订单操作手段,在未来指定的时间内,将指定数量的合格物料采购入库。

3)计算订单容量

(1)分析采购项目供应资料。对于采购工作来说,在目前的采购环境中,所要采购物料的供应商的信息是非常重要的一项信息资料。如果没有供应商供应物料,那么无论是生产需求,还是紧急的市场需求,一切都无从谈起。可见,供应商的物料供应是满足生产需求和满足紧急市场需求的必要条件。

(2)计算总体订单容量。总体订单容量是多方面内容的组合,一般包括两方面的内容:一是可供给的物料数量;二是可供给物料的交货时间。例如,某化工厂供应商 A 在 9 月 29 日之前可供应乙醇 4 吨(95% 含量的 1.5 吨,99% 含量的 2.5 吨),供应商 B 在 9 月 29 日之前可供应乙醇 3 吨(95% 含量的 1.5 吨,99% 含量的 1.5 吨),那么在 9 月 29 日之前两种含量的乙醇订单容量为 7 吨(95% 含量的 3 吨,99% 含量的 4 吨)。

(3)计算承接订单容量。承接订单量是指某供应商在指定的时间内已经签下的订单量。例如,某化工厂供应商 A 在 9 月 29 日之前可供应 2 吨乙醇(95% 含量的 1.5 吨,99% 含量的 0.5 吨),若已承接 95% 含量的乙醇 1 吨,99% 含量的乙醇 0.5 吨,那么已承接的订单容量为 95% 含量乙醇 1 吨+99% 含量乙醇 0.5 吨=1.5 吨。

(4) 确定剩余订单容量。剩余订单容量是指某物料所有供应商群体的剩余订单容量的总和。

$$物料剩余订单容量=物料供应商群体总体订单容量-已承接订单量$$

4) 制订订单计划

(1) 对比需求与容量。这是制订订单计划的首要环节,只有比较出需求与容量的关系,才能有针对性地制订订单计划。需求与容量的关系一般会出现以下两种情况:

① 如果经过对比发现需求小于容量,即无论需求多大,容量总能满足需求,则企业要根据物料需求来制订订单计划。

② 如果供应商的容量小于企业的物料需求,则要求企业根据容量制订合适的物料需求计划,这样就产生了剩余物料需求,需要对剩余物料需求重新制订认证计划。

(2) 综合平衡。综合平衡就是要综合考虑市场、生产、订单容量等要素,分析物料订单需求的可行性,必要时调整订单计划,计算容量不能满足的剩余订单需求。

(3) 确定余量认证计划。在对比需求与容量的时候,如果容量小于需求,就会产生剩余需求,要提交给认证计划制订者处理,并确定能否按照物料需求规定的时间及数量交货。为了保证物料及时供应,此时可以通过简化认证程序,并由具有丰富经验的认证计划人员进行操作。

(4) 制订订单计划。在上面所有工作完成后,就可以制订订单计划了,这是采购计划的最后一个环节,订单计划做好之后就可以按照计划进行采购工作了,一份订单包含的内容有下单数量和下单时间两个方面:

$$下单数量=生产需求量-计划入库量-现有库存量+安全库存量$$
$$下单时间=要求到货时间-认证周期-订单周期-缓冲时间$$

除了把握上述编制采购计划的方法外,采购部门在编制采购计划时还应注意以下两个问题:计划应尽量具体化、数量化,说明何时、何人实施,以便于计划管理、执行和控制;应适时对计划进行修改和调整。

任务二　采购预算

所谓预算,就是一种用数量来表示的计划,是将企业未来一定时期内经营决策的目标通过有关数据系统地反映出来,是经营决策具体化、数量化的表现。

编制预算的原则:一要实事求是;二要积极稳妥、留有余地;三要比质比价。

一个好的企业必须要有好的预算,只有这样才能保证企业有良好的资金流,从而赚取更多的利润。传统采购预算的编制是将本期应购数量乘以各项物料的购入单价,或者按照物料需求计划(MRP)的请购数量乘以标准成本,即可获得采购金额预算。为了使预算对实际的资金调度具有意义,采购预算应以现金基础编制,也就是说,采购预算应以付款的金额来编制,而不以采购的金额来编制。预算的时间范围要与企业的计划期保持一致,绝不能过长或过短。长于计划期的预算没有实际意义,浪费人力、财力和物力,而过短的预算则又不能保证计划的顺利执行。企业所能获得的可分配的资源和资金在一定程度上是有限的,受到客观条件的限制,企业管理者必须通过有效地分配有限的资源来提高销售率以获得最大的收益。一个良好的企业不仅要赚取合理的利润,还要保证有良好的资金流,良好的预算,既要注重实际,又要强调财务业绩。

为了能够规划出与企业战略目标相一致的可实现的最佳预算,管理者应该和部门主管就目标积极展开沟通,调查要求和期望,考虑假设条件和参数的变动,制订劳动力和资金需求计划并要求各部门提供反馈,从而制订出切实可行的采购预算。

为了使预算更具有灵活性和适应性,以应对意料之外的可能发生的不可控事件,企业在预算过程中应当尽量做到:采取合理的预算形式;建立趋势模型;用滚动预算的方法,以减少预算的失误及由此带来的损失。

3.2.1 预算的作用和种类

1. 预算的作用

一般来说,企业进行预算其作用主要在于以下几个方面:

(1) 促进企业计划工作的开展与完善,减小企业的经营风险与财务风险。预算的基础是计划,预算能促使企业的各级经理提前制订计划,避免企业盲目发展,遭受不必要的经营风险和财物风险。事实上,制订和执行预算的过程,就是企业不断用量化的工具使自身的经营环境、自己拥有的经济资源和企业的发展目标保持动态平衡的过程。

(2) 保证企业战略计划和作业计划的执行,确保企业组织目标一致。通过预算,企业各个部门在计划期内的工作分别制定出了目标,也明确了各个部门、个人的责、权、利,使个人的利益与企业的经济效益联系在一起,促使企业员工努力去完成工作目标,从而保障了企业战略计划和作业计划的实现。

(3) 在企业各部门之间合理安排有限资源,保证资源分配的效率性。企业所获得可分配的资源和资金在一定程度上是有限的,受到客观条件的限制。通过预算,企业能够充分考虑各部门的资源需求,从而合理安排,保证资源的高效率利用。

(4) 协调企业各部门之间的合作经营。通过预算,企业各部门都明确了各自所处的地位和作用,从而可以从全局出发,协调各自的工作步伐,相互配合工作,争取全局计划最优化。另外,通过预算,企业的高层管理者就会清楚企业整个价值链之间的相互关系,明确各部门的责任,从而能够从高层协调部署,促使各部门之间通力配合,从而促成企业长期目标的最终实现。

(5) 对成本进行控制和监督。有了预算,企业的经营活动就有了尺度,实际的收入支出就可以与预算的收入和支出相比较,无论结果如何,都可以成为管理者成本控制的依据。根据切实可行的预算进行经营活动,就可以避免不必要的支出,从而起到控制和监督成本的作用。

2. 预算的种类

根据不同的标准,预算可分为多种,而预算的种类不同,所起的作用也不同。

(1) 根据预算所涉及的范围,预算可以分为全面预算和分类预算。全面预算又称为总预算,是短期预算的一种,涉及企业的产品或服务的收入、费用、现金收支等各方面的问题,总预算由分预算综合而成,它的特点和具体范围将随着部门和单元特性的不同而有所变化。

分预算和总预算的划分是相对的。例如,各部门的预算对于公司来说属于分预算,但对于分部门本身来说又属于总预算。

(2) 根据时间的长短,预算可以分为长期预算和短期预算。长期预算是指时间跨度超过1年以上的预算,主要涉及固定资产的投资问题,是一种规划性质的资本支出预算,如某地区房地产的投资预算。长期预算对企业战略计划的执行有着重要意义,其编制质量的好坏将直接影响到企业的长期目标是否能够实现,影响到企业今后较长时间内的发展。短期预算是指企业一年内对经营财务等方面所进行的总体规划的数量说明。短期预算是一种执行预算,对作业计划的实现影响重大,如某项促销活动的预算。

(3) 总预算根据其内容的不同可以分为财务预算、决策预算和业务预算三类。财务预算是指企业在计划期内有关现金支出、经营成果及财务状况的预算,主要包括现金预算、预计利润表、预计资产负债表等。决策预算是指企业为长期预算投资决策项目或一次性业务所编制的专门预算,其编制只是为了帮助管理者做出决策。业务预算是指计划期间日常发生的各种经营性活动的预算,包括销售预算、成本预算、管理费用预算等。采购预算是业务预算的一种,它的编制将直接影响到企业的直接材料预算、制造费用预算等。

❓小思考

采购预算制订之后,可不可以根据市场的变化做一些调整? 为什么?

3.2.2　预算的编制方法和流程

1. 编制预算的方法

编制预算的方法很多,这里主要介绍概率预算、零基预算、弹性预算和滚动预算。

1) 概率预算

在编制预算过程中,涉及的变量很多,如业务量、价格、成本等。企业管理者在编制预算时,不能十分精确地预见到这些因素在将来会发生何种变化,以及变化到何种程度,而只能大体估计出它们发生变化的可能性(即概率),从而近似地判断出各种因素的变化趋势、范围和结果,然后对各种变量进行调整,计算出可能值的大小。这种利用概率(即可能性的大小)来编制的预算,即为概率预算。

概率预算必须根据不同的情况来编制,大体上可分为以下两种情况:

(1) 销售量的变动与成本的变动没有直接联系,这时只要利用各自的概率分别计算出销售收入、变动成本、固定成本的期望值,然后直接计算利润的期望值。

(2) 销售量的变动与成本的变动有直接联系,这时用计算联合概率的方法来计算利润的期望值。

2) 零基预算

零基预算是指在编制预算时,对所有的预算项目均不考虑以往的情况,一切以零为起点,完全根据未来一定期间生产经营活动的需要和每项业务的轻重缓急,如实确定每项预算是否有支出的必要和支出数额大小的一种预算编制方法。

传统的调整预算编制方法虽然比较简单,但是原来不合理的费用开支往往会继续存在下去,造成预算的浪费或者预算的不足。零基预算的编制方法与传统的预算编制方法截然不同。它在确定任何一项预算时,完全不考虑前期的实际水平,只考虑该项目本身在计划期内的重要程度,以零为起点确定预算的具体数据。其编制方法,大致可分为以下三步:

(1) 拟订预算目标,各相关部门根据企业的目标和本部门的具体任务,对可能发生的费用项目逐一考证其支出的必要性和需要额,编写各项费用项目的方案。

(2) 进行成本—效益分析。这里所说的成本—效益分析,主要是指对所提出的每一个预算项目所需要的经费和所能获得的收益,进行计算和对比,利用对比的结果来衡量和评价各预算项目的经济效益,然后权衡其重要性,列出各项目的先后次序。通常由企业的主要负责人、总会计师等人员参加的预算委员会,负责对各部门提出的费用项目进行成本—效益分析。

(3) 按照所确定的结果,结合计划期内可动用的资金来源分配资金,落实预算。

零基预算的特点是一切费用预算额以零为起点,不受现行预算框架的束缚,能充分调动各级管理人员的主观能动性,促使各级管理人员精打细算、量力而行,把有限的资金切实用到最需要的地方,以保证整个企业的良性循环,提高整体的经济效益。但该预算编制方法一切支出均以零为起点来进行分析、研究,因而工作量太大,而且一个企业如何把许多不同性质的业务按照其重要性进行排序是很困难的,不可避免地会带有某些主观随意性。因此,在实际预算工作中,可若干年进行一次零基预算,以后几年内则略做适当调整。目前,我国大多数企业的费用开支浪费很大,因此在做预算时,可以考虑使用这种方法。

3) 弹性预算

弹性预算又称变动预算,它是在编制预算时考虑到计划期间的各种可能变动因素的影响,编制出一套适应多种业务量的预算。由于这种预算随着业务量的变化而做出相应的调整,具有伸缩性,因此称作弹性预算。

弹性预算一般用于编制弹性成本预算和弹性利润预算。弹性利润预算是对计划期内各种可能的销售收入所能实现的利润所做的预算,它以弹性成本预算为基础。

编制弹性预算,首先要确定在计划期内业务量的可能变化范围。在具体编制工作中,对一般企业而言,其变化范围可以确定在企业正常生产能力的 70%～110% 之间,其间隔取为 5% 或 10%,也可取计划期内预计的最低业务量和最高业务量为其下限和上限。

其次,要根据成本形态,将计划期内的费用划分为变动费用和固定费用。在编制弹性预算时固定费用在相关范围内不随业务量的变动而变动,因而不需要按照业务量的变动来进行调整。而对变动费用,则要按照不同的业务量水平分别进行计算。

4) 滚动预算

滚动预算又称连续预算,其主要特点是预算期随着时间的推移而自行延伸,始终保持一定的期限(通常为一年)。当年度预算中某一季度(或月份)预算执行完毕后,就根据新的情况进行调整和修改后几个季度(或月份)的预算。

滚动预算的理论根据是:企业的生产经营活动是延续不断的,因此预算也应该全面地反映这一延续不断的过程。另外,现代企业的生产经营活动是复杂的,随着时间的推移,它将产生难以预料的结果。滚动预算在执行过程中可以结合新的信息,对其不断进行调整与修订,使预算与实际情况能更好地相适应,有利于充分发挥预算的指导和控制作用。

2. 编制预算的业务流程

以制造业而言,通常业务部门的营销计划为年度经营计划的起点,然后制订生产计划。生产计划包括采购预算、直接人工预算及制造费用预算。由此可见,采购预算乃是采购部门为配合年度的销售预测或生产数量,对需求的原料、物料、零件等的数量及成本做翔实的估计,以利于整个企业目标的达成。所以采购预算的编制,必须以企业整体预算制度为依据。采购预算的编制有一定的流程与步骤。

3.2.3　采购预算编制步骤及注意事项

预算实质上是一种协调过程,它要求来自企业各个部门、各个层次的管理者根据其知识、所从事具体活动的经验以及各自的职责共同制订出一个综合的或总的预算。每一部门或层次的预算由其下级部门或低一级层次的预算加总构成,再加上与管理这一特定部门和层次相关的成本和其他预算项目。采购预算可能包括的成本类型范围越广(如维护修理项目、固定资产设备、其他材料和用品的折价等),采购部门预算与其他部门和层次的相互依赖程度就越高,那么采购部门就越要与各个部门共同合作,确保其能提供合理的预算数据。

1. 采购预算编制步骤

(1) 审查企业以及部门的战略目标。采购部门作为企业的一个部门,在编制预算时要从企业总的战略目标出发,审查本部门和企业的目标,确保两者之间的相互协调。

(2) 制订明确的工作计划。采购主管必须了解本部门的业务活动,明确其特性和范围,制订详细的工作计划表,从而确定该部门实施这些活动所带来的产出。

(3) 确定所需的资源。有了详细的工作计划表,采购主管要对业务支出做出切合实际的估计,确定为实现目标所需要的人力、物力和财力资源。

(4) 确定较准确的预算数字。确定预算数据是企业编制预算的难点之一。目前企业普遍的做法是将目标与历史数据相结合来确定预算数,即对过去历史数据和未来目标逐项分析,使收入和成本费用等各项预算切实合理可行,对过去的历史数据可采用线性规划、回归分析等方法找出适用本企业的数学模型来预测未来,有经验的预算人员也可以通过以往的经验并结合未来发展趋势做出准确判断。

(5) 汇总编制总预算。对各部门预算草案进行审核、归纳、调整、汇总编制总预算。

(6) 提交预算。由于预算总是或多或少地与实际有所差异,因此必须根据实际情况选定一个偏差范围,偏差范围的确定可以根据行业平均水平,也可以根据企业的经验数据。设定了偏差范围以后,采购主管可比较实际支出和预算的差距,以便控制业务的进展。如果支出与估计值的差异达到或超过了容许的范围,或上报的预算被驳回,就有必要对具体的预算进行必要的修改。最后,将编制好的预算提交企业负责人批准。

2. 编制采购预算的注意事项

实施采购预算的目的是提高企业经济效益,要达到此目标,采购预算必须体现科学性、严肃性、可行性、克服随意性。因此,采购部门在编制采购预算时,应注意以下几点:

(1) 编制预算之前,要进行市场调研,广泛搜集预测信息和基础资料数据,如市场需求量、售价、材料价格等,并对这些信息资料进行必要的加工、整理,然后再用于编制采购预算。

如果忽视了对市场的调研与预测,可能会使预算指标缺乏弹性,缺乏对市场的应变能力,致使采购预算不能发挥其控制作用。

　　(2) 编制预算时,应采用适合的预算方法,以便使预算的结果更接近实际。

　　(3) 应强调预算的广泛参与性,尽可能让有关员工参与到预算的制订中来,这样既可以提高员工的积极性,也可以促进信息在更大的范围内交流,增加预算的科学性和可操作性。当然,在强调预算的广泛参与性的同时,也要注意预算编制的效率,要注意区分各级员工参与的程度,不能一视同仁。一般情况下,预算是有一定秘密等级的,这个不可忽视。

　　(4) 确立恰当的假定,以使预算指标建立在合理的假定因素的基础上,便于预算编制工作的开展。在编制预算时,应根据历史数据和社会发展预测可能会带来的影响,努力做到预算的合理性、可行性。

项目小结

　　所谓计划,就是根据组织内外部的实际情况,权衡客观需要和主观可能,通过科学预测,提出在未来一定时期内组织所要达成的目标以及实现目标的方法。采购计划作为采购管理的第一步,起到指导采购部门的实际工作、保证产销活动的正常进行和提高企业经济效益的作用。

　　计划是管理的首要职能,任何组织都不能没有计划。采购计划是企业管理人员在了解市场供求情况、认识企业生产经营活动过程和掌握物料消耗规律的基础上对计划期内物料采购管理活动所做的预见性安排和部署。它重点需要考虑的问题是:是否采购、采购什么、采购多少、怎样采购以及何时采购。采购计划是采购管理工作的第一步,采购计划制订得是否合理、完善直接关系到整个采购运作的成败。

　　通常情况下,制造业的流程始于原材料、零部件的购入,经过加工制造或组合装配成为产品,再经过销售获取利润。其中,何时、何处取得合适数量的原材料是采购计划的重点所在。采购计划就是购入原材料的预见性的安排及部署,因此对于整个采购运作的成败具有非常重要的作用。

➤ 案例分析

西门子公司的全球采购策略

　　过去很长一段时间里,西门子公司的通信、交通、医疗、照明、自动化与控制等各个产业部门根据各自的需求独立采购。随着西门子公司的逐渐扩大和发展,采购部门发现不少的元部件需求是重叠的,如通信产业需要订购液晶显示元件,而自动化和控制分部也需要购买相同的元件,购买数额有多有少,选择的供应商、产品质量、产品价格与服务差异也非常大。

　　精明的西门子人很快就看到了沉淀在这里的"采购成本",于是西门子公司设立了一个采购委员会,来协调全球的采购需求,把六大产业部门所有公司的采购需求汇总起来,这样,西门子公司可以用一个声音同供应商进行沟通,大订单在手,就可以吸引全球供应商进行角逐,西门子公司在谈判桌上的声音就可以响亮很多。

　　对于供应商来说,这也是一件好事情。以前一个供应商,可能要与西门子公司的六个不同产业部门打交道,而现在只需与一个"全球大老板"谈判,只要产品、价格和服务过硬,就可以拿到全球的订单,当然也省下了不少时间和精力。

西门子公司的全球采购委员会直接管理全球材料经理,每位材料经理负责特定材料领域的全球性采购,寻找合适的供应商,达到节约成本的目标,确保材料的充足供应。"手机市场的增长很快,材料经理的一项重要职能就是找到合适的、能够与西门子公司一起快速成长的供应商。"西门子公司认为,供应商的成长潜力在其他成熟产业可能并不重要,但是在手机产业,100%的可得性是选择供应商的重要指标。

西门子移动公司的采购系统还有一个特色,就是在采购部门和研发设计部门之间有一个"高级采购工程部门",作为一座架在采购部和研发部之间的桥梁。高级采购工程部门的作用是在研发设计的阶段就用采购部门的眼光来看问题,充分考虑到未来采购的需求和生产成本上的限制。

有了这些充分集权的中央型采购战略决策机构,还需要反映灵活的地区性采购部门来进行实际操作。由于产业链分布在各个国家,西门子移动公司在各地区采购部门的角色很不一样。日本西门子移动公司采购部门的角色类似于一个协调者,由于掌握着核心技术,日本的供应商(如东芝公司和松下公司)直接参与了西门子公司手机的早期开发。西门子移动公司需要知道哪些需求在技术上是可行的,哪些是不可行的,而东芝和松下等企业也要知道西门子公司想要得到什么产品,因此,采购部门的主要工作就是与日本供应商的研发中心进行研发技术方面的协调、沟通和同步运作。

中国西门子移动公司采购部门的角色重心就不同了,其主要任务是利用中国市场的廉价材料,降低生产成本,提高西门子公司手机的全球竞争力。2001年西门子移动公司的全球采购额是20亿欧元,单是在中国的采购就达到了5亿欧元,占全球采购额的25%。在中国生产的每部手机都达到了60%的国产化率。中国低廉的材料价格已经成为西门子手机征战全球性市场的一大利器。

问题:
西门子公司采购的经验是什么?它对我国企业的采购有哪些启示?

提示:
对于大量物资的采购,集中统一采购和分散采购相比,无论从管理、价格、时间等方面都具有优势。

同步练习

一、选择题

1.(　　)是指规定企业在计划期内(年度)销售产品的品种、质量、数量和交货期,以及销售收入、销售利润等。

A. 销售计划　　　B. 生产计划　　　C. 经营计划　　　D. 工作计划

2. 采购计划编制主要包括两部分内容:采购认证计划的制订和(　　)。

A. 采购数量计划的制订　　　　　B. 采购订单计划的制订

C. 采购商务计划的制订　　　　　D. 采购质量计划的制订

3. （　　）就是一种用数量来表示的计划，是将企业未来一定时期内经营决策的目标通过有关数据系统地反映出来，是经营决策具体化、数量化的表现。

A. 计划　　　　B. 方案　　　　C. 预算　　　　D. 战略

4. 总预算根据其内容的不同可以分为财务预算、决策预算和（　　）三类。

A. 物流预算　　B. 物料预算　　C. 采购预算　　D. 业务预算

二、问答题

1. 采购预算编制步骤有哪些？
2. 编制采购预算的注意事项有哪些？
3. 编制采购计划的基础资料有哪些？
4. 编制预算的原则是什么？

三、实训题

实训内容：采购计划和预算编制

1. 实训目的

（1）了解采购计划的编制过程。

（2）了解采购预算的编制过程。

（3）采购计划和预算的编制对整个采购流程的重要意义。

2. 实训组织

以实地调查为主，同时在网上查找资料，分析采购计划与采购预算编制的过程。学生以小组为单位进入采购部门获取一些采购计划与预算编制的实例，并由教师组织对各个实例进行分析。

3. 实训题目

由于采购计算及预算的编制所涉及的数据繁多，并且对数据准确性的要求较高，所以各小组在收集所需要的数据时要保证数据的准确性及完整性，最好能进入企业的采购部门获取所需要的最新数据。对编制过程要熟悉并且有较好的认识，能按照理论要求将数据有效地整合在一起，编制出符合要求及逻辑的采购计划和预算。具体要求如下：

（1）学生经过实例分析后可以独自分析各类采购计划与预算编制，对数据及流程都能有明确的了解。

（2）学生以小组为单位可以根据相关的数据编制出合理的采购计划与预算，并与企业中的实际采购计划及预算做比较，分析其中的差别。

（3）针对采购计划与预算编制中存在的问题，可以提出具体的或多种解决措施，并比较各种解决方案的优缺点。

（4）总结出采购计划与预算编制的一般流程，并写出总结报告。

微信扫描
查看拓展资料

52

项目四　采购模式

知识目标	技能目标	建议学时
■ 掌握集中采购与分散采购的方法 ■ 掌握即时制采购与传统采购的不同 ■ 了解 JIT 采购给企业带来的好处	■ 学会实行政府采购的范围和基本程序 ■ 说出企业集中采购与分散采购的不同 ■ 熟悉实行联合采购的作用	4

➤ 引导案例

上海通用的采购

上海通用的采购体系没有经历体制、机构改革后的阵痛,全球集团采购策略和市场竞标体系自公司诞生之日起就自然而然地融入了世界上最大通用汽车全球采购联盟系统中。上海通用的采购已经完全上升到企业经营策略的高度,并与企业的供应链管理密切结合在一起。

据统计,通用在美国的采购量每年为 580 亿美元,全球采购金额总共达到 1 400 亿～1 500 亿美元。通用汽车采用了全球化采购的思想,并逐步将各分部的采购权集中到总部统一管理。目前,通用下设四个地区的采购部门:北美采购委员会、亚太采购委员会、非洲采购委员会、欧洲采购委员会,四个区域的采购部门定时召开电视会议,把采购信息放到全球化的平台上来共享,在采购行为中充分利用联合采购组织的优势,协同杀价,并及时通报各地供应商的情况,把某些供应商的不良行为在全球采购系统中备案。

在资源得到合理配置的基础上,通用开发了一整套供应商关系管理程序,对供应商进行评估。对好的供应商采取持续发展的合作策略,并针对采购中出现的技术问题与供应商一起协商,寻找解决问题的最佳方案;而在评估中表现糟糕的供应商,则请其离开通用的业务体系。同时,通过对全球物流路线的整合,通用将各个公司原来自行拟定的繁杂的海运线路集成为简单的洲际物流线路。采购和海运路线经过整合后,不仅使总体采购成本大大降低,而且使各个公司与供应商的谈判能力也得到了质的提升。

（**资料来源**:张理编著:《现代物流案例分析》,北京:中国水利水电出版社,2015 年版）

问题:

企业在采购时对供应商有哪些要求?

采购模式的选择主要取决于企业制度、资源状况、环境优劣、专业水准、资金情况和储运水平等。采购模式是采购主体获取资源或物品、工程、服务的途径、形式与方法。采购模式很多,划分方法也不尽相同。采购模式依据不同的方法可划分为集中采购与分散采购、直接采购与间接采购、招标采购等。

当采购战略及计划确定以后,采购模式的选择就显得格外重要。它决定着企业能否有效地组织、控制物品资源,以保证其正常的生产和经营以及较大利润空间的实现。

任务一　集中采购与分散采购

4.1.1　集中采购

1. 集中采购的含义

集中采购是指企业在核心管理层建立专门的采购机构,统一管理企业所需物品的采购业务。它是相对于分散采购而言的,跨国公司的全球采购部门的建设是集中采购的典型应用。

2. 实施集中采购的优点

(1) 较大的采购规模,可以获得供应商的价格折扣,降低采购成本。

(2) 有利于实施采购的标准化和流程的优化。

(3) 集中采购适合采取公开招标、集体决策的方式,有利于采购质量的提高。

(4) 实施集中采购有利于企业与供应商之间建立良好的合作关系,在技术开发、货款结算、售后服务支持等诸多方面进行合作。

(5) 可以使物流过程合理化并降低物流成本。

(6) 对于供应商而言,可以推动其有效管理。他们不必同时与公司内的几个人打交道,而只需要和采购经理联系。

(7) 有利于采购中信息化的实现。

3. 集中采购的对象

(1) 关键零部件、原材料或其他战略资源保密程度高、产权约束多的物品。

(2) 大宗货物或批量物品,价值高或总价多的物品。

(3) 容易出问题或已出问题的物品。

(4) 最好是定期采购的物品,以免影响决策者的正常工作。

4. 集中采购的实施步骤

(1) 根据企业所处的国内外政治、经济、社会、文化等环境及竞争状况,制订企业采购战略。

(2) 根据本企业产品销售状况、市场开发情况和生产能力,确定采购计划。

(3) 定期或根据大宗物品采购要求做出集中采购决策,决策时要考虑市场的反馈意见,同时需要结合生产过程中的工艺情况和质量情况。

（4）当决策做出后，由采购管理部门实施信息分析、市场调查及询价，并根据库存情况进行战略安排。

（5）由采购部门根据货源供给状况、自身采购规模和采购进度安排，结合最有利的采购方式，并办理检验进货手续，及时保障生产需要。

（6）对于符合适时、适量、适质、适价、适地的物品，经检验合格后要及时办理资金转账手续，保证信誉，争取下次合作。

4.1.2　分散采购

1. 分散采购的含义

分散采购是指由各预算单位自行开展采购活动的一种采购活动的组织实施形式。分散采购的组织主体是各预算单位，其采购范围与分散程度相关，一般情况下，主要是特殊采购项目。

分散采购是集中采购的完善和补充，有利于采购环节与存货、供料等环节的协调配合，有利于增强基层工作责任心，使基层工作富有弹性和成效。

2. 分散采购的优势和劣势

实行分散采购有利有弊。其有利之处主要是：增强采购人的自主权，能够满足采购对及时性和多样性的需求。与集中采购相比，分散采购具有货量小、过程短、手续简单、占用资金少、不增加库存成本等优势。其不利之处主要是失去了规模效益，加大了采购成本，不便于监督管理等。

？小思考

举例说明哪些商品适用于分散采购。

3. 分散采购的对象

（1）小批量、价值低、总支出在产品经营费用中所占比重小的物品。

（2）分散采购优于集中采购的物品，包括费用、时间、效率、质量等因素均有利，而不影响正常的生产与经营的物品。

（3）市场资源有保证，易于送达且较少的物流费用的物品。

（4）新产品开发、研制、试验所需要的物品。

4. 分散采购的程序和方法

采购时一般借助于现货采购方式。即根据采购的需要由用料单位填写请购单，经主管部门审核签字后到财务部门领取支票、汇票或现金，然后到市场或生产厂家进行购买，最后按照规定的购销程序进行进货、检验、领取或核销、结算等。

4.1.3　选择集中采购或分散采购时应考虑的因素

集中采购与分散采购相比，集中采购规模大，效益好，易于取得主动权，易于保证进货质量，有利于统筹安排各种物品的采购业务，有利于整体物流的规划和采购成本的降低,有利于物品单价的降低,有利于物品的配套安排,有利于得到供应商的支持和保障,有利于集体决策。

另外,集中采购也有利于增加采购过程的透明度,减少腐败的滋生和蔓延。但是,集中采购相对于分散采购又具有量大、过程长、手续多,容易造成库存成本增加、占有资金增加、采购与需求脱节、保管损失增加、保管水准增高的弊端,且容易挫伤基层的积极性、使命感和创新精神。

在决定集中采购或分散采购时,应考虑下面的因素。

1. 采购需求的通用性

经营单位对购买产品所要求的通用性越高,从集中或协作的方法中得到的好处就越多。这就是为什么大型公司中原材料的购买通常集中在一个地点(公司)的原因。

2. 地理位置

当经营单位位于不同的国家或地区时,这可能会极大地阻碍协作的努力。实际上,在欧洲和美国之间的贸易和管理实践中存在较大的差异,甚至在欧洲范围内也存在着重大的文化差异。一些大型公司已经从全球的协作战略转变为地区的协作战略,即变全球性的集中采购为地区性的集中采购。

3. 潜在的节约

一些类型的原材料的价格对采购数量非常敏感,在这种情况下,购买更多的数量会立刻促使成本的节约。对于标准商品和高技术部件都是如此。

4. 供应市场结构

有时,公司会在其一些供应市场上选择一个或数量有限的几个大型供应商组织。在这种情况下,力量的均衡抗顶对制造商有利,在面对这些强有力的贸易伙伴时,采用一种协同的采购方法对于获得一个更好的谈判地位是有意义的。

5. 价格波动

如果物质(如果汁、小麦、咖啡)的价格对政治和经济气候的敏感程度很高,集中采购的方法就会受到偏爱。

6. 所需要的专门技术

有时,有效的采购需要非常高的专业技术,如在高技术半导体和微芯片的采购中。因此,大多数电子产品制造商已经将这些产品的购买集中化,在购买软件和硬件时也是如此。

7. 客户需求

有时客户会向制造商指定他必须购买哪些产品,这种现象在飞机工业中非常普遍。客户与负责产品制造的经营单位商定的这些条件,将明显阻碍任何以采购协作为目标的努力。

除了以上需要考虑的因素外,选择采购方式时,还应该有利于资源的合理配置,加速周转,满足要求,提高综合利用率,保证和促进生产的发展,调动各方面的积极性以促进企业整体目标的实现。

任务二 联合采购

联合采购是指两个以上的企业采用某种方式进行的联盟采购行为。相对于集中采购强调企业或集团内部的集中化采购管理而言,联合采购则是指多个企业组成的联盟为共同利益而进行的采购活动,因此可以认为联合采购是集中采购在外延上的进一步拓展。加入联盟中的各企业在采购环节上实施联合可极大地减少采购及相关环节的成本,为本企业创造可观的效益。

4.2.1 实施联合采购的必要性

从企业外部去研究目前我国企业的现行采购机制,就会发现各企业的采购基本上是各自为战,各企业之间缺乏在采购及相关环节的联合和沟通,或采购政策不统一,重复采购、采购效率低下等现象十分突出,很难达到经济有效的采购目标,由此而导致了以下几个问题:

(1)各企业基本都设有采购及相关业务的执行和管理部门。从企业群体、行业直至国家的角度来看,采购机构重叠设置,配套设施重复建设,造成采购环节的管理成本和固定资产投入的增加。

(2)多头对外,分散采购。采购管理政策完全由企业自行制订,与其他企业缺乏横向联系,不了解其他企业的需求和采购状况,因此企业之间对于一些通用材料和相似器材无法统一归口和合并采购,从而无法获得大批量采购带来的价格优惠,使各企业的采购成本居高不下。

(3)采购环节的质量控制和技术管理工作重复进行,管理费用居高不下。以转包生产行业为例,各企业在质量保证系统的建立和控制、供应商审核和管理、器材技术标准等各类相关文件的编制和管理上未实现一致化和标准化。各企业重复进行编制和管理工作,自成体系,造成管理费用的上升。

(4)各企业自备库存,又缺乏企业间的库存信息交流和相互调剂使用,从而使通用材料重复储备,造成各企业的库存量增大,沉淀和积压的物资日益增多。

(5)采购应变能力差。以飞机制造行业为例,由于设计、制造方法的改进等原因造成的器材紧急需求不可避免,但由于从国外采购周期较长,器材的紧急需求难以满足。

因此,在采购工作中需要突破现行采购机制的约束,探索新形势下企业间的联合采购方式,以解决上述问题。

4.2.2 联合采购的作用

企业在采购环节上实施联合可极大地减少采购和相关环节的成本,为企业创造良好的经济效益,其对于企业成本的降低主要体现在以下几个方面。

1. 采购环节

如同批发和零售的价格差距一样,采购的单价与采购的数量呈反比,采购的数量越大,采购价格就可能降得越低。对于飞机制造用的器材,此种价差有时可达90%。多家中小企业联合采购,集小订单为大订单,可以增强集体的价格谈判实力,获取和大企业一样的采购规模优势。

2. 管理环节

企业在采购过程中，为了保证采购质量，需要在采购前后进行相关的管理工作，包括供应商的选择、评审、控制和管理，原材料质量标准的制定，入库检验工作程序的制定和实施等。在各企业单独采购的情况下，每一个企业都要重复这些工作，而实行联合采购后，对于一些生产同类产品的企业，可以将这些管理工作统一归口实施，再将相关费用由各企业平均分担，这样可以有效避免低水平的重复工作，为企业减少巨额成本。

3. 运输环节

企业在运输环节的联合，可以通过合并小批量货物的运输，减少单位产品负担的运输成本，从而降低运输费用。

4. 环节

通过实施各企业库存资源共享和器材的统一调拨，可以大幅度减少各企业备用物资的积压和资金占用，提高各企业的紧急需求满足率，减少因物资供应短缺造成的生产停顿损失。

？小思考

联合采购能够给企业带来哪些利益？

4.2.3 联合采购的方式

1. 采购战略联盟

采购战略联盟是指两个或两个以上的企业出于对整个资源市场的预期目标和企业自身经营目标的整体考虑，采取的一种长期联合与合作的采购方式。这种联合是自发的，非强制性的，联合各方仍旧保持着各个公司采购的独立性和自主权，彼此因相互间达成的协议及经济利益的考虑联结成松散的整体。现代信息网络技术的发展，开辟了一个崭新的企业合作空间，企业间可通过网络保证采购信息的及时传递，使处于异地甚至异国的企业间实施联合采购成为可能。例如，美国的福特、通用、克莱斯勒三大汽车公司结为采购战略联盟，曾经实施了高达2 400亿美元的庞大联合全球采购计划，为三大厂商节约了大量成本。

2. 通用材料的合并采购

这种方式主要是存在相互竞争关系的企业之间，通过合并通用材料的采购数量和统一归口采购来获取大规模采购带来的低价优惠。在这种联合方式下，每一项采购业务都交给采购成本最低的一方去完成，使联合体的整体采购成本低于原来各方进行单独采购的成本之和。例如，美国施乐公司、斯坦雷公司和联合技术公司三家组成了钢材采购集团，虽然施乐公司的钢材用量仅是其他两家用量的1/4，但是它通过这种方式获得了大规模采购带来的低价好处。

这种企业间的采购合作正在世界范围内盛行。联合采购已经超越了企业界限、行业界限,甚至国界。不同国家、不同行业的企业间的联合正悄然兴起。目前,我国一些企业也正在积极探索企业间联合采购的方式,并且取得了不错的效果。

任务三 询价采购

4.3.1 询价采购的特点

询价采购,顾名思义就是指采购者向选定的若干个供应商发出询价函,让供应商报价,然后根据各个供应商的报价而选定供应商的方法。询价采购是企业较为常用的一种采购方式,也是比较简单的一种采购方式。询价采购也称货比三家,就是企业向选定的若干个供应商(通常不少于3家)发出询价函件,让他们报价,然后企业根据各个供应商的报价而选定供应商进行采购的方法。

询价采购具有以下特点:

(1) 不是面向整个社会所有的供应商,而是在充分调查的基础上,筛选了一些比较有实力的供应商,进行邀请性采购。所选择的供应商数量不是很多,但是其产品质量好、价格低、企业实力强、服务好、信用度高。询价采购是分别向各个供应商发询价函,供应商并不面对面地竞争,因此各自的产品价格和质量能比较客观、正确地反映出来,避免了面对面竞争时常常发生的价格扭曲、质量走样的情况。

(2) 采购过程比较简单、工作量小。这是因为备选供应商的数量少,通信联系比较方便、灵活,采购程序比较简单、工作量小,采购成本低、效率高。

询价采购的缺点:由于采购频繁,工作量较大,采购供货周期受到制定询价文件、报价、评审选择、签订合同、组织供货等环节流转的影响,采购周期相对来说就显得较长,采购效率不易提高,供货和使用要求时常要受到影响。

❓小思考

企业为什么要进行询价采购?

4.3.2 询价采购的实施步骤

1. 供应商的调查与选择

询价采购能够发挥出供应商的优越性,克服其局限性,最关键的一条就是对资源市场进行充分调查,了解掌握供应商的基本情况,这是保证询价采购有效实施的第一步。

2. 编制及发出询价函

询价采购不同于别的采购方式,为了发挥其特点,需要编制简单明了的询价函。一份完整的询价函应该包括:项目名称、数量、技术参数、期限、交货地点、供应商的资质证明材料、递交报价单的地点、截止时间以及报价单位法人代表或委托人签字盖章。为了保证供应商的质量及有效选择,一般情况下,询价函应至少选择向三家供应商发出。如果邀请到的供应商不足三家,或者三家报价均高于控制价格,应根据实际需要二次询价或者改变采购方式。

3. 询价单的递交与评审

供应商应该在报价截止时间前,将报价单密封并在封口处加盖公章,递交到采购部门。同时,采购部门也应该在规定时间内组成评审小组,对供应商的报价进行详细分析、比较。应该注意的是,省钱并不是采购的唯一目的,不能只为了追求节支率,而无限度压价和忽视产品质量。供应商为了抢夺采购市场,甚至以低于成本的价格竞价,从表面上看暂时会对采购商有利,但是从长远来看,会导致供应商之间的恶性竞争,供应商会逐渐失去参与询价采购活动的兴趣或产生一些投机取巧的行为,不利于企业采购的健康发展。

4. 合同的签订、验收及付款程序

选中供应商后,就需要与供应商按照询价采购的程序签订采购合同,合同中要包括采购项目名称、数量、金额、交货方式、履约期限、双方权利义务、保修期、验收方法、付款方式及违约责任等条款。合同签订后,采购单位就要对商品进行验收,验收合格后,由采购方填制验收单,交采购部检验,办理有关付款手续。

5. 履约保证金

为了约束供应商切实履行合同,中标的供应商应在签订合同时向采购部门交纳一定数额的履约保证金。在合同履行完毕,质量无问题时,予以结清。

➤ 案例分析

政府采购的程序

2017年1月,某市政府采购中心受该市教育局的委托,以竞争性谈判方式采购一批教学仪器设备。政府采购中心接受委托后,按规定程序在监管机构规定的媒体上发布了采购信息,广泛邀请供应商参加。由于本次未涉及特许经营,采购文件也未对供应商资格提出特殊限制条件,除规定供应商具备《政府采购法》第二十二条的规定条件外,仅要求供应商提供所供仪器设备是正品的证明,并保证售后服务即可。然后政府采购中心在规定的时间内,组成谈判小组,并按规定程序,在有关部门的监督下,于2月16日履行了谈判等程序。

外市的一家公司M从四家供应商中胜出,成为第一候选人。7天后,政府采购中心正等待教育局确认结果时,收到本市一家供应商H的内装有书面投诉书的挂号信。其主要内容是:供应商H是成交货物生产商在本市的唯一代理商,M公司不是代理商,其授权书是假的,现M公司正在外地联系货源,要求政府采购中心查处造假者,且查处之前不得公布成交结果。政府采购中心收到挂号信后不到2小时,H公司的代表也来到政府采购中心,又当面提出了上述要求。

与此同时,该市财政局党委、纪检组、市纪委、监察局等部门也都收到了H公司的投诉书,内容都是反映政府采购中心"暗箱操作",使"造假者成交",严重违反了《政府采购法》等法律法规,要求市财政局党委、纪检组、市纪委、监察局等部门立即调查处理,并要求查处之前不准政府采购中心公布成交结果。后来,政府采购中心没有接受H公司的要求,只向其进行了解释,仍按程序在规定的时间内公布了成交结果,市财政局党委、纪检组也没有接受H公司的要求,而是要H公司认真学习《政府采购法》等法律法规,正确对待本次采购。由此可见,H公司的投诉没有得到政府采购中心等部门的受理,是一次无效投诉。

问题:

你对政府采购中出现的问题有何见解?

任务四 即时制(JIT)采购

4.4.1 即时制采购的原理

即时制(JIT)采购,又称准时化采购,是一种很理想的采购模式,是在20世纪90年代,从即时制(JIT)生产发展而来的。即时制生产方式是在20世纪60年代由日本丰田汽车公司率先使用的。这种方式使丰田公司安全度过了1973年爆发的全球石油危机,因此受到了日本和欧美等国家生产企业的重视。近年来,JIT模式不仅作为一种生产方式,也作为一种采购模式开始流行起来。

即时制(JIT)生产方式是丰田公司的大野耐一先生在美国参观超级市场时受超级市场供货方式的启发而萌生的想法。美国超级市场除了商店货架上的货物之外,是不另外设仓库和库存的。商场每天晚上都根据今天的销售量来预计明天的销售量而向供应商发出订单。第二天清早供应商按照商场需要的品种、需要的数量、在需要的时候、送到需要的地点,所以基本上每天的送货刚好满足商场销售的需要,没有多余,也没有库存和浪费。大野耐一就想到要把这种模式运用到生产中去,因而产生了即时制生产。

即时制(JIT)生产的基本思想是"彻底杜绝浪费""只在需要的时间,按需要的量,生产所需要的产品",这种生产方式的核心是追求一种无库存生产系统,或是库存量达到最小的生产系统。即时制这种管理思想被应用到采购中就产生了即时制采购模式,它的核心就是在恰当的时间、恰当的地点、以恰当的数量、恰当的质量采购恰当的物品。具体来讲,即时制采购的原理可概括如下:

(1)与传统采购面向库存不同,即时制采购是一种直接面向需求的采购模式。它的采购送货是直接送到需求点上。

(2)用户需要什么,就送什么,品种规格符合客户需要。

(3)用户需要什么质量,就送什么质量,品种质量符合客户需要,拒绝次品和废品。

(4)用户需要多少,就送多少,不少送,也不多送。

(5)用户什么时候需要,就什么时候送货,不晚送,也不早送,非常准时。

(6)用户在什么地点需要,就送到什么地点。

4.4.2 即时制采购与传统采购的比较

传统采购模式是基于库存驱动,采购的目的就是为了补充库存、保证供应。即时制采购模式是基于订单驱动,供需双方紧紧围绕订单运作,实现供需双方同步运作,采购的目的是追求"零库存"。

即时制采购与传统采购的不同主要表现见表4-1。

表 4 - 1　即时制采购与传统采购的区别

项　目	即时制采购	传统采购
供应商的数量	较少	较多
供应商的选择标准	质量、交货期、价格等综合评价	主要依靠价格标准
与供应商的协作关系	长期、稳定的合作	短期、竞争性的合作
采购批量	小批量、送货频率高	大批量、送货频率低
检查工作	逐渐减少、最后消除	收货、点货、质量验收
交货时间要求	严格、准确	一般
运输	准时送货、买方安排	较低成本、卖方安排
信息交流	快速、可靠	一般要求
产品说明	供应商革新,强调宽松要求小	买方关心设计
包装	标准化容器包装	普通包装,无特别说明

4.4.3　即时制采购的优点

（1）生产制造厂商与供应商之间建立长期稳定的战略伙伴关系,签订合同的手续大大简化,不需要双方再进行反复的询价和报价,采购成本会因此而大大降低。

（2）采购的物资可以直接进入生产部门,减少了采购部门的工作压力和不增加价值的活动过程,实现供应链的精细化运作。

（3）大幅度减少原材料和外购件的库存。据国外一些实施即时制采购策略企业的测算,即时制采购可使原材料和外购件的库存降低 40％～85％。原材料和外购件库存的降低,有利于减少流动资金占用,加快流动资金周转速度,同时节省原材料和外购件的库存占用空间,从而降低库存成本。

（4）提高采购物资的质量。实施即时制采购,可以使购买的原材料和外购件的质量提高 2～3 倍。而且,原材料和外购件质量的提高,又可以有效降低质量成本。据测算,实施即时制采购可使质量成本降低 26％～63％。

（5）降低原材料和外购件的采购价格。由于制造商和供应商的战略合作以及内部规模效益与长期订货,使得购买的原材料和外购件可以享受较大的价格优惠。例如,生产复印机的美国施乐公司,通过实施即时制采购策略,使其采购物资的价格降低了40％～50％。

此外,推行即时制采购策略,能有效缩短交货时间,加强供需双方信息共享,实现企业供应链同步运作,从而提高企业的劳动生产率,增强企业的适应能力。

4.4.4　即时制采购带来的问题及其解决办法

1. 小批量采购带来的问题及其解决办法

小批量采购势必增加运输次数和运输成本,这对供应商是一个挑战,特别是供应商在国外等远距离的情况下实施起来难度更大。解决这一问题的方法有四种:一是供应商在地理位置上尽量靠近制造商,如日本汽车制造商扩展到哪里,其零部件供应商就跟到哪里;二是供应商在制造商附近建立临时仓库,这其实是将负担转嫁给了供应商,并没有从根本上解决问题;三是由一个专门的运输承包商或第三方物流企业按照事先达成的协议,搜集分布在不同地方的供应商的小批量物料,按时按量送到制造商的生产线上;四是让一个供应商负责供应多种原材料和外购件。

2. 采购单源供应带来的风险

在日本,98%的JIT企业采取单源供应,这样往往带来较大风险:供应商可能因意外原因中断交货;企业不能得到竞争性的采购价格,对供应商的依赖性过大等。为避免上述风险,很多企业常采用同一种原材料由两个供应商供货的办法,其中一个为主,另一个为辅。许多供应商也不是很愿意成为制造商的单一供应源,一方面供应商是独立性较强的商业竞争者,不愿意把自己的成本数据披露给用户;另一方面是供应商不愿成为用户的一个原材料库存点(即制造商将库存转移给供应商)。

❓小思考

大批量少次采购和小批量多次采购相比,有哪些利弊?

4.4.5 即时制采购的实施

1. 即时制采购的实施条件

有效地实施即时制采购一般需具备下列条件。

1)制造商和供应商之间战略伙伴关系的建立

即时制采购策略的推行,必须依赖于制造商和供应商之间建立一种长期的互利合作的新型关系,必须相互信任、相互支持,共同获益。

2)距离越近越好

制造商和供应商之间的空间距离越近越好,越近越有利于即时制采购的实施和操作,太远则不利于发挥即时制采购的优越性,"零库存"也很难实现。

3)基础设施的建设

良好的交通运输和通信条件是实施即时制采购的重要保证,企业间通用标准的使用对即时制采购的实施也至关重要。因此,制造商和供应商都要注重基础设施条件的改善,当然这也离不开政府的支持和投入。

4)强调供应商的参与

即时制采购不只是企业采购部门的事情,它也离不开供应商的积极参与。供应商的参与,不仅体现在准时、按质按量地保证供应,而且体现在积极参与制造商的产品开发设计过程。与此同时,制造商有义务帮助供应商改善产品质量,提高劳动生产率,降低供货成本。

5)建立实施即时制采购的组织

企业的高层领导必须从战略高度来考虑即时制采购的意义。企业必须建立相应的组织来实施即时制采购,这一组织不仅包括企业的物资采购部门,还应包括产品设计部门、质量部门、财务部门、生产部门等。其任务是提出实施方案,组织实施,对实施效果进行评价,并进行连续不断的改进。

6）制造商向供应商提供综合稳定的生产计划和作业数据

综合稳定的生产计划和作业数据可以使供应商及早准备，精心安排其生产，保证准时、按质、按量地供应，否则供应商不得不求助于缓冲库存。这无疑增加了供应商的成本。有些供应商在制造商工厂附近建立仓库来满足制造商的即时制采购的要求，实质上这不是真正的即时制采购，只是负担的转移。

7）加强现代信息技术的应用

即时制采购是建立在有效信息及时交换的基础之上，信息技术的应用可以保证制造商和供应商之间的信息及时交换。因此，制造商和供应商都必须加强对现代信息技术，特别是电子数据交换（EDI）技术和网络技术的应用，以更加有效地推行即时制采购策略。

8）教育和培训

通过教育和培训使制造商和供应商都认识到实行即时制采购的意义，并使他们掌握即时制采购的技术和标准，以便对即时制采购进行实施和改进。

2. 即时制采购的实施步骤

实施即时制采购，一般可遵循以下步骤。

1）创建即时制采购班组

即时制采购班组除了采购部门人员之外，还要由本企业和供应商企业的生产管理人员、技术人员、库管人员等共同组成。一般应成立两个班组，其中一个是专门处理供应商事务的班组，该班组的主要任务是培训和指导供应商的即时制采购操作，衔接供应商与本企业的操作流程，认定和评估供应商的信誉、能力，与供应商谈判签订即时制订货合同，向供应商发放免检签证等。另外一个班组是专门协调本企业各个部门的即时制采购操作，制订作业流程，指导和培训操作人员，并且进行操作检验、监督和评估。以上这些班组人员，对即时制采购的方法应有充分的了解和认识，必要时要进行培训。

2）制订计划，保证即时制采购策略有计划有步骤地实施

要制订采购策略以及改进当前采购方式的措施，如减少供应商的数量、对供应商进行评价、向供应商发放签证等，在这个过程中要和供应商共同制订即时制采购的目标和措施，并经常进行有效的信息沟通。

3）精选少数几家供应商建立伙伴关系

企业实施即时制采购一般只需要和少数几家供应商建立长期合作伙伴关系。因此，企业需要建立合适的评估标准，对目前较多的供应商进行科学筛选，最后确定几家能够和企业密切合作，共同发展的供应商作为实施即时制采购策略的供应商。

4）进行试点工作

先从某种产品或某条生产线开始进行零部件或原材料的即时制供应试点。试点过程中，取得企业各个部门特别是生产部门的支持是很重要的。通过试点，总结经验，为正式的即时制采购实施打下基础。

5）给供应商颁发产品免检证书

在实施即时制采购策略时，核发免检证书是非常关键的一步。颁发免检证书的前提是供应商的产品100%合格。为此，核发免检证书时，要求供应商提供最新的、正确、完整的产品质量文件，包括设计蓝图、规格、检验程序以及其他必要的关键内容。

6) 实现配合节拍进度的交货方式

向供应商采购的原材料和外购件，其目标是要实现这样的交货方式：当正好需要某物资时，该物资就会运抵收货站台，并随之直接运至生产线。生产线拉动它所需的物资，并在制造产品时使用该物资。

7) 继续改进，不断完善

即时制采购是一个不断完善和改进的过程，需要在实施过程中不断总结经验教训，从降低运输成本、提供交货的准确性、提高产品的质量、降低供应商库存等各个方面进行改进，不断提高即时制采购的运作绩效。

➤ 案例分析

"采购现象"背后的观念对碰

首届中国企业采购国际论坛的最大贡献之处在于它是"首届"。与会企业在还不是太熟悉"行情"的情况下，自觉或不自觉地亮出底牌，让旁观者看到中国企业对现代采购的认识和应用程度有了一个清醒的认识。

为了顺应国际贸易高速发展的趋势，以及满足客户对服务水平提出的更高要求，企业开始将采购环节视为供应链管理的一个重要组成部分，通过对供应链的管理，同时对采购手段进行优化。在当前全球经济一体化的大环境下，采购管理作为企业提高经济效益和市场竞争能力的重要手段之一，它在企业管理中的战略性地位日益受到企业的关注。

与大型国有企业相比，一些企业已经克服了体制问题。全面融入国际市场竞争的企业，较容易接受全新的采购理念，这类型的企业中，海尔走在最前沿。

海尔采取的采购策略是利用全球化网络，集中购买，以规模优势降低采购成本，同时精简供应商队伍。据统计，海尔的全球供应商数量由原先的 2 336 家降至 840 家。其中国际化供应商的比例已达到了 71%，目前世界 500 强中有 44 家是海尔的供应商。

对于供应商关系的管理方面，海尔采用的是 SBD 模式，即共同发展供应业务。海尔有很多产品的设计方案直接交给厂商来做，很多零部件是由供应商提供今后两个月市场的产品预测，并将待开发产品形成图纸，这样一来，供应商就真正成为了海尔的设计部和工厂，加快了开发速度。许多供应商的厂离和海尔的仓库之间甚至不需要汽车运输，工厂的叉车直接开到海尔的仓库，大大节约了运输成本。海尔本身则侧重于核心交易和结算业务。这与传统的企业与供应商关系的不同在于：它从供需双方简单的买卖关系，成功转型为战略合作伙伴关系，是一种共同发展的双赢策略。

网上采购平台的应用是海尔优化供应链环节的主要方法，其具体做法如下：

（1）网上订单管理平台。采购订单 100% 由网上下达，实现采购计划和订单的同步管理，使采购周期由原来的 10 天减少到 3 天。同时，供应商可以在网上查询库存，根据订单和库存的情况及时补货。

（2）网上支付平台。支付准确率和及时率达到 100%，为供应商节省近 1 000 万元的差旅费，有效降低了供应链管理成本，目前网上支付已达到总支付额的 80%。

（3）网上招标竞价平台。通过网上招标，不仅使竞价、价格信息管理准确化，而且能防止暗箱操作，降低了供应商管理成本。

（4）在网上可以与供应商进行信息互动交流，实现信息共享，强化战略合作伙伴关系。

据透露，2016年海尔的采购成本为5个亿，虽然业务不断发展，但采购成本预计将控制在4个亿左右。可见，利益的获得是一切企业行为的原动力，成本降低、与供应商双赢关系的稳定发展带来的经济效益，促使众多企业以积极的态度引进和探索先进、合理的采购管理方式。

问题：

海尔的采购对于企业采购有哪些启示？

任务五　政府采购

4.5.1　政府采购概述

政府采购制度起源于欧洲。1782年，英国政府成立了"文具公用局"（也称"办公用品局"），负责采购政府所需的货物和投资建设项目，并规定了一套政府采购所特有的采购程序及规章制度，其中包括：超过一定金额的政府采购合同必须使用公开的、竞争的程序完成，即公开招标。瑞士政府也是世界上较早具备完善的政府采购体系的国家之一，他们制定和实施政府采购制度已有两百多年的历史。1861年，美国也通过了一项联邦政府采购法，规定了采购机构、采购官员应遵循的程序和方法。

1998年，深圳市率先制定了我国政府采购的第一个地方性法规《深圳经济特区政府采购条例》。随后，河北、上海、江苏、辽宁等省、市也先后制定了政府采购管理办法。

1998年，国务院明确规定财政部为政府采购的主管部门，从而在我国初步建立起了政府采购管理机构及执行机构，地方各级人民政府也相继在财政部门设立或明确了政府采购管理机构来监督管理政府采购活动。

1. 政府采购的概念

政府采购，是指各级国家机关、事业单位和团体组织使用财政性资金采购依法制定的集中采购目录以内的或者采购限额标准以内的货物、工程和服务的行为。

政府采购是国家经济的组成部分，是政府行政的一项重要内容。政府采购与其他采购活动相比，具有以下特征：

（1）政府采购是财政支出方式的市场化。政府采购是财政支出管理方式的变革，从采购决策到采购方式和程序的选择都有较强的行政管理色彩，是财政管理与市场机制的有机结合。

（2）政府采购不以营利为目的。政府采购的目的是为了满足开展日常政务活动和提供公共服务的需要，同时，以维护社会公共利益作为出发点，注重社会效益。

（3）政府采购具有较强的政策性。政府采购与政府的宏观调控政策相协调，起到调节经济运行的作用。

（4）政府采购公开透明，并把竞争方式作为实现采购的主要手段。

（5）政府采购受到法律的严格限制。突出表现在：采购决策必须按照法定程序批准后才能组织实施；采购的方式和程序由法律明文规定；采购机关的权利受到法律的制约；采购的对象受到法律的限制和采购标准的控制。

2. 实行政府采购的作用和意义

目前,世界发达国家和地区基本上都实行了政府采购,这是市场经济发展以及政府行为规范化的必然产物。

1) 实行政府采购的作用

(1) 政府采购是规范财政支出管理、增强财政资金使用效益的有效途径。政府采购可以把资金限制在预算范围内,以获得竞争价格的优势,进而降低采购成本,形成规模效益。实际上是以规范化的形式结束过去各部门在使用财政性资金采购的过程中分散的无规可循、无法可依的采购历史,使采购工作迈入法制化、规范化的道路。

(2) 政府采购是防范腐败行为、强化廉政建设的重要举措。通过招投标方式进行交易,实现交易的公开、公正、公平,可以有效地抑制采购工作中的各种腐败现象和不正之风,有助于净化财经秩序和重塑廉洁之风。

(3) 政府采购制度是保护民族产业和国内工业的重要手段。政府采购优先购买国货的政策要求是符合国际惯例的。事实上,政府采购市场已是各国对国内市场进行保护的最后保留地。

2) 实行政府采购的意义

在我国现阶段,特别是在现行财政支出缺乏规范化管理的情况下,积极稳妥地建立、健全政府采购制度是一项当务之急的工作,具有重要的意义。

(1) 有利于完善社会主义市场经济体制。建立政府采购制度,可以有效地促进公平交易,维护正常的交易秩序。同时,还能促进政府消费行为的市场化。

(2) 有利于国家加强宏观调控。政府是国内最大的单一消费者,采购政策对国民经济有着直接的影响,采购政策可调整产业结构,保护民族工业。

(3) 有利于加强财政支出管理,提高财政性资金的使用效益。政府采购制度的实施,不仅提高了财政支出的透明度,而且有利于提高财政资金的使用效益。

(4) 有利于加强廉政建设。政府采购活动在公开、公平、公正和透明的环境中运作,便于从源头上有效地抑制采购活动中的各种腐败行为。

(5) 有利于对外开放。政府采购制度的建立为我国进一步对外开放奠定了基础。

3. 政府采购的目标

政府采购有巨大的社会政策功能。利用政府采购推行国家的社会政策目标,是各国政府采购法立法的重要目标之一。我国《政府采购法》第九条规定,政府采购应当有助于实现国家的经济和社会发展目标,主要包括以下几个方面。

1) 保护环境

政府采购应当优先采购高科技和环保产品,促进环保企业的发展,保证经济的可持续发展。

2) 扶持不发达地区和少数民族地区

我国幅员辽阔,经济发展不平衡,特别是中西部地区和少数民族地区经济相对比较落后,开发中西部地区是我国重要的经济战略,政府采购在扶持不发达地区和少数民族地区方面是有所作为的。

3) 促进中小企业发展

中小企业在社会经济发展中起了重要的作用,国家创造条件促进中小企业的发展,专门制定了《中小企业促进法》,政府采购应当向中小企业倾斜,促进中小企业的发展,保证经济的持续稳定发展。

4. 政府采购的原则

政府采购应遵循公开透明、公平竞争、公正和诚实信用等原则。具体如下。

1) 竞争性原则

竞争是政府采购的最大特点。政府采购的主要目标是通过促进供应商、承包商或服务提供者之间最大限度的竞争来实现的。通过竞争,形成买方市场,促使投标人提供更好的商品、技术和服务,设法降低产品成本和投标报价,从而形成对买方有利的竞争局面,可以以较低的价格采购到优质的商品。

2) 公开透明性原则

公开透明性原则是指有关政府采购的法律:政策、程序和采购过程都要公开,采购机关使用公共资金进行采购,对公众具有管理责任,务必谨慎地执行政府采购政策并使采购具有透明度。

公开透明性原则使得采购法律和程序具有可预测性,有利于投标商预测参加投标的代价和风险,提出最为合理的价格,同时,公开透明性原则还有利于防止采购机构及其上级主管做出随意的或不适当的行为或决定,从而增加潜在的投标商参与采购竞争并中标的信心。

3) 公平性原则

公平性原则是指参加竞争的所有投标商机会均等,享受平等待遇。有兴趣的供应商、承包商或服务提供者都有机会参加竞争;资格预审和投标评价对所有的投标人都使用同一标准,采购过程向所有投标人提供的信息都一致;不歧视公有或非公有、本地或外地、国内或国外投标商等。公平性原则是实现政府采购目标的重要原则。

4) 保护民族经济,提高国民经济竞争力原则

面对经济全球化的挑战,政府采购成为保护民族经济的"主力军"。随着我国加入世贸组织,我国经济已经逐步融入国际经济全球化,需要逐步开放政府采购市场。其实,在我国政府采购市场上早已充斥着形形色色的进口产品,而我国民族企业的产品却很难打入别国的政府采购市场,这就形成了事实上的不平等。因此,用政府采购制度扶持具有竞争力的民族产业,保护民族经济对增强我国综合国力具有重要的经济战略意义。在开放的市场竞争环境中,利用政府采购这个庞大的购买力系统保护民族经济就显得尤为重要。

5) 扩大政府采购的范围与规模原则

由于我国政府采购制度起步较晚,目前仍处在积极发展的阶段,许多应纳入《政府采购法》调整的公共支出行为仍未纳入规范管理。与发达国家相比,我国政府采购的相对规模较小。本来政府采购就是一项发挥采购商品的规模效应、节约和有效使用有限的财政资金的制度,范围太窄、规模太小就难以发挥政府采购制度的优势,甚至反而会增加成本。因此,扩大政府采购的范围与规模,应该是我国政府采购发展还不完全成熟时期的特殊原则。

5. 政府采购中心

《政府采购法》规定,集中采购机构是非营利性事业法人根据采购人的委托办理采购事宜。因此,集中采购机构属于为党政机关各部门办理采购工作的服务性机构。同时,行政性事业单位的性质也决定了集中采购机构属于公益性组织,不以营利为目标,它的运行和所从事的集中采购活动全部依靠国家财政来维持。

1) 政府采购中心不隶属于财政部门

财政部门作为本级政府采购工作的主管部门,要确保其监督工作的客观公正性,就不能既行使政府采购工作的管理职能,同时又实施采购业务的具体操作,否则,对采购工作的管理监督机制就会流于形式、名存实亡。

2) 政府采购中心是一个非营利性的事业组织

采购中心作为采购单位与供应商联系的桥梁,要保持其"公平、公开、公正"的立场就必须与双方之间都没有任何性质的经济利益关系,而一旦采购中心是一个营利性的组织,就很难保证它在选择中标供应商时不权衡其自身利益最大化的"私心",作出各种违背政府采购宗旨的不法行为。

3) 政府采购中心必须要有独立的法人资格

政府采购中心有时要接受采购单位等的委托开展采购业务,就要与它们签订相关的委托协议,或受托与供应商签订有关合同等,这就要求其必须具有独立的法人资格,对自己的事业活动、商业行为等承担相应的风险,并依法承担不可推卸的经济、法律责任。

4) 政府采购中心是一个具有严格的内部牵制约束机制的机构

政府采购中心是行使集中采购的具体操作机构,从事高度集中的商业行为,在其各个运行环节上均有可能涉及商业秘密或信息等,因此,必须要有一套完善的、规范的操作规程,使各操作岗位之间具有一个严密的监督制约机制。例如,采购活动的决策岗位与具体操作岗位之间就必须相互监督牵制;采购经办人与采购合同审核岗位之间就必须相互分离制约等,以避免由于内控不严、牵制不力、责任不清等因素,导致不法分子乘虚而入,产生各种各样的腐败行为,扰乱政府采购的正常工作秩序。

4.5.2 政府采购的基本制度

1. 政府采购的模式

根据集中采购程度的不同,政府采购模式分为三种,即集中采购模式、分散采购模式和集中与分散相结合的采购模式。

1) 集中采购模式

集中采购模式,是指政府所需的物品、工程和服务统一由一个机构采购。其特点是政府设立专门的政府采购机构,由其代表政府进行采购活动,政府其他部门无采购权。这一模式可以最大限度地发挥批量采购的规模效应,降低采购成本,有利于加强政府采购的管理和监督,但是难以迅速满足政府各部门不同的采购需求。

2) 分散采购模式

分散采购模式,是指政府所需的物品、工程和服务由实际需要的政府各部门自行采购。这种模式虽然采购权分散在各个部门手中,但采购的方式和程序都是法定的,并且受到统一的采购政策的约束。这一模式可以使各个部门的采购要求得到迅速满足,不足之处在于难以发挥批量采购的价格效应,不便于监督和管理。

3)集中与分散相结合的采购模式

集中与分散相结合的采购模式,是指法律明文规定部分采购项目由政府指定的专门机构统一采购,其他项目则由各部门自行采购。这种采购模式取集中采购和分散采购之所长,在一定程度上克服了两者的不足,是一种较为理想的采购模式。

2. 信息公开制度

政府采购的信息应当在政府采购监督管理部门指定的媒体上及时向社会公开发布。政府采购项目的采购标准应当公开,采购人在采购活动完成后,应当将采购结果予以公布。

3. 回避制度

在政府采购活动中,采购人员及相关人员的回避包括自行回避和申请回避。

1)自行回避

采购人员及相关人员与供应商有利害关系的,必须回避。相关人员包括招标采购中评标委员会的组成人员、竞争性谈判采购中谈判小组的组成人员和询价小组的组成人员等。

2)申请回避

供应商认为采购人员及相关人员与其他供应商有利害关系的,可以申请回避。申请回避的方式和程序应在实施细则中加以明确。

4. 采购本国货物政策

各国都利用政府采购保护和促进本国工业的发展,所以,各国的政府采购法规定优先购买本国的产品,如美国制定《购买美国产品法》。所以,我国《政府采购法》第十条规定,政府采购应当优先采购本国货物、工程和服务。

? 小思考

政府采购权力如果掌握在政府主要领导者的手中,可能会出现什么问题?

4.5.3 实行政府采购的范围和基本程序

1. 实行政府采购的范围

政府采购又称公共采购,是政府机关及公共部门为开展业务活动或向社会提供公共物品和公共服务的需要,用国家财政性资金购买物品、工程和服务的行为,它与私人部门购买行为有极大区别,主要体现在以下两点。

1)政府采购范围界定

在中国,除了政府机关及全额预算拨款的社会团体和政党组织等必须纳入政府采购范围内的实体外,对其他实行国家预算管理的实体是否纳入政府采购范围应做具体的分析。事业单位提供的物品或服务,并不是纯公共品,而是兼备公共品与私人品双重特征的混合品或称为准公共品。在市场经济下,它可有两类:一类只能由政府组织供给;一类并不一定都靠政府,它可以在政府财政的支持下,通过授予特许权由民间组织供给。由于要对成本回收自担风险,它就必然要走上企业化经营道路,依市场规律办事,其采购行为当然也就不应当受政府行政性控制,不应纳入政府采购范围。

实行政府采购制度,并不意味着纳入采购范围实体的所有采购活动都要纳入政府采购制度的规范和控制之中。实施政府采购制度后,总是要保留一份自由采购权,作为制度内采购的补充。这就有一个采购内容的界定和采购门槛界限的设置,借此保证制度化采购与非规范化采购范围的界限。

国有企业是否都应纳入政府采购范围,对此有两种截然不同的意见。国有企业按其经营性质划分为两大类:一类是非营利性的公共性企业;一类是以营利为目的的经营性企业。前一类企业的发展靠国家财政投入来维持,所提供的物品和服务是为满足社会公共需要,这类企业应纳入政府采购制度规范之内。后一类企业不能靠行政手段和行政配置来实现,只有依市场法则办事,以追求盈利最大化为目标,以市场信息配置资源,方能保障其健康发展。为此,就必须将经营性国有企业全面纳入市场轨道,使其成为独立经济实体。实现这一改革目标的前提条件是实行政企分开,消除政府的直接行政干预,因此它们不应纳入政府采购范围。

在实施办法中对于采购内容的界定,可通过制定采购目录列出,纳入采购目录者,"门槛"内的物品和服务,必须按采购制度的规定依法实施。采购数量范围的界定,通常是以采购价格量的总金额界定"门槛","门槛"以内的采购就要依照采购制度的规定依法采购。哪些内容和多大金额的采购应当纳入政府采购法律法规的规范之中要依据具体情况而定。

2) 资金性质标准

私人部门购买使用的资金,是个人消费基金或私人资金,其目的是为了满足个人消费或向市场提供私人物品和服务取得盈利,而政府购买使用的资金,是国家财政性资金,其目的是为了履行政府职能或提供公共品和公共服务满足社会共同需要。国家财政性资金的使用,有些是用于满足私人消费的目的,比如用于社会救济支出,用于普通高等学校的奖学金、助学金、困难学生补助等,这些虽然使用的是国家财政资金,可它使用的目的,并不是为了提供公共物品或公共服务,其性质属于私人消费,并不是政府采购行为。

2. 实行政府采购的基本程序

政府采购无论采取什么方式,也不论涉及多大金额,都要按规定的程序进行。一个完整采购程序包括以下几个阶段:

(1) 政府采购中心制定采购目录。

(2) 采购单位编制采购预算和采购计划。

(3) 采购单位编报"政府采购审批表"。注明需采购项目的性质、数量、技术规格以及竣工或提供服务的时间等内容,经主管部门审核,报县财政局批准后,交采购中心统一组织采购。

(4) 按采购预算划转资金。采购单位根据采购预算将资金转到采购中心专户后,采购中心方可组织采购。

(5) 确定合理的采购方式。根据采购项目的不同特点,选择采购方式。

(6) 实施采购。按照《合同法》有关规定,与供应商签订采购合同,并与采购单位负责合同的具体执行。

(7) 履约及验收。采购中心组织由监察部门、财政部门、审计部门、采购单位、供应商代表以及相关方面的技术专家组成验收小组,对采购的商品、工程进行部分或全部验收。验收时,采购经办人员不得进入验收小组。验收完毕后,验收小组成员应分别在验收记录、验收证明和结算验收证明书上签字。

(8) 采购资金的结算。采购中心按照采购合同、验收证明、结算证明书办理款项支付手续,节约资金返还原单位或暂存采购中心。

(9) 售后服务。根据采购合同规定的质量和售后服务条款,由采购单位和供应商签订货物质量保证协议和售后服务协议,并由采购中心监督双方履行协议。

项目小结

当采购战略及计划确定以后,采购模式的选择就显得格外重要。它决定着企业能否有效地组织、控制物品资源,以保证其正常的生产和经营以及较大利润空间的实现。

采购模式是采购主体获取资源或物品、工程、服务的途径、形式与方法。采购模式很多,划分方法也不尽相同。采购模式依据不同的方法可划分为集中采购与分散采购、直接采购与间接采购、招标采购等。采购模式的选择主要取决于企业制度、资源状况、环境优劣、专业水准、资金情况和储运水平等。

政府采购,是指各级国家机关、事业单位和团体组织使用财政性资金采购依法制定的集中采购目录以内的或者采购限额标准以内的货物、工程和服务的行为。政府采购是国家经济的组成部分,是政府行政的一项重要内容。

➤ 案例分析

JIT 采购

JIT 采购应用的条件是:

(1) 供应商与采购商的距离要近,越近越好,保证货物能准时送达。

(2) 供应商和采购商之间稳定的关系,最好是合作伙伴关系以确保两者关系的稳定持久。

(3) 注重基础设施的建设,良好的基础设施(如公路运输)是 JIT 采购顺利实施的保证。

(4) 供应商参与产品的开发设计有利于产品质量的提高及生产成本的下降。

(5) 建立实施 JIT 采购策略的组织,组织上配套实施 JIT 采购,不断对具体的实施方案进行评估和改进。

(6) 采购商要向供应商提供综合的、稳定的生产计划和作业数据,确保供应商生产符合要求的产品。

(7) 要推广 JIT 的教育和培训,使双方共同了解到 JIT 的优点。

(8) 加强信息技术的运用可以保证双方信息交换的顺畅和准确。

JIT 采购的成功者之一是日本的丰田汽车公司。它也是 JIT 思想的创始者,它取消了仓库的概念,只设"置场"临时堆料,原材料和零配件只在此堆放几个小时,短的只要几分钟就被领用。丰田还用 JIT 思想形成一个大规模的采供信息系统,订货手续大为简化,订单当天就可以传入总公司的电脑中,交货时间可以减少 10 天以上,而且经销商的库存也减少

70%～80%,大幅度降低了存货成本。使用了JIT,丰田公司的生产率有了明显的提高,而成本则大幅下降,为其在世界汽车市场上抢占份额创造了有利条件。

问题:

JIT采购的优点有哪些?

提示:

1. JIT采购,重在准时化。

2. JIT采购,在时间、费用等方面对企业都是十分有利的。

同步练习

一、选择题

1. 企业在核心管理层建立专门的采购机构,统一管理企业所需物品的采购业务叫(　　)。

A. 集中采购　　　　　　　　　　B. 分散采购

C. 集中采购与分散采购　　　　　　D. 政府采购

2. 由各预算单位自行开展采购活动的一种采购活动的组织实施形式叫(　　)。

A. 集中采购　　　B. 分散采购　　　C. 联合采购　　　D. 政府采购

3. 两个以上的企业采用某种方式进行的联盟采购行为叫(　　)。

A. JIT采购　　　B. 分散采购　　　C. 联合采购　　　D. 政府采购

4. 即时制(JIT)采购,又称(　　)。

A. 分散采购　　　B. 联合采购　　　C. 政府采购　　　D. 准时化采购

二、问答题

1. 实施集中采购的优点有哪些?

2. 分散采购的对象有哪些?

3. 实行政府采购有哪些重要的意义?

4. 政府采购的原则有哪些?

三、实训题

实训内容:采购方式

1. 实训目的

了解几种主要采购方式的采购过程,分析各种采购方式的特点,并能在实际采购中正确地应用。

2. 实训组织

将同学们分组,并确定带队者,进入各类采购部门了解不同货物采购的时候所采取的方式,然后将同学们组织在一起谈论各种采购方式的特点,并提交讨论所得出的报告,最后由老师对整个活动进行总结。

3. 实训题目

各小组进入采购部门了解采购方式时要详细记录各类采购物品的特点,对所采用的采购方式要进行必要的描述,并将所采购的物品与采购方式的特点联系起来,分析其中的关系。在实际采购时,采购方式选择后可能会出现一些意外情况,各小组可通过讨论对采购方式进行改进,并将改进方案记录下来。

各采购小组在收集资料时,可记录以下几个问题:

(1) 所采购的物品有何特点?

(2) 实际采购中应用了什么采购方式?这种采购方式的特点是什么?

(3) 所采购物品的特点与采购方式的选择是否恰当?

(4) 在实际采购中各采购方式存在什么样的问题?

(5) 对改进方案进行选择。

微信扫描
查看拓展资料

项目五　电子采购

知识目标	技能目标	建议学时
■ 掌握电子采购的概念和实施步骤 ■ 了解电子采购模型和交易平台 ■ 掌握电子采购解决方案的统一	■ 掌握网上采购商品的方法和实施步骤 ■ 了解电子采购可能会出现哪些问题 ■ 熟悉网上采购的汇款方式	4

➤ 引导案例

中国石化电子采购

中国石化在电子商务与物资采购方面起步较早,进展较快,无论在采购理念、采购方式、采购业绩方面,都走在了行业前列并很快成为这个公司的特色业务之一。

中国石化走上电子商务的信息快道,在时间上同国际知名石油公司相比,可以说"不分先后",而且在技术应用上,起点不低,进展较快。2000 年是中国石化步入电子采购之路的起步之年。2012 年,中国石化与国际电脑信息巨头康柏(Compaq)公司合作,独立自主开发了企业电子商务系统,并于当年 8 月 15 日投入运行,标志着这家企业步入了电子采购的新纪元。

几年来,中国石化电子采购物资品种、上网用户数量不断扩大,交易金额逐年提高,每年以 88% 的速度大幅上升。其中,电子采购物资品种从最初的 8 个大类、5 000 多种物资,扩大到目前的 56 个大类,包括石油石化生产建设所需的化工原辅料、煤炭、钢材、设备等 12 万多种物资,网上用户也从 2 381 个增加到 2 万多个,其中网上注册供应商从 300 家发展到 15 000 多家,基本涵盖了化工、冶金、制造加工、煤矿等大型生产制造企业和部分流通企业。

随着中国石化电子采购管理力度的不断加大,以及电子采购系统不断优化提升,电子采购已经成为企业信息同享、决策制定、过程实施、操作监管和供需协向工作的综合性采购业务平台。采购方可以在平台上发布采购需求,可以自主地选择供应商,并采取相应的采购策略和采购方式,如对大宗战略物资可以实施战略协议采购,对市场竞争充分的物资,可以选择询比价或动态竞价采购;对零星、紧急的物资,可以实施配送采购。采购管理者还可以在平台上买时了解采购需求、采购的历史情况以及采购过程进展情况。随时掌握并分析采购规律、渠道、价格等重要信息,进而适时调整采购策略。

作为"根系发达"的大型综合性企业,真正采购行为的实施者,往往是企业内部众多的分(子)企业。这些无论在地域还是实体利益可能各不相同的企业,作为同一物资的采购方,可以利用这个平台,实现信息共享,通过及时沟通协调,从而能有效地避免供应风险。对供应商而言,这个平台同样有利,他们可以及时了解到采购需求,可以利用这个平台有针对性地发布投标信息。最重要的一点,就是这个平台对众多的供应商而言,是一个真正公平、公正的透明舞台。

(资料来源:中国石化电子商务与物资采购工作探析,中国石油通信网)

问题:

中国石化采用电子采购给企业带来了哪些好处?

任务一 电子采购概述

5.1.1 电子采购的含义

1. 电子采购的发展

电子采购是指利用信息通信技术,以网络为平台,与供应商之间建立联系,并完成获得某种特定产品或服务的活动。

电子采购也称网上采购,是企业实现电子商务的一个重要环节,已成为B2B市场中增长最快的一部分。它将原来通过纸张进行的公示(情报公开)、投标、开标(结果公开)等,转换为利用因特网络的电子数据。电子采购可以在因特网络上完成投标手续,而招标和投标者在计算机前就可以实现招投标行为。

电子采购开始于企业间的生产资料的采购,现在则推广于服务及事务用品等的采购领域。在国外,电子采购已经引起了企业界的足够重视,实施电子采购成为建立企业竞争优势所不可或缺的手段。当今世界网络、通信和信息技术快速发展,因特网在全球迅速普及,使得现代商业具有不断增长的供货能力、不断增长的客户需求和不断增长的全球竞争三大特征。这一切将给企业传统购销活动带来重大冲击和挑战,进而引发企业购销模式的剧烈变革,电子采购这一新的采购方式应运而生。

电子采购的发展对全球经济的影响巨大。美国三大汽车厂商通用、福特、克莱斯勒合作,运营B2B网上采购的商务网站,该网站面向所有汽车零配件供应商,它的网上交易额估计将达到6 000亿美元以上。列美国零售业第二位的西尔斯(Sears)和欧洲第一位的家乐福联合成立B2B网上采购公司,共同在全球采购连锁经营商品,目的是降低企业的采购成本,预计网上的交易金额将达到3 000亿美元以上。

2. 电子采购的优势

1) 宏观优势

(1) 电子采购可以改善资源分配。除了市场价格更为协调一致,电子采购可以保证更有效地利用有限的资源。信息缺乏导致许多企业无法预测需求、分配资源,为解决这种问题,一般在传统供应链的每一段都备有缓冲存储设备,而这相应会导致过多的库存和过多风险。信息共享能改善这种低效情况,并有助于更有效地分配资源。电子采购平台也能在库存过时之前,通过拍卖为供应商提供一个更有效的处理多余库存的方法。

（2）电子采购冲破了地理与语言障碍。商业与因特网在本质上都是全球性。买卖双方不再被束缚于他们所熟悉的地理范围或国界内。因特网提供了全球性的通路。只要敲击按钮，就可以与潜在的买方或卖方聚集在一起。供应商与采购商可在因特网上寻找一些伙伴并与之交易，而这些商业伙伴可能在没有电子采购平台之前是无法找到的。尽管语言可能仍是一个问题，尤其是对全球贸易而言，但作为第三方的电子采购平台提供者通常都能够提供诸如多语言平台和产业、贸易专家等增值服务，来增加国际贸易额。

（3）电子采购保证整个市场内部供求双方能更有效地衔接。在市场透明度提高的情况下，买卖双方能更有效地平衡市场上的需求。在过去，供应商即使打折，也很难卖掉多余库存。电子采购将大量买方和卖方聚集在其在线交易市场上，并以衔接需求的方式解决了这方面的问题。

❓小思考

电子采购和传统采购相比有哪些优点？

2）微观优势

电子采购的微观优势如下：

（1）提高物料供应管理水平，扩大询比价范围，由货比三家到货比千家。

（2）降低采购成本，节约采购费用，缩短采购周期。

（3）实现网上采购全过程监控，加强对采购流程以及库存等的控制，堵住漏洞，杜绝暗箱操作。

（4）能有效地提供供销商的信息，实现物料管理信息快速传递与资源共享。

（5）一个成功的电子采购解决方案能为企业制定一套规范的采购流程，有利于加强企业的管理。此外，据调查，绝大多数采购经理都希望及早实现电子采购。作为一种更可靠、更有效的采购方式，电子采购越来越多地得到企业的认同。

电子采购通过对采购功能和流程的电子重组，将采购功能布置在企业每个雇员的桌面上，从而提高间接采购的速度和效率，降低成本。将订货和跟踪的工作流程优化，可以保证企业雇员从指定供应商那里获得最优惠的合同价格，从而极大地降低成本。最近的一项研究显示，采用电子采购可以降低产品成本 5%～10%，降低流程成本 70%，缩短采购周期 50%～70%。

3. 实现电子采购的系统

电子采购的系统包括电子投标系统、投标情报服务系统、投标参加者登录系统及电子认证系统等。它使从发标预定情报的提供到投标、投标结果的发表等一连串过程通过因特网络来完成，是在进一步提高采购手续的透明性与竞争性的同时，对交易双方的业务效率化起到支援作用的系统。

1）电子投标系统

电子投标是指在因特网络上实现原来通过纸张进行交易的投标行为，使通过因特网络来完成投标手续成为现实。

电子投标系统是指将从与投标相伴随的资格认证申请开始到决定通知书的受理（中标

结果)为止的过程在因特网络上实现的系统。在因特网络上进行的这一过程包括竞争参加资格的确认申请、投标、投标结果的受理、再投标的一连串作业。只要满足电子投标的参加条件,任何人都可以很容易地参与投标。

电子投标系统具有以下特征:

(1)将与投标相伴的资格申请到投标结果的公开这一过程在因特网络上实现,受/发注者在电脑前就可实现投标行为。其中包括采购案件的制作/检索到申请参加、投标、开标处理等。

(2)依据利用 www browser 的 GUI(Graphical Uset Interface),提供了任何人都可简单使用的操作环境。通过暗号化(PKI,Public Key Infrastucture,即公开键暗号方式)/电子署名/IC卡方式进行认证,以确保投标的公正性和信赖性。

2)投标情报服务系统

招投标是否成功取决于科学的市场分析,科学的市场分析依赖于全面、准确、及时、连续的市场情报和数据。投标情报服务系统是指收集招标单位发布在互联网上的招标公告,并将其集中保存起来,使投标者只通过访问一个互联网站就能够了解多个招标单位的情报,并进行检索和分析。

3)投标参加者登录系统

投标参加者可通过因特网络进行竞争投标参加申请、变更申请、追加申请等。

4)电子认证系统

电子认证系统是与电子投标对应的服务,以确保因特网络上实施投标的安全性。一般方式是事先发行电子认证书,投标时在投标书上添加电子署名以确认是否本人。通常由从事电子认证的机构来提供服务。

4. 电子采购的程序

一个典型的电子采购程序包含以下几个步骤:提交、分析并确定采购需求;选择供应商;确定合适的价格;签署采购合同;跟踪交货过程,确保交货;货物入库;付款。下面简单对其中几个步骤加以解释。

1)提交采购需求

最终用户通过填写在线表格提出采购物料的要求。对于经常采购的商品,可以建立一个特别的目录供用户选择,以方便最终用户提出采购申请。

2)确定采购需求

根据企业预先规定的采购流程,采购申请被一次性自动地传送给各个负责人请求批准。

3)选择供应商

一旦采购申请得到认可,采购人员可以按不同情况采取两种方式。若所需采购的物料已有了合同供应商,则该申请转化成订单自动发送给供应商。若所需采购的物料没有固定的供应商,采购人员需通过该企业的采购网站或在因特网上寻找供应商,这种方法比通过行业杂志寻找或等着推销员上门推销要快捷、高效。采购人员不仅能从网上得到供应商的价格和数量信息,还可以得到采购决策所需的数量、价格和功能要求等信息,并且可以在采购系统生成的供应商比较报告的辅助下进行决策。

4）下订单

在确定了供应商之后，订单会通过电子邮件等方式传送给供应商。

5）订单跟踪

有些信息系统较为完善的供应商会反馈给采购方一个订单号，采购人员可以通过订单号追踪订单的执行情况直至交货。

6）电子支付

如果连接了银行系统，则可进行电子支付，完成采购全过程。

5.1.2 传统采购与电子采购的比较

传统的采购模式使采购、供应双方为了各自利益互相封锁消息，竞争多于合作，容易造成双输后果；信息交流不畅，无法对供应商产品质量、交货期进行跟踪；响应用户需求的能力不足，无法面对快速变化的市场；利益驱动造成暗箱操作，舍好求次、舍贱求贵、舍近求远，产生腐败温床；设计部门、生产部门与采购部门联系脱节，造成库存积压，占用大量流动资金。传统的采购模式必将被电子化采购所取代，这也是经济快速发展的必然趋势。

1. 传统采购具有的弊端

在市场竞争日益激烈的今天，企业必须在最短的时间、最低的成本，提供最便捷的服务。事实上，有些企业虽然实现自动化，但是大部分业务仍然停留在传统的手工操作上，如电话、邮件、传真、直接见面等方式进行信息交流，浪费了极大时间成本和人力成本，过程效率低下。采购部门的管理人员需要处理大量的事务工作，无法在战略的高度上担任起所负责项目的损益分析、评估和决策，也不可能实行前瞻性的采购管理、建立供应商战略合作伙伴关系、重新审视采购模型、供应商合理化运作等。传统的采购模式存在的缺陷也就显而易见，具体包括以下几点。

1）采购成本居高不下

据统计，一般性的工业企业中，物资采购的成本占到企业生产成本的70%以上，从事采购工作员工的数量和日常支出也极为可观。此外，采购人员在有限的范围内去选择供应商，可能导致采购商品价格和服务价格较高。

2）采购周期长

一般对国产原材料的采购需要近1个月的时间，进口原材料的采购周期约3～6个月。由于采购流程复杂，信息查询发布、招标投标评标、洽谈签约结算、物流配送交割等全部手工作业，消耗了很多时间成本和人力成本，同时对市场的反应速度迟钝，很难掌握最新的市场行情、供应商信息和产品信息。

3）采购效率低下

企业为了有效地管理和控制采购过度支出，采购需要多部门、多人员层层审批，运作的采购流程比较复杂，因此人为因素常常使采购的效率低下。此外，传统的采购主要是建立在手工操作基础上，从生产部门采购需求的提出，到与供应商联系，最后到交货及资金结算，整个采购过程都停留在纸证上，耗费了大量的人工费用。

4）采购环节监督力度不够

由于采购行为不规范，资金使用不公开、不透明、随意性强，易产生腐败现象。例如，在采购中回扣现象、不按正常的程序采购、不按合同条款规定采购，这些都会给企业带来不必要的资源流失。

5）缺乏同供应商沟通

传统的采购活动由于缺乏动态、双向、实时交互信息沟通的手段，与供应商关系紧张。面对竞争激烈的市场，企业尽管很注重发展战略伙伴联盟，但是采购人员因为实质性问题的谈判，仍旧与供应商之间摩擦不断，而且企业缺乏发展新的供应商的渠道，即使找到新的满意的供应商，但是实现供应商转换的成本比较高。

6）采购招标往往流于形式

采购招标是企业在选择供应商过程中比较科学有效的采购方法。但是由于传统采购受到地域等条件的限制，不能使真正具有实力和优势的供应商参与竞标。

如何解决采购企业面临的上述问题，是关系到企业能否继续在激烈的竞争中生存甚至生存更好的关键要素。要想彻底解决企业传统采购所面临的上述问题，实施电子采购是一条切实有效的途径。

❓小思考

举例说明采购招标往往会出现流于形式的问题所在。

2. 电子采购的优点

电子采购通过网络和计算机技术的应用，弥补了传统采购中的不足，使传统的采购业务运作方式发生了本质的变化，更重要的是它带来了传统采购方式所不具有的种种优势。电子采购的优点具体包括以下几点。

1）提高采购效率

电子采购简化了传统采购的信息收集、认证、商务谈判、资金结算等工作，使采购流程自动化、一体化，采购人员能在很短时间内得到比以前更广泛、更全面、更准确的相关资料，能够降低采购事务处理的管理费用。而且，通过应用计算机技术重构企业的商业流程，能够减少采购环节、提高采购效率、节省大量的时间成本和人力成本的开支。

2）采购成本明显降低

美国 CFO 杂志指出："降低 1% 的采购成本就等于增加 2.3% 的营业收入。"所以说，降低采购成本是每一家企业追求持续竞争的重要举措。电子采购使得供求双方直接接触，减少了中间不必要环节的参与，因此在原材料、零部件和其他商品的采购价格以及各项服务费用等都有大幅度的降低。

3）优化采购管理

电子采购的职能通过网络实现，便于企业把不同部门、不同地点、不同人员的采购行为集中统一在网上实现，这样既降低采购价格，又使采购活动统一决策，协调运作。此外，电子采购是一种"即时性"采购，从提出采购到物资到位可以做到各环节紧密衔接，有效缩短采购周期，而且对于供应商的供货资料能够即时统计，因此可以降低企业的安全库存，提高资本的利用率。

4）增加交易的透明度

电子采购实现了公开、公平、公正的规范化采购，对提高交易透明度，减少"暗箱操作"起到了非常重要的作用。通过公平的市场竞争，形成市场良性循环。对于那些虚报价格、在价格上做文章的供应商必然会遭到采购商的拒绝，只有货真价实的商品才会真正受到采购商的欢迎。

5）加强供应商管理

在传统的采购模式中，供应商与需求企业之间是一种简单的买卖关系，因此无法解决一些涉及全局性、战略性的问题，而在电子采购模式中，供应与需求的关系从简单的买卖关系向双方建立战略协作伙伴关系转变。为了降低成本，采购商会请供应商共同设计改造生产流程，开展多种形式的技术合作，并要求供应商按照规定的时间、地点、质量、数量等将货物准时送到，降低采购商的库存成本；同时供应商更多从采购商的需求出发，帮助企业设计、产出价格低、质量好的材料。电子采购是使双方更好地成为利益共同体。

6）充分利用市场的杠杆效应

提供了招标采购、竞价采购、谈判采购、目录采购等多种采购方式，企业可以根据不同的材料选择适合的采购方式进行采购，充分地利用市场的杠杆作用，降低采购的成本。

7）保证采购质量

产品质量好坏，直接影响企业在市场的竞争力，良好的产品质量必须有质量可靠的原材料、零部件作保证。在电子采购中，避免了人情、回扣、关系等因素的影响，在公平的竞争中去选择供应商。随着对供应商的管理与考核日益完善，使供应商更加重视供货质量和服务的管理，以便于与采购商建立于一种长期的合作关系。

8）建立外延的信息系统

电子采购模式能够加强与供应商的沟通，密切企业与供应商的关系，实现信息的通畅。同时能使企业有机会接触更多的供应商，以便以更高的效率采购到更优质低价的材料或零部件。

9）有助于整合企业采购信息系统与其他系统

通过与其他企业应用系统的集成，实现供需双方 ERP 的对接和数据交换，使供需双方信息共享，包括供应商库存、生产计划和能力、交货期、采购企业的耗用速率等，提高企业信息处理的准确性和及时性。

任务二　电子采购模型

目前主要有以下几种采购模式，它们分别是卖方一对多模式、买方一对多模式、第三方系统门户、企业交易平台、反向拍卖。不同的企业可根据自己特定的市场环境选择不同的模式。

5.2.1　卖方一对多模式

卖方一对多模式是指供应商以计算机网络作为销售渠道，发布商品的在线目录，采购方则通过浏览来获取所需商品的信息，做出采购决策，并下订单。

使用这种模式对供应商是十分有益的，如很容易对目录进行更新，节约了做广告的开销以及处理销售方面的成本。对于潜在的采购方也是有益的,访问容易,如一天 24 小时都可以访问目录获取信息,不需要任何投资,就可以方便快捷地订购自己所需要的商品。其缺点是难以跟踪和控制采购开支。他们每次在寻找不同供应商网站时,都要重复输入公司名称、通信地址、电话号码、账户等信息,然后更新自己内部的 ERP 系统。

在卖方一对多模式中,卖方为增加自己的市场份额,开发了自己的网站,允许买方浏览和采购自己的在线商品。登录卖方系统通常是免费的,而且供应商确保采购的安全,如一些商店或购物中心等都采用这种模式。

随着电子市场的普及,这种模式采用以 XML 为基础的标准,使购买者的 ERP 系统接受简单的文件形式(如采购订单、收据等)成为可能。但是,因为采购程序包括折扣、合同术语、买者、运输和接货安排,能获得更高水平的相互操作能力,达成一致的信息交流议定书标准,所以大部分过程保留的就仅仅是电子加强版的有纸化系统。

但是许多人也会提出异议:虽然因特网采购形式和雇员采购 ORM 材料变得简单易行,但同样轻松的使用容易导致滥用权利,如职员可能会绕过公司采购政策随意从在线供应商那里采购。当零散采购被视为相关成本的重要来源时,这种结构就只能被视为小购买者和一次性采购所属的形式。

5.2.2　买方一对多模式

买方一对多模式是指采购方在计算机网络上发布所需商品的信息,供应商在采购方的网站上登录自己的商品信息,供采购方浏览并评估,通过采购方网站双方进行进一步信息沟通,完成采购业务的全过程。

买方一对多模式中由采购方建立、维护和更新买方目录。采购方可以限定目录中所需商品的种类、数量、规格以及采购人员的权限。此外内部员工通过一个界面就可以对所有可能的供应商的商品的信息进行对比和分析。同时采购方网站与采购方信息系统之间要无缝连接,便于对供求双方通过网上文档传递的识别与处理。

买方一对多模式对采购方的优势是使采购部门能够控制在线目录上可获得的产品和服务,也能把系统(如采购卡)直接与职员挂钩,设置数量限制、价格上限和其他标准。减少通信成本,提高了安全性,通过应用同一内部网可以访问许多目录。到目前为止,在尝试使职员接受自我服务桌面模型方面,买方一对多模型最为成功。其缺点是,维持和更新这个错综复杂的买方目录,需要投入操作人员的资源和系统维护成本,并且需要大量供求双方之间的谈判和合作。

买方一对多模式适用大规模企业的物资采购。因为大规模企业信息管理系统比较成熟,因此电子采购系统与现有的信息系统有很好的集成性,能够确保信息流运行通畅。此外,大规模企业有能力负担建立、维护和更新错综复杂的买方目录工作。

5.2.3　第三方系统门户

第三方系统门户是指要把卖方目录和买方目录的缺点减少到最低程度,就要把整个处理过程外包给一个电子市场或者一个采购联合体。通过一个电子市场或者一个采购联合体,多个买方和多个卖方能够相遇,并进行商业交易。

为了提高在市场中商品交易的效率,在 Internet 上有两类基本门户。

1. 垂直门户

垂直门户是针对某一特定的行业提供产品或服务的市场。例如,采购电气、煤气、通信产品、钢材、化工产品等,它通常由一个或多个领导型企业发起和支持。化工行业是在线市场发展比较早的行业。由于化工行业的特点是:化工产品大部分是符合国家标准的,如质量、商标、数量、内容等,容易在线交易。

目前在高科技制造业中,惠普、康柏、日立、三星等公司组成的集团,进行合作形成一个电子交易门户,并提供开放的资源、拍卖、供应计划、物流支持。

垂直门户交易市场的优势是采购方和生产商自己作为发起资助人,都倾向于从供应商向其行业的高效供应中来获取高额收益。

2. 水平门户

水平门户向不同市场模块中的一系列组织机构提供产品(维修和生产用的零部件、办公用品、家具、旅行服务、物业等),而不是针对某一特定行业。因此,水平市场还可以提供支付和银行的服务、物流的服务。

水平门户最典型的例子是 MRO 供应商集团,在 1999 年开业,提供的是单一门户网站,使客户可以接触到 6 个行业主导型的 MRO 供应商。服务内容包括在线定购、电子发票,并为客户提供连接点,同时还可以提供各种间接商品。但是要想进入 Grainger 网络公司查看MRO 目录,必须先在这个网站注册。

水平电子市场一般由电子软件集团或这些提供间接材料和服务供应领域内的领导者发起资助。

水平电子市场一般向每份交易收取 1%～5% 的交易费用,根据交易额和交易商品的种类来定具体的比例。尽管收费,这种类型的电子交易成本也比通过传统的销售渠道的成本要低。

5.2.4 企业交易平台

企业交易平台类似电子资料交换(EDI)系统,EDI 系统是大型企业长期以来使用的主机式应用程序,以电子方式交换订单、库存报表与其他资料。企业交易平台和 EDI 网络类似,能减少沟通的时间与成本,但是也能使合作厂商以标准格式,实时分享文档、图表、试算表与产品设计,因而使彼此间达成更紧密的联系,功能更胜 EDI。企业交易平台因而能将因特网平台的功能与 EDI 系统的安全性相结合。

与开放式 B2B(由第三方策划)和企业联盟(由买方、供应商或两者共同拥有)不同,企业私用交易平台能让积极参与者掌控大权,这样的安排能使企业将活动焦点置于流程而非价格上头。由于私用交易架构中的供应商仅包括受邀访客和网站站主,说明买方已选择做生意的伙伴,甚至可能已于网络外完成商谈。

这里以道氏化学(Dow Chemical)为例加以说明。道氏化学于 1999 年开始本身的私用交易平台,称为 MyAccount@Dow。原本这是一项试验计划,为 200 位主要分布于拉丁美洲的顾客提供服务,现在于网络上登录的使用人已超过 8 000,分布于 35 个国家,占该公司拉丁美洲总销售额的40%(截至2001年年底),据称每月收益约为1亿美元。

5.2.5 反向拍卖

反向拍卖又称为"拍购""拍买"或"逆向竞价"等,它的基本原理与拍卖一致,但价格走向却正好相反。拍卖是为卖方销售服务的,反向拍卖是为买方采购服务的;拍卖是以买卖底价为基础,在竞价过程中越拍越高,最后以最高竞价者获胜而告终。而反向拍卖采购则刚好相反,是通过集约化的竞价艺术,在延时竞标中获得远低于采购标底的实际成交价。

采用反向拍卖采购品必须具备以下特点:采购品为非独占性产品,产品具备三个以上的供货商;产品供大于求,处于买方市场;批量性采购,对中标者有足够吸引力;每一标采购金额一般不低于20万元,最大不超过中标供货商一个季度的供货量;采购条件(标准)的确定主动权在采购商。

采用反向拍卖技术的益处主要表现在:符合市场价格甚至低于市场价格的采购成本,有计划、大批量采购理应导致采购成本下降;不引起企业采购费用的上升,不因为采用新技术而使采购中发生的费用上升;尽量符合企业原有的供应链管理方式,使企业供应管理人员容易接受新技术,企业供应链中的财务、技术、物流、交验、客户关系等环节不被更动和破坏,不影响企业正常经营;透明交易防止腐败行为产生,不透明交易造成的腐败行为,它使企业付出了很高的成本。

反向拍卖的缺点是:基于"赢—输"的策略,卖方想卖出获取更多的钱,买方则追寻物美价廉的单子,可能造成买方和卖方的合作关系向负面偏移;为了采购到更好的商品,花去更多的时间去准备详尽的规范技术书。

目前,该技术已在国外被广泛运用于工业品采购、政府采购及全球采购等各个领域中。一些知名跨国企业,如沃尔玛、家乐福、IBM、微软等,都运用该技术进行全球采购。

任务三　电子采购方案的实施

5.3.1 实施电子采购的技术支持

电子采购需要计算机技术、数据库技术、网络技术、EDI技术、安全技术、管理技术、金融电子化技术等多种技术应用于电子商务中,因此要实现电子采购必须依靠上述技术。

1. 数据库技术

数据库的作用主要是存储和管理各种数据,支持决策,是电子采购必不可少的技术条件。数据库技术随着业务流程的变化而不断改进,从最初的手工作业发展到数据仓库技术操作。数据库技术包括数据仓库技术、联机分析处理和数据挖掘技术。随着数据仓库理论的发展,数据仓库系统已逐步成为新型的决策管理信息系统的解决方案。数据仓库系统是指具有综合企业数据的能力,能够对大量企业数据进行快速和准确分析,辅助做出更好的商业决策的系统。数据仓库系统的核心是联机分析处理。联机分析处理的主要特点,是直接仿照用户的多角度思考模式,预先为用户组建多维的数据模型。

例如,对销售数据的分析,时间周期是一个维度,产品类别、分销渠道、地理分布、客户群类也分别是一个维度。一旦多维数据模型建立完成,用户可以快速地从各个分析角度获取数据,也能动态的在各个角度之间切换或者进行多角度综合分析,具有极大的分析灵活性。这也是联机分析处理在近年来被广泛关注的根本原因,它从设计理念和真正实现上都与旧有的管理信息系统有着本质的区别。数据仓库技术的发展与数据挖掘有着密切的关系。数据仓库的发展是促进数据挖掘越来越热的原因之一。数据挖掘技术是人们长期对数据库技术进行研究和开发的结果。起初各种商业数据是存储在计算机的数据库中的,然后发展到对数据库进行查询和访问,并且能够找出过去数据之间的潜在联系,从而促进信息的传递。现在数据挖掘技术在商业应用中已经可以马上投入使用,因为对这种技术进行支持的三种基础技术已经发展成熟。

2. EDI 技术

电子数据交换(EDI),简单地说就是企业的内部应用系统之间,通过计算机和公共信息网络,以电子化的方式传递商业文件的过程。换言之,EDI 就是供应商、零售商、制造商和客户等在其各自的应用系统之间利用 EDI 技术,通过公共 EDI 网络,自动交换和处理商业单证的过程。使用 EDI 技术,由于单证在贸易伙伴之间的传递是完全自动,所以不需要重复输入、传真、电话和通知等重复性的工作。将 EDI 技术与企业内部的仓储管理系统、自动补货系统、订单处理系统等企业 MIS 系统集成使用之后,可以实现商业单证快速交换和自动处理,简化采购程序、减低营运资金及存货量、改善现金流动情况等,也使企业可以更快地对客户的需求进行响应。

目前,许多国际和国内的大型制造商、零售企业、船公司等对于贸易伙伴都有使用 EDI 技术的需求。当这些企业评价一个新的贸易伙伴时,其是否具有 EDI 的能力是一个重要指标。某些国际著名的企业甚至会减少和取消给那些没有 EDI 能力的供应商的订单。因此,采用 EDI 是企业提高竞争能力的重要手段之一。

3. 金融电子化技术

随着信息技术、网络技术的迅猛发展,电子贸易正呈爆炸式增长,银行作为支付中介也就不可避免地卷入了这场"网络革命"。"网上交易""网上银行"成了目前银行电子化工作中的又一热点。买卖双方通过网上支付、网上结算等业务,提高了业务处理效率,同时也加快资金的周转速度。金融电子化为买卖双方进行网上交易业务提供便利条件,也是电子采购必不可少的组成部分。

4. 网络安全技术

在信息社会中,信息已成为人类宝贵的资源。近年来,Internet 正以惊人的速度在全球发展,Internet 技术已经广泛渗透到各个领域。然而,由 Internet 的发展而带来的网络系统的安全问题,正变得日益突出,受到越来越多的关注。例如,采用电子采购,买卖双方进行合同签订、合同传递、订购款项支付等业务过程中,网上的信息是否真实、准确、可靠,是企业十分关心的问题,信息失真会给双方交易带来一定的风险和经济损失。

因此,要使信息系统免受黑客、病毒的攻击,关键要建立起安全防御体系,从信息的保密性,即保证信息不泄露给未经授权的人,拓展到信息的完整性,即防止信息未经授权而被篡改,保证真实的信息从真实的信源无失真地到达真实的信宿;信息的可用性,即保证信息及信息系统确实为授权使用者所用,防止由于计算机病毒或其他人为因素造成的系统拒绝服务,或为对手可用;信息的可控性,即对信息及信息系统实施安全监控管理;信息的不可否认性,即保证信息行为人不能否认自己的行为等。

5. 计算机网络技术

网上实现采购,各种单证的传递的相关信息都离不开计算机。对于信息时代的今天,计算机的配置就显得更为重要。计算机硬件配置高,提高信息的处理速度和准确性;软件也要不断完善,便于操作,提高效率。

电子采购的网络基础包括局域网技术、广域网技术、接入技术和网络通信协议。在局域网方面,一般参考和引用 ISO/OSI 模型;广域网互联是把跨国、跨地区的计算机与局域网连接起来,所涉及的技术有 ISDN(公用电信网络)、宽带、ATM 等;接入技术是负责将用户的局域网或计算机与公用网络连接在一起,对企业而言就是将企业内部的局域网与 Internet 的连接,要求有较高的传输效率,具有价格便宜、即时接通和接通迅速、使用方便的优点。

5.3.2 实施电子采购的步骤

第一步,要进行采购分析与策划,对现有采购流程进行优化,制定出适宜网上交易的标准采购流程。

第二步,建立网站。这是进行电子商务采购的基础平台,要按照采购标准流程来组织页面。可以通过虚拟主机、主机托管、自建主机等方式来建立网站,特别是加入一些有实力的采购网站,通过它们的专业服务,可以享受到非常丰富的供求信息,能起到事半功倍的作用。

第三步,采购单位通过互联网发布招标采购信息(即发布招标书或招标公告),详细说明对物料的要求(包括质量、数量、时间、地点等)以及对供应商的资质要求等。也可以通过搜索引擎寻找供应商,主动向他们发送电子邮件,对所购物料进行询价,广泛收集报价信息。

第四步,供应商登录采购单位网站,进行网上资料填写和报价。

第五步,对供应商进行初步筛选,收集投标书或进行贸易洽谈。

第六步,网上评标,由程序按设定标准进行自动选择或由评标小组进行分析评比选择。

第七步,在网上公布中标单位和价格,如有必要,要对供应商进行实地考察后再签订采购合同。

第八步,采购实施。中标单位按采购订单通过运输交付货物,采购单位支付货款并处理有关善后事宜。按照供应链管理思想,供需双方需要进行战略合作,实现信息共享。

我国目前已经有不少企业以及政府采用了电子商务采购的方式,它对降低采购成本、提高采购效率、杜绝采购腐败起到了十分积极的作用,因此应该大力提倡这一新型的采购方式。

电子商务采购是一种非常有前途的采购模式,它主要依赖于电子商务技术的发展和物流技术的提高,依赖于人们思想观念和管理理念的改变。

任务四 电子采购的未来

XML 标准的引入

XML（可扩展标记语言）是商业数据互换标准，这是一种结构化的语言标准，它能在多种多样的格式中识别数据类型，又能被所有因特网技术理解。与 EDI 相比，XML 的适用范围广，适用于所有电子商务，而 EDI 则不可以。因为 EDI 带宽将很昂贵，EDI 信息使用了一个压缩模糊的代码集，而且许多帮助编程者解释修正信息的解释性变化数据已经被删除了。这些压缩信息不但使 EDI 交易变得昂贵，也难于转换为代码，使 EDI 编程变得更加困难和昂贵。因此，EDI 的编程者比较关注 XML。

XML 本身并不是一种语言，而是一种语言标准，提供了一个韧性又不太昂贵的方法开发普通数据格式。作为标准化通用标记语言（SGML）一部分的 XML，通过简单易懂的叙述提供描述数据格式和数据本身的"标记"，这些标记能够用来轻松确定日常商业数据（地址、价格、客户）等关键部分，而且还可以把数据传送转换成其他应用程序的不同符号。这说明，一旦采用 XML 标记来识别和匹配某一应用程序符号，应用程序就可以连续接受数据传送，而不必重新定义这个连接。因此，如果所有供应商使用公认的 XML 标准，并定义了相互作用的格式，内部系统就可以阅读来自使用 XML 数据标记集合的任一供应商的电子数据信息。

XML 语言的采用使得组织机构能顺利地集成各种应用，也很容易与贸易伙伴交换信息。即使是小供应商也可以通过因特网直接、低廉、安全地与任一购买者交换他们的目录、合同条款和发票，在许多方面都将改变商业信息交换的性质。供应商需要支持对产品数据按照 XML 标准的实时访问。XML 标准也在变化，每个供应商使用其自己的 XML 版本。

但是，应该注意的是，如果国内一般的大中型制造企业，决定要引入 XML，通常较为合理的还是先建立一套轻量级的 XML 信息流规范，但整个系统应用环境应为其留有足够的扩展空间，这主要是目前国内还缺少制定广泛 XML 标准的成功案例，也缺少大型的 B2B 供应链应用管理经验。因此，避免在项目开发期交过多的"学费"，而选择先让 B2B 供应链系统运行磨合到一个比较稳定成熟的阶段，并对 XML 信息化规范的应用有了一定的经验体会，此时再对系统进行阶段性升级，不失为一个较为保险的良策。

XML 是我们下一步发展的方向，尽管许多公司对放弃大公司曾经投下巨额资金的 EDI 链接仍然犹豫不决，但是 EDI 还是要成为历史。

？小思考

电子采购的发展趋势是什么？

5.4.1 直接采购与间接采购的发展

直接采购是指采购主体自己直接向物品制造厂家采购的方式。其特点是：采购环节少、时间短、手续简便；意图表达明确；信息反馈快；易于供需双方交流、支持、合作及售后服务与改进。间接采购是指通过中间商实施采购行为的方式，也称委托采购或中间采购，委托流通企业采购是依靠有资源渠道的贸易公司、物资公司等流通企业实施,或依靠专门的采购中介组织执行。调拨采购是计划经济时代常用的一种采购方式,由上级机关组织完成的采购活动。其特点是:可充分发挥企业各自的核心能力;减少流通资金的占用,增加资金的周转率;分散采购风险,减少物品损失;减少交易费用和时间,降低采购成本。

随着电子采购的不断完善,直接采购和间接采购的发展趋势是把重点放在现货市场和买卖双方的关系上,一些间接材料的采购可以通过建立目录来解决,而另一些 MRO 零件和比较重要的材料则需要一套十分完备的采购程序和供应商来处理。大部分直接材料可以通过现货市场一次性采购。但是,有些比较复杂、专业性强的零部件最好亲自参与完成采购业务。尽管这样,间接采购并没有像直接采购进程那样得到应有的战略关注和深入研究。因此,实现间接采购自动化、重新设计进程和节省成本势在必行。未来,零售商将能够把直接和间接采购进行整合,充分利用采购控制技巧以及商业、技术和经济规则。

5.4.2　电子市场垂直层面的联合

电子市场是一个网站,通过伙伴关系联合、兼并、XML 相互操作能力标准的整合形成的。而且它们还可以承担管理、保险、支付和 CRM 的一些责任。采购方借助这个网站可以对众多的供应商加以挑选。有了电子市场采购方的工作变得非常方便,因为电子市场很容易针对某一特定商品或服务来评估所有的供应商,然后做出采购什么、从哪里采购。

随着电子市场不断规范,站点的要求也就越来越高了,对于那些功能完备和信誉好,同时又具备供应链管理知识的站点才能继续保存下来,否则就会被淘汰。

5.4.3　解决方案的统一

目前很多企业直接材料还停留在基础的软件平台和"一对多"的采购模式上,对于ORM 和一些 MRO 物料企业比较喜欢通过电子市场采购,因此,将这两种途径进行整合,形成一个新的系统,来满足客户通过这个系统能处理所有与采购有关的活动。此外,市场还需要一个能够包括直接采购和间接采购系统的软件平台,因而比较关注企业内部的电子市场,能够实现整个采购链的自动化,并在单证传递、货款支付、收货递货和存货补货之间提供一个无缝连接的软件平台。目前还没有供应商能提供类似这种水平的服务。

5.4.4　采购平台的改变

在传统的采购中,主要以人力、纸证、电话、传真、邮件等为基础的采购业务必将被供应链管理系统、ERP、APS、SCM 和内部电子采购等系统所取代。在整个流程实现自动化后,采购部门可能会消失,只会留少数人员进行系统的管理和商业谈判,寻找优质的服务和商品。

5.4.5　供应商合理化

由于现代企业的竞争不再是企业与企业之间的竞争,而是供应链与供应链之间的竞争,因此要求采购方与供应商双方建立起长期的、互利的、信息共享的合作关系,而电子商务采购模式可以使参与采购的供需双方进入供应链,从以往的"输赢关系"变为"双赢关系"。这样采购方可以及时将数量、质量、服务、交货期等信息通过商务网站或 EDI 方式传送给供应商，并根据生产需求及时调整采购计划，使供应商严格按要求提供产品与服务，实现准时化采购和生产，降低整个供应链的总成本。

由于交易中心和电子市场的发展趋势是向多个供应商而不是几个供应商的发展，问题是供应商合理化和战略资源的整体价值来自于与公司合作的最优秀、最值得信任的供应商的团结和支持。因此，成功的战略资源计划的基础是限制偏好供应商的数量，但是在电子市场门户网站扩张时，发展趋势反而转向相反的方向。供应商比较多，通过竞争使其价格下降，说明了供应商越多，竞争越激烈，购买低价格材料或商品的可能性越大。但是这时的供应商并不是真正的合作伙伴。

项目小结

电子采购也称网上采购，是指利用信息通信技术，以网络为平台，与供应商之间建立联系，并完成获得某种特定产品或服务的活动。

电子采购是企业实现电子商务的一个重要环节，它将原来通过纸张进行的公示（情报公开）、投标、开标（结果公开）等，转换为利用因特网络的电子数据。电子采购可以在因特网络上完成投标手续，而招标和投标者在计算机前就可以实现招投标行为。电子采购开始于企业间的生产资料的采购，现在则推广于服务及事务用品等的采购领域。

当今世界网络、通信和信息技术快速发展，因特网在全球迅速普及，使得现代商业具有不断增长的供货能力、不断增长的客户需求和不断增长的全球竞争三大特征。这一切将给企业传统购销活动带来重大冲击和挑战，进而引发企业购销模式的剧烈变革，电子采购这一新的采购方式应运而生。

一个成功的电子采购解决方案能为企业制定一套规范的采购流程，有利于加强企业的管理。此外，据调查，绝大多数采购经理都希望及早实现电子采购。作为一种更可靠、更有效的采购方式，电子采购越来越多地得到企业的认同。

➤ 案例分析

网上采购为何半途而废

G 物流有限公司（以下简称 G 公司）是 A 电力公司（以下简称 A 公司）的全资子公司，负责 A 公司所属电厂的物资供应工作。2002 年以前，G 公司与各电厂之间没有任何制约关系，和一般供应商一样，向各发电厂供应物资，从中赚取商业费用。

2013 年，G 公司建立了自己的商业采购网站，实行统一采购、统一结算，并向各电厂提取 5% 的管理费用，作为人员的开支。各电厂对网上采购的支持情况，纳入对各电厂一把手的年度责任考核和年薪制考核。

为了完成全系统的目标采购任务，G 公司完善了采购网站的功能，实行了网上询价采购、网上招标采购、网上超市采购、网上虚拟出口仓库等功能模块。相应地，各电厂将其所要采购的所有物资上传到网上，进行网上采购，并将招标书上传到网上进行网上招标。

A 公司大规模的招标开始了……

网上采购实际结果：

（1）电缆等技术型号简单的物资网上采购效果明显，采购单价显著降低，和同期人工采购相比，单价平均降低5%，但由于 G 公司要提取5%的管理费用，各电厂的采购成本并没有降低。

（2）网上采购遭到了各电厂普遍的抵制。它们想方设法刁难供应商。上网采购时间最低要求1天，供应商来不及网上报价。

（3）技术条件比较复杂的物资，如备品备件等，电厂物资部门故意填错、少填型号等，造成网上供应商报价不准确，电厂物资部门再将准确的型号地下通知个别的供应商，操纵网上报价，使得网上采购流于形式。

（4）网上招标只能够完成标书上网，实际工作中是手工招完标再在网上走走形式，造成全过程网上采购的迹象。上网之后将技术型号改变，造成其他供应商不能报价，形成单一货源，实为手工采购。

（5）故意晚报急需物质，特别是事故检修物资，造成网上采购不能满足要求而转入人工采购，个别电厂急需特需物质达93%。

（6）供应商恶意报价搅乱市场的行为时有发生。

（7）因价格低导致采购质量得不到保证的现象时有发生。

（8）供需双方对网上超市交易方式均不太熟悉，货架上物品品种不足，造成超市物资的比质比价工作基本不能正常开展。

基于上述原因，2013年7月，由 G 公司统一采购改为由各电厂自行网上采购，批量采购的酸碱盐等实行统一人工采购。网上集中采购宣布中止。

这是一个企业变革失败的典型案例。一方面企业高层认识到随着外部环境的迅速变化，为适应客户、竞争或科技等方面的需要，在业务运作方式上需要迅速而有弹性的改变来提高效率、降低成本；另一方面，企业对如何推动变革还缺乏策略和经验，凭运气多，有效掌控少，失败是必然的结果。

问题：

G 公司网上采购的问题在哪里？这个案例留给我们的教训是什么？

提示：

1. 降低采购费用是企业采购所追求的目标。

2. 只有实现"双赢"，企业才能够相互支持、相互合作。

同步练习

一、选择题

1. 卖方一对多模式是指供应商以（　　）作为销售渠道，发布商品的在线目录，采购方则通过浏览来获取所需商品的信息，做出采购决策，并下订单。

A. 计算机网络　　　B. 市场　　　C. 信息　　　D. 商场

2. 垂直门户是针对某一特定的行业提供产品或服务的(　　)。

A. 客户　　　　　B. 市场　　　　　C. 供应商　　　　D. 公司

3. 反向拍卖又称为"拍购""拍买"或"逆向竞价"等,它的基本原理与拍卖一致,但价格走向却(　　)。

A. 正好相同　　　B. 正好一致　　　C. 正好相反　　　D. 正好一样

4. 数据库的作用主要是存储和管理各种数据,支持决策,是电子采购必不可少的(　　)。

A. 仓库　　　　　B. 市场　　　　　C. 数据　　　　　D. 技术条件

二、问答题

1. 什么叫采购管理?它包括哪些基本职能?

2. 传统采购具有哪些弊端?

3. 电子采购的优点有哪些?

4. 实施电子采购的步骤有哪些?

三、实训题

实训内容:电子采购调查报告

1. 实训目的

随着网上购物的流行,已经有越来越多的人采用了网上采购的方式,我们希望通过实训调查报告,加深对电子采购的认识,认识到未来采购的发展趋势。

2. 实训组织

可以将10个人左右分为一组,分组对学生、老师及社会人员进行问卷调查。最后由老师指导,各组将收集的问卷调查表进行整理分析,最后得出关于电子采购现状的结论。

3. 实训题目

首先需要设计问卷调查表,可参考网上已经存在的相关调查表,设计相关的指标,如对电子采购的认可程度、如何改进电子采购环境来促进电子采购等。尽量让每个人都提出一个调查项目,最后根据调查数据,整理分析形成一份完整的关于电子采购现状的调查报告。

附:电子采购调查问卷表(教师可根据实际情况和教学任务增加问卷内容)。

电子采购调查问卷表

单位名称:

联系人(问卷后续事宜):

联系电话:

传真:

电子邮件(必填):

1. 你是否在网上买过东西(　　),如果买过,是从哪个网站上购买的?

A. 是　　　　　　B. 否

2. 对网上购物有什么看法(　　)。

A. 非常满意　　　B. 满意　　　　　C. 一般　　　　　D. 差

3. 你对本地区电子化采购远景的评价是(　　)。

A. 是改革方向　　B. 只能成为辅助手段　　C. 没必要使用

4. 你认为电子采购存在的最主要问题是(　　)。

A. 程序烦琐　　　　B. 使用不方便　　　C. 使用成本高　　　D. 系统重复建设

E. 系统功能有限

5. 你认为电子采购存在的最主要困难是(　　)。

A. 没有法律依据　　B. 现行法律制约　　C. 缺乏上网条件　　D. 缺乏安全保密性

E. 缺乏技术人才　　F. 缺乏资金

6. 调查一下可以进行网上采购的网站,它们采用的是哪种模式(　　)。

A. 卖方一对多模式　　B. 买方一对多模式　　C. 第三方门户网站

微信扫描
查看拓展资料

项目六　招标采购

知识目标	技能目标	建议学时
■ 掌握招标采购的概念和一般程序 ■ 了解招标中常见的问题及其解决方法 ■ 掌握投标、评标的程序及方法	■ 学会招标采购程序的具体使用 ■ 了解定标中常见的问题及其解决方法 ■ 学会投标书的制作	4

➤ 引导案例

中国企业如何进入全球采购系统

面对日趋频繁的跨国会司全球采购,国内许多企业缺乏与全球采购系统对接的经验,不知该如何将产品通过全球采购平台打入国际市场。下面我们就中国企业如何进入全球采购系统做粗略的介绍。

所谓进入全球采购系统,其含义应该有以下几个方面:一是建立企业自身的全球采购系统;二是成为国外企业(包括生产企业与流通企业)的供应商,进入国外企业的全球采购系统;三是成为跨国公司在中国设立的采购中心的供应商;四是成为联合国采购供应商;五是成为国际采购组织和国际采购经纪人的供应商。

策略一　实现企业采购管理模式的转换

中国传统的采购模式有六大问题:一是采购供应双方都不进行有效的信息沟通。互相封锁,是典型的非信息对称博弈过程,采购成了一种盲目行为。二是无法对供应商产品质量、交货期进行事前控制,经济纠纷不断。三是供需关系是临时的或短期的合作关系,而且竞争多于合作。四是响应用户需求能力迟钝。五是利益驱动、暗箱操作、合好求次、舍贱求贵、舍近求远。六是生产部门与采购部门脱节,造成大库存,占用大量流动资金。

现代采购模式有六大优势:一是可以扩大供应商比价范围,提高采购效率,降低采购成本;二是实现采购过程的公开化,有利于进一步公开采购过程,实现适时监控,使采购更透明、更规范;三是实现采购业务操作程序化;四是促进采购管理定量化、科学化;五是实现生产企业为库存而采购到为订单而采购;六是实现采购管理向外部资源管理转变。

企业采购管理模式的转换,就是从为库存而采购转变为为订单而采购,减少库存,加快流转速度;从对采购商品的管理转变为对供应商的管理,建立战略联盟,形成供应链管理;从传统的采购方式转变为现代采购方式,以公平、公开、公正原则,降低采购成本;采购管理从企业的一般问题提升为提高企业应变力与竞争力的战略问题;优化企业管理资源,实行流程再造,设立统一的采购部门,配备精明的采购总监。

策略二 熟悉与掌握电子商务采购模式

全球采购系统是一种电子商务采购模式,企业要进入全球采购系统就要熟悉和掌握电子商务采购模式。电子商务的产生和发展跟物流与采购活动是密切相关的。电子商务的产生使传统的采购模式发生了根本性的变革。在现代市场经济条件下,有三种采购方式可以进入电子商务,即政府采购、企业采购与个人采购,不管它是 B2B(企业与企业之间)、B2C(企业与消费者之间)还是 C2C(消费者与消费者之间),也不管它是国际的还是国内的。

电子采购商务系统目前主要是四个系统:一是网上市场信息发布与采购系统;二是电子银行结算与支付系统;三是进出口贸易大通关系统;四是现代物流系统。

策略三 成为合格供应商与选择合格供应商

对供应商评估主要是价格、质量、交货与服务四个方面。此外,还要考核这个供应商所在地的环境,即我们常说的跨国采购的四个基本要素,即价值流、服务流、信息流与资金流。

策略四 渗透跨国公司的采购程序与要求

采购的五大要素:一是持续提供一个兼具成本效益及竞争优势的采购体系;二是建立和保持一个完善的供应商网络;三是创造性地开发与运用电子采购系统,以保证全球领先地位;四是致力于提高客户的服务水准;五是吸引与培养一流的采购专业人才。

策略五 了解国际采购通用规则

全世界公认的采购法则有四个,即《联合国采购示范法》《WTO 政府采购协议》《欧盟采购指令》《世界银行采购指南》。在加入 WTO 时,中国政府并没有参加 WTO 政府采购协议。但中国政府承诺在 2020 年以前,中国向 APEC 成员开放政府采购市场。联合国采购、企业之间的国际采购则按游戏规则进行。

策略六 企业要练好内功

在经济全球化与信息化时代,企业的综合素质主要集中体现在五个方面:时间(T)、质量(Q)、成本(C)、服务(S)和柔性(F)。"时间"这里指的是对市场的反应速度。但要实现这五点,主要靠企业家素质,在一定的环境下,由一个充满活力和创造力的企业家决定一切。海尔就是一个典型例子,作为一个生产企业,海尔一方面建立了全球采购系统,但自己的产品也被许多企业列入全球采购系统,而使自己进入良性循环。这与以张瑞敏为核心的企业家队伍密不可分。

从某种意义上讲,采购与供应链管理可以使一个企业成为利润的"摇篮",同样也可以使一个企业成为利润的"坟墓"。希望有更多的中国企业进入全球采购系统,使采购成为其获得利润的"摇篮"。

问题:

中国企业进入全球采购系统的经验有哪些?

任务一　招标采购的方式

招标采购是在众多的供应商中选择最佳供应商的有效方法。它体现了公平、公开和公正的原则。招标采购是通过在一定范围内公开购买信息，说明拟采购物品或项目的交易条件，邀请供应商或承包商在规定的期限内提出报价，经过比较分析后，按既定标准确定最优惠条件的投标人并与其签订采购合同的一种高度组织化的采购方式。

招标采购方式通常用于比较重大的建设工程项目、新企业寻找长期物资供应商、政府采购或采购批量比较大等场合。目前，世界各国和国际组织的有关采购法律、规则都规定了公开招标、邀请招标、议标三种招标方式。

6.1.1　公开招标

1. 公开招标的含义

公开招标又称竞争性招标，即由招标人在报刊、电子网络或其他媒体上发布招标公告，吸引众多企业单位参加投标竞争，招标人从中选择中标单位的招标的方式。《招标投标法》第十条第二款规定，公开招标是指招标人以招标公告的方式邀请不特定的法人或者其他组织投标。

2. 公开招标的种类

按照竞争程度，公开招标方式又可以分为国内竞争性招标和国际竞争性招标，其中国际竞争性招标是采用最多、占采购金额最大的一种方式。

1) 国内竞争性招标

这类招标方式可用本国语言编写标书，只在国内媒体上登出广告，公开出售标书，公开开标。它通常用于合同金额较小、采购品种比较分散、分批交货时间较长、劳动密集型、商品成本较低而运费较高、当地价格明显低于国际市场价格等类型的商品的采购。

从国内采购货物或工程建筑可以大大节约时间，而且这种便利将对项目的实施具有重要意义。在国内竞争性招标的情况下，如果外国公司愿意参加，则应该允许他们按照国内竞争性招标参加投标，不应人为设置障碍，妨碍其公平参加竞争。国内竞争性招标的程序大致与国际竞争性招标的程序相同。由于国内竞争性招标限制了竞争范围，通常国外供应商不能得到有关投标的信息，这与招标的原则不符，所以有关国际组织对国内竞争性招标都加以限制。

2) 国际竞争性招标

这是在世界范围内进行的招标，国内外合格的投标商均可以投标。它要求制作完整的英文标书，在国际上通过各种宣传媒介刊登招标公告。它的特点是高效、经济、公平，特别是采购合同金额较大、国外投标商感兴趣的货物和工程要求必须采用国际竞争性招标。

3. 公开招标的条件

（1）公开招标须采取公告的方式，向社会公众明示其招标要求，使尽量多的潜在投标商获取招标信息前来投标，从而保证招标的公开性。

实际生活中，人们经常在报纸上看到"××招标通告"，此种方式即为公告招标方式。采取其他方式如向个别供应商或承包商寄信等方式招标的都不是公告方式，不应为公开招标人所采纳。

（2）招标人需向不特定的法人或者其他组织（有的科研项目的招标还可包括个人）发出投标邀请。招标人应通过公共媒体公布其招标项目、拟采购的具体设备或工程内容等信息，向不特定的人提出邀请。任何认为自己符合招标人要求的法人或其他组织、个人都有权向招标人索取招标文件并届时投标。采用公开招标的招标人不得以任何借口拒绝向符合条件的投标人出售招标文件；依法必须进行招标的项目，招标人不得以地区或者部门不同等借口违法限制任何潜在投标人参加投标。

6.1.2 邀请招标

1. 邀请招标的含义

邀请招标指招标人以投标邀请书的方式邀请特定的法人或者其他组织投标的招标方式。邀请招标也称为有限竞争性招标或选择性招标，即由招标单位选择一定数目的企业，向其发出投标邀请书，邀请他们参加招标竞争。一般选择 3～10 个企业参加较为适宜，当然也要视具体招标项目的规模大小而定。由于被邀请参加的投标竞争者有限，不仅可以节约招标费用，而且提高了每个投标者的中标机会。然而，由于邀请招标限制了充分的竞争，因此招标投标法一般都规定招标人应尽量采用公开招标。

2. 邀请招标的特点

（1）招标人在一定范围内邀请特定的法人或其他组织（有的科研项目的招标还可包括个人）投标。与公开招标不同，邀请招标无须向不特定的人发出邀请，但为了保证招标的竞争性，邀请招标的特定对象也应当有一定的范围，根据招投标法规定，招标人应当向三个以上的潜在投标人发出邀请。

（2）邀请招标不需发布公告，招标人只要向特定的潜在投标人发出投标邀请书即可，因此，邀请招标可以节约招标投标费用，提高效率。接受邀请的投标人才有资格参加投标，其他法人或组织无权索要招标文件，且不得参加投标。应当指出，邀请招标虽然在潜在投标人的选择和通知形式上与公开招标有所不同，但其所适用的程序和原则与公开招标是相同的，其在开标、评标标准等方面都是公开的，因此，邀请招标仍不失其公开性。邀请招标可以分两个阶段进行。当招标人对新建项目缺乏足够的经验，对其技术指标尚无把握时，可以通过技术交流会等方式广泛了解，博采众议，在收集了大量的技术信息并进行评价后，再向选中的特定法人或组织发出投标邀请书，邀请被选中的投标商提出详细的报价。

3. 邀请招标的基本要求

采用邀请招标方式的前提条件是对市场供给情况比较了解，对供应商或承包商的情况比较了解。在此基础上，还要考虑招标项目的具体情况：

（1）招标项目的技术新而且复杂或专业性很强，只能从有限范围的供应商或承包商中选择。

（2）招标项目本身的价值低，招标人只能通过限制投标人数来达到节约和提高效率的目的。因此,邀请招标是允许采用的,而且在实际中有其较大的适用性。

(3) 应当对邀请招标的对象所具备的条件做出限定,以防止出现假招标。一般其发出投标邀请书的法人或其他组织应不少于三家,而且该法人或其他组织资信良好,具备承担招标项目的能力。前者是对邀请投标范围的最低限度要求,以保证适当程度的竞争性;后者是对投标人资格和能力的要求,招标人要对此进行资格审查,以确定投标人是否能达到这方面的要求。

(4) 投标邀请书与招标公告一样,是向作为供应商或承包商的法人或其他组织发出的关于招标事宜的初步基本文件。为了提高效率和透明度,投标邀请书必须载明必要的招标信息,使供应商或承包商能够确定所招标的条件是否为他们所接受,并了解如何参与投标的程序。

6.1.3 议标

议标也称谈判招标或限制性招标,是指直接邀请三家以上合格供应商就采购事宜通过谈判来确定中标者。议标主要有以下几种方式。

1. 比价议标方式

"比价"是兼有邀请招标和协商特点的一种招标方式,一般适用于规模不大、内容简单的工程和货物采购。通常的做法是由招标人将采购的有关信息送交选定的几家企业,要求他们在约定的时间提出报价,招标单位经过分析比较,选择符合自己要求的企业,对于工期、造价、质量付款条件等细节进行协商,从而达成协议,签订合同。

❓**小思考**

采购时,要做到货比三家,货比三家指的是什么意思?

2. 直接邀请议标方式

直接邀请议标方式是指选择中标单位不是通过公开或邀请招标,而由招标人或其代理人直接邀请某一企业进行单独协商,达成协议后签订采购合同。如果与一家协商不成,可以邀请另一家,直到协议达成为止。

3. 方案竞赛议标方式

这种方式是选择工程规划设计任务的常用方式。通常组织公开,也可邀请经预先选择的规划设计机构参加竞赛。一般由招标人提出规划设计的基本要求和投资控制数额,同时提供可行性研究报告或设计任务书、场地平面图、有关场地条件和环境情况的说明,以及规划、设计管理部门的有关规定等基础资料,参加竞争的单位据此提出自己的规划或设计方案,阐述方案的优势,并提出该项规划或设计任务的主要人员配置、进度安排和完成任务的时间、总投资估算和设计等,一并报送招标人。然后由招标人邀请有关专家组成的评选委员会,选出中标单位,招标人与中标企业签订合同。对未中选的参审单位给予一定补偿。

此外在科技招标中,一般使用公开招标。招标单位在接到各投标单位的标书后,先就技术、设计、加工、资信能力等方面进行调整,并在初步认可的基础上来选择一名最理想的预中标单位并与之协商,对标书进行调整洽谈,如果双方的意见一致,就可定为中标单位,若不一致则再找第二家预中标的供应商或承包商。这样逐次协商,直到双方达成一致意见为止。这种议标方式使招标单位有更多的灵活性,可以选择到比较理想的供应商和承包商。

我国机电设备招标进行禁止采用这种方式,由于议标是通过谈判进行的,不公开,容易"暗箱操作",非法交易。即使允许使用,也会对议标方式进行严格限制。

《联合国贸易法委员会货物、工程和服务采购示范法》规定,经颁布国批准,招标人在下述情况下可采用议标的方法进行采购:

(1)属于企业急需获得该货物、工程或服务,采用招标程序不切实际,但条件是造成此种紧迫性的情况并非采购实体所能预见,也非采购实体办事延迟所致。

(2)由于某一灾难性事件,急需得到该货物、工程或服务,而采用其他方式因耗时太多而不可行。

为了使得议标尽可能地体现招标的公平公正原则,《联合国贸易法委员会货物、工程和服务采购示范法》还规定:

(1)在议标过程中,招标人应与足够数目的供应商或承包商进行谈判,以确保有效竞争,如果是采用邀请报价,不少于3家。

(2)招标人向某供应商和承包商发送的与谈判有关的任何规定、准则、文件、澄清或其他资料,应在平等基础上发送给正与该招标人举行谈判的所有其他供应商或承包商。

(3)招标人与某一供应商或承包商之间的谈判应是保密的,谈判的任何一方在未征得另一方同意的情况下,不得向另外任何人透露与谈判有关的任何技术资料、价格或其他市场信息。

任务二　招标采购的一般程序

一般来说,招标投标活动需经过策划、招标、投标、开标、评标与定标等程序。

6.2.1　策划

1. 策划

在策划阶段,要对招标投标活动的整个过程做出具体安排,包括制定总体实施方案、项目综合分析、确定招标采购方案、编制招标文件、组建评标委员会和邀请有关人员等。

1)制定总体实施方案

即对招标工作做出总体安排,包括确定招标项目的实施机构和项目负责人及其相关责任人、具体的时间安排、招标费用预算、采购风险预测以及相应措施等。

2)项目综合分析

应根据政府采购计划、采购人提出的采购需求(或采购方案),从资金、技术、生产、市场等几个方面对要招标采购的项目进行全方位综合分析,为确定最终的采购方案及其清单提供依据。

3)确定招标采购方案

这是根据项目的具体要求确定出最佳的采购方案,主要包括项目所涉及产品和服务的技术规格、标准,主要商务条款,以及项目的采购清单等。对有些较大的项目在确定采购方案和清单时有必要对项目进行分包。

4) 编制招标文件

招标人根据招标项目的要求和招标采购方案编制招标文件。招标文件一般应包括招标公告(投标邀请函)、招标项目要求、投标人须知、合同格式、投标文件格式等五个部分。

5) 组建评标委员会

评标委员会由招标人负责组建,评标委员会由采购人的代表及其技术、经济、法律等有关方面的专家组成,总人数一般为 5 人以上单数,其中专家不得少于 2/3。与投标人有利害关系的人员不得进入评标委员会,在招标结果确定之前,评标委员会成员名单应相对保密。

6) 邀请有关人员

主要是邀请有关方面的领导和来宾参加开标仪式,以及邀请监督机关(或公证机关)派代表进行现场监督。

6.2.2 招标

招标采购活动方案得到企业领导的同意后,进入第二阶段——招标阶段。招标阶段应当做以下工作。

1. 拟订招标采购工作计划

其主要内容包括:招标物资名称、规格、数量、技术质量标准、估价金额、用途、招标时间、聘请专家人数,然后报公司主管领导批准后,按确定的招标方式开展招标活动。

2. 形成招标书

物资采购主办单位,应当根据采购项目的要求认真编制招标文件;招标文件分为两个部分,即"招标标书"和"投标须知"。

由招标负责人、专家和主管领导共同编制,并密封保存,在定标前不得泄密,必要时还可以要求咨询公司代理。

3. 发送招标书

招标人在向投标供应商提供招标文件前,应按招标文件要求对供应商资信进行预审。然后采用适当的方式,将招标书送到潜在投标供应商手中。

招标人于投标截止日前若干个工作日在网上发布招标公告。凡是与招标有关的内容,需要向投标人公开的,一律在网上发布;不能公开的,也不能私下泄露给任何投标方。招标工作要本着"公开选购、公平竞争、公正交易"的原则,严格按程序办事,任何人不得更改程序和私自插进未经确定的单位参加投标,不得私自与供应厂商串通,泄露招标秘密,如有违反者,应严肃处理。

6.2.3 投标

投标供应商收到招标书后,如果投标人符合条件,并愿意投标,就可以进入第三阶段——投标阶段。投标阶段应当做以下工作:

(1) 编制投标文件。根据招标文件的要求编制投标文件。其投标文件内容主要包括投标物资明细价格表、投标项目方案及说明、技术和服务响应书、投标资格和资信、投标保证书等。投标文件加盖供应商单位印章并由法定代表人或其授权代理人签署后，以电子文档的方式在投标截止时间前，通过加密邮件发送给招标指定的邮箱。

（2）在招标规定的截止时间前按招标所规定的金额或比例交纳投标保证金，通过网上电子银行汇入招标办公室指定银行账户上。

（3）投标截止时间前，供应商可以提供补充、修改文件（亦按规定密封），也可以书面申请撤回投标，这些文件也可以用加密邮件传送给招标人指定的邮箱。

6.2.4　开标

投标结束后，将投标文件在规定的时间和地点公开进行开标，开标时可以邀请投标商和委托代表参加。这样就可以进入第四阶段——开标阶段。开标阶段应当做以下工作：

（1）招标人按规定时间和地点组织开标，开标由招标负责人主持，评委会成员、采购部门、使用单位、社会公证机构参加。开标前宣布开、评标方法和标准，该标准应当发布在网上。

（2）开标时应当众检查和启封投标书，宣读供应厂商投标文件的主要内容，宣布评标、定标原则和办法。开标时发现投标文件不符合规定要求的应宣布该投标书无效。公开招标、邀请招标、协商招标均应有两个以上有效投标才能成立。

（3）评标委员会依照"公正、科学、合法"的原则和招标文件要求进行评标。所有的投标书的相关内容亦应公布在网上，提高公正性。在满足招标文件各项要求的情况下，接近标底最低投标价中标。对于可能引起误会的做法，招标人应当给予解释。

在开标前，如果有不正当的违法行为、采购单位收到诉讼或质疑或出现突发事故，要变更或取消采购计划。

？小思考

在政府招标采购中，共有 2 家供应商投标，请问，可以开标吗？

6.2.5　评标

开标后，就可以进入第五阶段——评标阶段。评标阶段应当做以下工作：

（1）投标人可以拿自己的投标书当着全体评标小组陈述自己的投标书，并且接受全体评委的质询，必要时还要辩论。招标人对评标过程进行记录，并做出裁决书，由招标负责人、评标委员会成员签名并备案。

（2）全体评标小组成员对投标人进行分析评比，最后投票选出最优中标人。

评标是招标投标活动中十分重要的阶段，评标是否真正做到公正、公平，决定着整个招标投标活动是否公平和公正，而且关系到投标活动的成败。所以评标委员会的组成和工作程序必须有严格的规定。评标委员会不少于 5 人，依照《招标投标法》第 37 条的规定，评标委员会必须有技术、经济等方面的专家，且人数不得少于成员总数的 2/3。供应商通过技术咨询对项目的提前介入，不可避免地使用户具有了某种程度上的倾向性，此外，从用户的角度往往希望技术先进一些，指标高一些，这在主观上也造成对评标结果的不公。因此，缺乏技术专家参与评标委员会往往在技术上会倒向一边,并导致评标委员会中商务与技术两方面的对立。

6.2.6 定标

经过专家评比分析后,选择出中标人,这样就可以进入最后阶段——定标阶段。定标阶段应当做以下工作:

(1)评标结束后,招标办公室应在 3 个工作日内以电子文档的形式向中标供应商发出"中标通知书",同时向落标供应商发出"落标通知书"。

(2)中标人在接到"中标通知书"后,应接通知指定时间、地点,双方签订物资供需合同。

上述六个阶段基本完成了整个招标采购业务活动。不同国家和地区的招标程序会因实际情况略有所变化,但不会存在太大差异。

任务三　招标采购的准备

6.3.1 资格预审通告的发布

资格预审对于大型或复杂的成套设备或土建工程,在正式组织招标以前,如果有必要进行资格预审时,招标人应事先在指定的媒体上发布资格预审通告,说明预审资格的要求、发售资格预审文件的时间、地点及提交资格预审文件的最迟日期。通过资格预审,缩小投标人的范围,避免不合格投标人不必要的支出,同时也减轻了招标人的工作量,提高工作效率。

1. 资格预审的内容

资格预审的内容主要涉及两部分,即基本资格预审和专业资格预审。

(1)是否注册、是否破产、有无存在违法违纪行为。

(2)投标人的合法地位、信誉等情况。

(3)以往的相关工作经验、业绩。

(4)承担此项目所配备的人员情况。

(5)承担此项目配备的机械、设备等情况。

(6)投标人的财务状况等情况。

(7)售后维修服务包括人员结构、维修网点的分布等。

2. 资格预审程序

在招标人进行资格预审时,要编制资格预审文件,并邀请潜在的投标人参与资格预审,发售资格预审文件,然后进行资格评定。

(1)编制资格预审文件。不同国家和地区通常对资格预审文件的格式和基本内容有统一规定,并制定标准的资格预审文件范本。在招标采购中,资格预审文件一般由招标人编制,也可以由招标人参与由咨询机构协助编制。

(2)招标人邀请潜在的投标人参加资格预审。资格预审一般通过官方媒体发布预审通告进行的。具体内容包括招标人的名称、采购项目名称、规模、主要工程量、开工时间、完工时间、发售资格预审文件的时间、地点和售价,以及提交资格预审文件的最迟时间。

(3)发售资格文件和提交资格预审申请。资格预审通告发布后,招标人应立即开始发售资格预审文件,并在规定的时间内接受投标人提交的资格预审申请书,截止期后所提交申请书一律拒收。

(4)资格评定招标人在规定的时间内,按照通告中规定的标准和方法,对提交资料预审申请书的投标人的资格进行审查。只有经审查符合条件的投标人才有资格继续参加投标。

6.3.2 招标文件的准备

招标文件是整个招投标活动的核心文件,是招标方全部活动的依据,也是招标方的智慧与知识的载体。因此,拟订一个高水平的招标文件,是搞好招标采购的关键。

招标文件没有一个完全严格不变的格式,招标企业可以根据具体情况灵活地组织招标文件的结构。但是一般情况下,一个完整的招标文件应当包括以下八项内容。

1. 招标邀请书

招标邀请书也称招标书,其主要内容是向未定的投标方说明招标的项目名称和简要内容,发出投标邀请,说明招标书编号,投标截止时间、投标地点、联系电话、传真、电子邮件地址等。招标书应当简短、明确,让读者一目了然,并得到基本信息。

2. 投标人须知和投标资料表

投标人须知是招标文件的重要组成部分,它是采购企业对投标人如何投标的指导性文件。其内容包括投标条件、有关要求及手续等,具体有资金来源;对投标商的资格要求;货物产地要求;招标文件和投标文件的澄清程序;投标文件的内容要求、语言要求;投标价格和货币规定;修改和撤销投标的规定;标书格式和投标保证金的要求;评标的标准和程序;国内优惠的规定;投标程序;投标有效期;投标截止日期;开标的时间、地点等。

投标资料表是关于拟采购货物的具体资料,是对投标人须知的具体补充和修改,如果有矛盾的话,应以投标资料表为准。投标人须知和投标资料表都是指导投标商编制投标文件的重要文件,都不包含在采购企业与投标商签订的合同中。

3. 合同条款

合同条款包括一般合同条款和特殊合同条款,它们是采购企业与供应商签订合同的基础。一般合同条款适用于没有被本合同其他部分的条款所取代的范围,特殊合同条款是对一般合同条款的补充。一般合同条款内容包括买卖双方的权利和义务;运输、保险、验收程序;价格调整程序;付款条件程序以及支付货币规定;履约保证金的数量、货币及支付方式;不可抗力因素;延误赔偿和处罚程序;合同中止程序;解决争端的程序和方法;合同适用法律的规定;有关税收的规定等。特殊合同条款内容包括:交货条件;履约保证金的具体金额和提交方式;验收和测试的具体程序;保险的具体要求;零配件和售后服务的具体要求等。

4. 技术规格

技术规格是招标文件和合同文件的重要组成部分。它规定所要采购的设备和货物的性能、标准以及物理和化学特征。如果是特殊设备,还要附上图纸,规定设备的具体形状。

货物采购技术规格一般采用国际或国内公认的标准。

5. 投标书的编制要求

投标书是投标供应商对其投标内容的书面声明,包括投标文件构成、投标保证金、总投标价和投标书的有效期等内容。投标书中的总投标价应分别以数字和文字表示。投标书的有效期是投标商确认受其投标书约束的期限,该期限应与投标须知中规定的期限一致。

6. 投标保证金

投标保证金的作用是防止投标商在投标有效期内任意撤回其投标,或中标后不签订合同,或不缴纳履约保证金,使采购方蒙受损失。

投标保证金的金额不宜过高,可以确定为投标价的 1%～5%,也可以定一个固定数额。由于按比例确定投标保证金的做法很容易导致报价泄露,因而确定固定投标保证金的做法较好,它有利于保护各投标商的利益。国际性招标采购的投标保证金的有效期一般为投标有效期加上 30 天。

投标商有下列行为之一的,应没收其投标保证金:投标商在投标有效期内撤回投标;投标商在收到中标通知书后,不按规定签订合同或不缴纳履约保证金;投标商在投标有效期内有违规违纪行为等。

在下列情况下应及时把投标保证金退还给投标商:中标商已按规定签订合同并缴纳履约保证金;没有违规违纪行为的未中标投标商。

❓小思考

你认为保证金和定金有哪些不同?

7. 供应一览表、报价表和工程量清单

供应一览表应包括采购商品品名、数量、交货时间和地点等。在国境内提供的货物和在国境外提供的货物在报价时要分开填写。在报价表中,境内提供的货物要填写商品品名、商品简介、原产地、数量、出厂单价、出厂价境内增值部分占的比例、总价、中标后应缴纳的税费等。境外提供的货物要填写商品品名、商品简介、原产地、数量、离岸价单价及离岸港、到岸价单价及到岸港、到岸价总价等。工程量清单由分部分项清单、措施项目清单和其他项目清单组成,应由具有编制招标文件能力的招标人或受其委托具有相应资质的中介机构进行编制。

8. 投标文件格式

有的招标文件把这一部分叫作"附件"。这一部分很重要,就是要告诉投标者,他们将来的投标文件应该包括一些什么文件,每种文件的格式应当如何。例如,有一份招标文件,把这一部分作为附件:

附件一,规定了投标书的格式。

附件二,规定了资格文件的内容,包括投标方公司全称;公司历史简介及现状;公司运营执照(商业登记证书)复印件;公司的组织结构和主要成员及属于何集团;开户银行名称和开户银行出具的资格证明书;有关授权代理人的资料和制造商的授权书(若投标方为代理商);质量保证能力;提供 2～3 个能代表其公司业绩水平,且与本项目类似的项目简介,如项目名称、项目单位联系方法、实施时间、内容等,出具工程验收证明。

附件三,包括完成项目的详细方案和技术说明要求。

总之,这一部分规定了投标方投标时所需要提供的所有文件的内容和格式。

任务四　投标、评标的程序及方法

6.4.1　投标

1. 投标准备

标书发售后至投标前,投标人要根据实际情况合理确定投标准备时间。投标准备时间确定得是否合理,会直接影响招标的结果。投标涉及的问题很多,投标商要准备预算、编制计划、考察项目现场、寻找合作伙伴和分包单位。如果投标准备时间太短,投标商就无法完成或不能很好地完成各项准备工作,投标文件的质量就不会很理想,直接影响到后面的评标工作。

2. 投标人

参与投标的投标人可以是法人、个人或两个以上的法人、其他组织机构组成的联合体。但是投标人必须具备能够承担招标项目的能力和规定的资格条件。

3. 投标文件

投标文件是描述投标人实力和信誉状况、投标报价竞争力及投标人对招标文件响应程度的重要文件,也是评标委员会和招标人评价投标人的主要依据。投标人在物资和实力能够满足招标文件要求的前提下,编制出高水平的投标文件,是在竞争中能否获胜的关键。

投标文件的内容要根据招标的内容要求文件来进行准备,投标的主要内容要体现在投标书上。

投标书是对于招标文件做出的书面回应,投标书中的基本内容主要表明参与招标项目投标的意愿、简要说明该招标项目的标底和主要条件。同时招标书要对投标文件的组成及附件、正本数和副本数做出说明,并声明投标人愿意遵守哪些招标文件给出的具体约定、规定、义务,最后要由授权代表签字盖章。

此外,投标文件的内容还要包括项目人员配备情况,包括简历、业绩等。另外,注意投标文件应该在招标文件规定的截止时间前送达投标地点。如果投标人需要修改、补充或撤回已提交的投标文件,应通知招标人。

6.4.2　评标的步骤

评标过程的科学性和合理性可以避免不公平竞争现象,有助于评标工作的顺利进行,因此要科学合理地制定评标程序,对于最终选择比较优秀的供应商至关重要。初步评标的内容一般包括以下几个阶段。

1. 初步评标

初步评标包括以下内容:

（1）投标人资格是否符合条件；

（2）投标文件是否符合招标文件的要求；

（3）投标文件的内容是否完整；

（4）投标人是否按规定方式提交投标保证金；

（5）有无计算上的错误等。

经过招标人初步评标后，如果投标人资格不符合要求，或投标文件未做出实质性的反应，都应作为无效投标处理。凡是符合要求的投标人，就要核定投标书中的相关指标有无计算和累计方面的错误。在修改计算错误时，必须要遵循两条原则：如果数字表示的金额与文字表示的金额不一致，要以文字表示的金额为准；如果价格和数量的乘积与总价不相等，要以单价为准。但是如果采购单位认为有明显的小数点错误，此时要以标书的总价为准，并修改单价。如果投标人不接受根据上述修改方法而调整的投标价，可拒绝其投标并没收其投标保证金。

2. 详细评标

只有在初步评标中确定为基本合格的招标人，才有资格进入下一步详细评定和比较阶段。依据招标文件的规定，并按评标价由低到高，评定出各投标的排列次序。在评标时，当出现最低评标价远远高于标底或缺乏竞争性等情况时，应废除全部投标。

3. 编写并上报评标报告

评标工作结束后，应由采购单位编写评标报告上报采购主管部门。评标报告具体内容包括以下几个方面：

（1）招标通告刊登的时间、购买招标文件的单位名称；

（2）投标商名单；

（3）开标日期、开标汇率；

（4）评标的原则、标准和方法；

（5）价格评比基础；

（6）投标报价以及调整后的价格；

（7）授标建议和意见。

4. 资格后审

如果在投标前没有进行资格预审，在评标后则需要对最低评标价的投标人进行资格后审，如果审定结果认为这个投标人有资格、有能力承担合同任务，就可以授予其合同，如果认为其不符合要求，则应对下一个评标价最低的投标人进行类似的审查，直到选出合适的投标人。

5. 授标与合同签订

在投标有效期内将合同授予最低评标价投标人。决标后，在向中标投标人发中标通知书时，也要通知其他没有中标的投标人，并及时退还投标保证金。具体的合同签订方法有以下两种：

（1）在招标人向中标投标人发中标通知书的同时，将合同文本寄给中标人，让其在规定的时间内签字退回。

（2）中标人收到中标通知书后，在规定的时间内，派人前来签订合同。合同签字并在中标供应商按要求提交了履约保证金后,合同就正式生效,采购工作进入了合同实施阶段。

6.4.3 评标、决标的方法

评标的方法要根据招标文件确定的标准和方法,对每个投标人的标书进行评价和比较,以评出合适的投标商。为了保证评标的公正和公平性,评标必须以招标文件为依据,不得使用招标文件以外的标准和方法进行评标,也不得改变招标的确定的标准和方法。目前,评标方法很多,最常用的,也最有实际操作性的评标方法有四种:以寿命周期成本为基础的评标方法、以最低评标价为基础的评标方法、综合评标法以及打分法。

1. 以寿命周期成本为基础的评标方法

采购整套厂房、设备或生产线、车辆等在运行期内的各项后续费用(零配件、油料、燃料、维修等)很高的设备时,一般采用寿命周期成本为基础的评标方法。

在计算寿命周期内成本时,可以根据实际情况,评标时在标书报价的基础上加上一定运行期年限的各项费用,再减去一定年限后设备的残值,即扣除这几年折旧费后的设备剩余值。在计算各项费用或残值时,都应按标书中规定的贴现率折算成净现值。

下面以家电为例,按寿命周期成本评标应计算的因素如下:

(1) 家电装配线价格;

(2) 根据标书偏离招标文件的各种情况,包括零配件短缺、交货延迟、付款条件等进行调整;

(3) 估算家电装配线寿命期所需零件及维修费用;

(4) 估算寿命期末的残值。

2. 以最低评标价为基础的评标方法

最低评标价是指以价格为主要因素确定中标后选择供应商的评标方法。即在全都满足招标文件实质性要求的前提下,评标委员会以招标确定标的物的标底为依据,评定出投标价格最接近标底价为依据,评定出投标价格最接近标底价的单位为中标单位的评标方法。在采购简单的原材料、半成品、商品以及其他性能质量相同或容易进行比较的货物时,价格可以作为评标考虑的唯一因素。以价格选择中标人的尺度,合同一般授予给投标价格最低的投标人。

这个价格不是指最低报价,而是指最低评标价。最低评标价有其价格计算标准,即成本加利润。其中,利润为合理利润,成本也有其特定的计算方法。

(1) 如果采购的货物是从国外进口的,报价应以包括成本、保险运费的到岸价(CIF)为基础。

(2) 如果采购的货物是国内生产的,报价应以出厂价为基础来报。出厂价应包括:生产、供应货物而从国内购买的原材料和零配件所支付的费用以及各种税款。

这种方法操作简单,应用范围广,是评标最常用的方法。但也存在一些不足,缺乏科学性,只注重考虑价格因素而忽略其他影响因素。

3. 综合评标法

综合评标方法是指最大限度地满足招标文件实质性要求的前提下,按照招标文件中规定的各项因素进行综合评审后,选出最优的中标人的评标方法。此方法一般用于采购耐用的货物,如汽车、发动机、设备。

在采用综合评标方法时,评标中除考虑价格因素外,还应考虑下列因素,如内陆运费和保险费、交货期、付款条件、零配件的供应和售后服务情况、货物的性能、生产能力以及配套性和兼容性、技术服务和培训费用等。

在实际运用中,要根据招标文件中的规定和不同的采购情况灵活掌握,但每个因素都必须量化。具体评标的处理办法分别如下。

1) 内陆运费、保险费及其他费用

在计算内陆运费、保险费及其他费用时,可采用下列方法:① 可按照铁路(公路)运输、保险公司以及其他部门发布的费用标准,来计算货物运抵最终目的地将要发生的运费、保险费以及其他费用,然后把这些费用加在投标报价上。② 让投标商分别报出货物运抵最终目的地所要发生的运费、保险费以及其他费用,这部分费用要用当地货币来报,同时还要对所报的各种费用进行核对。

2) 设备性能、生产能力的配套性或兼容性

如果投标人所投设备的性能、生产能力没有达到技术规格要求的基准参数,凡每种技术参数比基准参数100点降低的,将在报价基础上增加若干金额,以反映设备在寿命周期内额外增加的燃料、动力、营运的成本。

3) 交货期

在确定交货期时,可根据不同的情况采用下列办法:① 可以按招标文件中规定的具体交货时间为基准交货时间,早于基准交货时间的,评标时也不给予优惠,若迟于基准时间,每迟交一个标准时间(一天、一周、十天或一个月等),可按报价的一定百分比换算为成本,然后再加在报价上;② 如果根据招标文件的规定,货物在合同签字并开出信用证后若干日(月)内交货,对迟于规定时间、但又在可接受的时间范围内的,可按每日(月)一定的百分比乘以投标报价再乘以迟交货的日(月)数,或者按每日(月)一定金额乘以迟交货的时间来计算,评标时将这一金额加在报价上。

4) 付款条件

投标人必须按照合同条款中规定的付款条件来报价,对于不符合规定的投标,可视为非响应性投标予以拒绝。但对于采购大型成套设备可以允许投标商有不同的付款要求,提出有选择性的付款计划,这一选择性的付款计划只有在得到投标人愿意降低投标价的基础上才能考虑。如果投标人的付款要求偏离招标文件的规定不是很大,尚属可接受的范围,在这种情况下,可根据偏离条件给采购实体增加的费用,按标书中规定的贴现率算出其净现值,加在报价上,供评标时考虑。

5) 零配件的供应及售后服务情况

如果投标人已在境内建立了零配件和售后服务的供应网点,评标时可以在报价之外不另加费用,但是如果投标人没有提供上述招标文件中规定的有关服务,而需由采购实体自行安排和解决的,在评标时可考虑将所要增加的费用加在报价上。

6）技术服务和培训费用

投标人在标书中应报出设备安装、调试等方面的技术服务费用以及有关培训费，这些费用应加在报价上一并供评标时考虑。

4. 打分法

打分法是指满足招标文件实质性要求的前提下，按照招标文件中规定的各项因素进行评审后，以评标得分最高的投标人作为中标人的评标方法。评标时通常要考虑多种因素，可以按这些因素的重要性确定其在评标时所占的比例，既可以将每个因素打分，又可以综合比较分析。

打分法考虑的因素包括投标价格、内陆运费、保险费及其他费用、交货期、偏离合同条款规定的付款条件、备件价格及售后服务、设备性能、质量、生产能力、技术服务和培训等。

采用打分法评标时，总分 100 分。首先确定每种因素所占的分值。通常来说，分值在每个因素的分配比例为：投标价（60~70 分）；零配件（10 分）；技术性能、维修、运行费（10 分）；售后服务（5 分）；标准备件等（5 分）。

如果采用打分法评标，考虑的因素、分值的分配以及打分标准均应在招标文件中明确规定。

打分法的优点在于综合考虑，方便易行，能从难以用金额表示的各个投标中选择最好的投标。其缺点在于难以合理确定不同技术性能的有关分值和每一性能应得的分数，有时会忽视一些重要的指标。

任务五　网络招标

6.5.1　网络招标的作用

网络招标是以招投标相关法律法规为依据，以信息技术为依托，通过互联网发布信息、下载标书、投标、开标、评标、合同授予等工作环节，实现招投标活动的电子信息系统。信息技术在信息传播领域中具有及时性、广泛性等特点，为招投标采购活动公开、公证提供了技术保障，说明了电子化推动了采购活动本身的公开和透明。

1. 提高招标采购效率，降低采购成本

招标采购能够缩短招标项目采购周期，节约采购活动的时间，提高采购效率。据调查，在目前由世界银行资助的一项有关我国电子化采购活动中，77.1% 的被调查者认为实施电子化采购能显著提高管理效率，38% 的被调查者认为管理效率有一定提高。

实施网络招标，招标人、投标人、中介机构所负担的差旅费、运输费、印刷费等直接费用也有很大程度的降低。据统计，韩国实施电子采购每年可以节约近 45 亿美元的交易成本，差旅费和运输费用节约近 41 亿美元。

2. 节约资源和保护环境

招投标工作要为国民经济和社会发展的全局服务，建设资源节约型和环境友好型社会、加强和谐社会建设等指导原则和政策,贯彻到招标投标的具体活动中去。目前,有些招标人要求投标商提交资审文件和投标文件有的可达一正本六副本,而在实际过程中投标人往往要准备 10 份文件以防不时之需。如果以每份文件 2 公斤计算,假设一个项目有 10 家投标人,则会使用纸张约 200 公斤,据有关数据,制造 1 吨纸需砍树 520 棵左右,这个项目光是投标环节的纸张使用就要砍掉 105 棵树。每年在中国采购与招标网上发布的招标项目近 20 万个,依上数据,完成这些项目就要砍掉超过 2 000 万棵树。我国的人均森林面积和蓄积量均排在世界 120 位以后,这些消耗无疑是对自然资源的浪费。因此,推广采购电子化,是招标业界对我国环境保护和资源节约的一大贡献。

3. 降低腐败现象的发生

在我国,社会公众比较关注政府和公共资金的支出情况。加强招标采购透明化建设,让社会公众了解到招标采购活动的整个过程,这样在招标中出现的"暗箱操作"等现象,通过社会公众的"阳光监督"机制下,得以最大限度地避免。

将招标采购情况在网上公布是防止行业腐败的有效机制。社会公众可以通过互联网了解采购行为的全过程,实现其知情权和监督权,发挥公众和社会监督的作用。例如,北京市颁布的《北京市城市基础设施特许经营者招标投标程序性规定》中,就增加了招投标信息公示的内容,这些措施取得了很好的社会效果。

4. 规范市场秩序

国家虽然颁布并实施了《招标投标法》等法律、法规,但是在实际招标过程中,有法不依、执法不严的现象依然存在。网上招标建立在公开、公平、公正的投标环境,规范了市场秩序,防止上述现象的发生。

6.5.2 招投标制度及招标采购运作模式

1. 招投标制度

招投标制度就是一种规范的比价采购模式。在国际通行的招投标制度(如世界银行采购招标程序、国际土木工程师协会 FIDIC 招标程序)中,对询价和定价的每一步操作均做出了详细的规定和说明。特别突出在以下三个方面:

(1) 严格的操作程序、规则和标准招标文件。

(2) 具体和明确的技术要求和计量规则。

(3) 详细而全面的标准合同条件。

对于大型和复杂的采购项目,招投标制度的优点是非常明显的。近年我国政府开始推行招投标制度并首先在政府采购和建筑工程项目管理方面应用,取得了良好的效果。

招投标制度本身并不复杂,但对于绝大多数企业来说,全面实行招投标制度是很不容易的。首先,招投标要求有具备足够法律和商务知识并经过专业训练的人员进行具体操作,这对中小型企业来说是不经济的。这些都限制了招投标制度的应用。不过招投标制度的基本思想仍然是非常有价值的,如对承包商进行资格预审,排除不合格的卖方,报价密封及公证开标,防止恶意操纵等。

2. 招标采购运作模式

1）政府采购招标

政府采购招标一般都是国家财政出钱，招标范围广、量多、频次高，一般针对的是万元以上额度的采购。对于耗材、DIY散件等商品，以前都采用政府定点供应商的办法，通过招标选择定点供应商，但现在有的地方已取消此办法，因为这种方式不符合市场经济原则，会滋生新的不公，便利性也差，所以，已开放管制。

目前，政府招标采购办都会对IT企业进行资质认证，一般应有厂家的代理资质，实在没有也要有临时资质。通过认证后，在本年度就可以参与投标。这里，不同政府用的招标方法不一样，有的采用电子商务模式，实行网上招标，有专门的网页，这样，所有通过资质认证的企业都可以实时参与。还有的采用书面标书形式，标书是免费的，但是要想得到标书就要首先知道有标书，这个信息有两个渠道：一是采购办的人通知企业；二是用户通知企业。这种方式，首先就限制了参与者，企业不可能每个标书都得到信息，采购办的人会根据其主观判断来办理。通知谁，不通知谁是有选择的，这自然就涉及人际沟通。

政府采购招标有严格规定，如果发现企业违规，三年内严禁其参与投标。但如何算违规，谁去管理，目前没有明确界定。

2）行业投标

行业投标不像政府投标那样规则一致，不同行业有自己的规定，做法差异较大。大行业如电信、农垦、银行等都有自己常设的招标采购机构，有的还聘请评标专家组由相关职能部门如计财、纪检、审计、法规等多方组成。有的行业规模较小，没有专门机构负责，一般由信息或科技管理部门分管。

行业投标有的不承诺最低价中标，原因是行业面窄、专业性强。注重对业务层面的了解，所以，有时会对标书的细节做些讨论，也往往带有一些倾向性。

行业招标并不十分规范：一是有的行业有自己内部建立的相关公司，所以，一般招标会倾向于自己内部公司，毕竟由于体制等多方面的问题，平衡和妥协也是需要的；二是有的行业还没有建立科学的招标体制，往往投标就是走一种形式和过场，主要工作基本上在投标之前就已做好了。

3）投标公司

投标公司是商业机构，一般受市场用户委托。靠卖标书收取标的额手续费而生存，往往承接的是一些较大的项目招标。它的招标信息一般由内部刊物刊登。它一般不拒绝企业参与招标，相反，标书卖得越多越好。开标、唱标一般有一个固定时间，由用户及相关专家到场。大家都可以参与，相对公正。当然，有时参与投标的公司搞些"猫腻"也是存在的。

➤ **案例分析**

电脑的招标采购

1. 案例背景

本项目为电脑采购项目，于2016年8月23日下达采购中心，被列入政府采购范围。这次联合集中采购计算机为3 120台，涉及120个单位，分布在全市的各个地方。计算机的配置要求高，其中120台计算机的配置要求为当前最先进配置，具有极高性能价格比的高档多媒体 PC 机。

2. 招标准备

由于本次招标计算机数量多,所以在确定招标方式上,既考虑到 120 个单位需要计算机的紧迫性,又考虑到采购程序的严密性、招标范围的公开性,最终把招标方式确定为公开招标。8 月 24 日以公开招标的方式在政府采购网站发布招标公告,并在当地报纸上发布招标公告。

招标文件编制的具体做法是将计算机分为 A、B 和 C 三个包,A 包为 2 000 台计算机,B 包为 1 000 台计算机,C 包为 120 台高档计算机。这样分主要考虑到两个因素:其一,要求制造供应商供货时间短,3 000 台计算机可能的话由两家供应商提供,缩短制造周期;其二,120 台高档计算机要求配置高,性能稳定可靠,兼顾到中高档国内外品牌的投标、中标机会。随后开始出售标书,共有 15 家公司购买了招标文件。

3. 招标过程

9 月 6 日在政府采购中心开标,特别邀请公证处的两位公证员开标公证,邀请政府采购监督小组的两位监督员作为监标人,评标专家由政府采购中心提供,在评标当天通知采购中心,保证了评标专家的保密性和公正性。邀请四位资深专家和一位使用单位人员组成评标小组,评标小组决定 3 000 台计算机项目授予 L 公司,120 台高档计算机项目授予 T 公司。

4. 履约合同

9 月 10 日与 L 公司签订合同,L 公司授权,具体工作由 B 公司实施。9 月 14 日与 T 公司签订合同,T 公司授权,具体工作由 Q 公司实施。随后采购中心与使用单位、中标单位、被授权单位召开了协调会议,达成"工作安排备忘录"。

在各单位具备安装条件的情况下,10 月 13 日完成了计算机的安装调试。为保证该项目的顺利实施,B 公司和 Q 公司做了大量的工作(事前准备、调查,事中协调、联系用户等),全心全意地为使用单位服务,最大范围内满足使用单位提出的要求。

5. 后记

定标与签订合同之后,采购中心的工作并未完成,监督履约和项目的验收及付款等是政府采购工作的重要环节。项目的执行责任人必须与供应商、买方、出资方保持经常的联系,了解履约中出现的问题,及时进行协调,这方面的工作今后有待加强。

本次招标项目节约资金 364.8 万元,节约率达 21.9%,效果比较明显。

对于公开招标的项目,要做到公正、公平,其重点在于评标小组的组成。使用单位往往作为评标小组的组成人员之一,在评标时专家评委经常首先倾听他们的意见,而使用单位有可能提出一些片面的带有某些导向性的意见,如何避免类似的问题有待思考。

为了确保大批量计算机的供货质量,在签订供货合同的时候,特别增加了一条,就是在计算机送到单位后,抽出一定数量机器到技监部门做性能和防辐射检测,合格后再使用。因此,供应商在制造计算机时,势必加强对产品质量的控制,使用户对政府采购感到放心满意。

(资料来源:牛鱼龙:《经营物流:采购与销售》,北京:海天出版社,2014 年版)

问题:

电脑的招标采购应注意哪些问题?

任务六　招标中常见问题及其解决

自《招标投标法》实施以来,我国招标投标市场发展总体是好的,招标投标活动日趋普及,招标投标领域不断扩大,已经成为经济生活的重要内容。但是,招标投标活动中仍然存在一些不容忽视的问题,妨碍了《招标投标法》的实施,扰乱了市场经济秩序,滋生了腐败现象。为了整顿和规范市场经济秩序,创造公开、公平、公正的市场经济环境,推动反腐败工作的深入开展,必须加强和改进招标投标行政监督,在实践中要及时发现问题,及时采取相应的措施解决问题,进一步规范招标投标活动。

6.6.1　招标代理的选择

1. 招标代理选择的条件

招标代理机构,是依法设立的、从事招标代理业务并提供相关服务的社会中介组织。其机构应具备下列条件。

1) 具有营业场所和相应资金

这是开展业务所必需的物质条件,也是招标代理机构成立的外部条件。营业场所,是提供代理服务的固定地点。相应资金,是开展代理业务所必要的资金。

2) 要符合相关规定

《招标投标法》第三十七条第三款规定条件,可以作为评标委员会成员人选的技术、经济等方面的专家库。有符合法律规定,可以作为评标委员会成员人选的技术、经济等方面的专家库。参加评标委员会的专家,应当占评标委员会总人数的三分之二以上,应当在从事相关领域工作满八年,并且有高级职称或具有同等业务水平,由招标人从国务院有关部门或由省、自治区、直辖市人民政府有关部门提供,或者在代理招标机构的专家库内相关专业中确定。

3) 具有编制招标文件和组织评标的专业力量

是否能够编制招标文件和组织评标,既是衡量招标人能否自行办理招标事宜的标准,也是招标代理机构必须具备的实质要件。从整个招标投标程序看,编制招标文件和组织评标是其中最重要的两个环节。招标文件是整个招标过程中遵循的基础性文件,是投标和评标的依据,也是合同的重要组成部分。招标文件是联系、沟通招标人与投标人的桥梁,是直接影响招标质量的关键。招标文件还是顺利组织评标,公平、公正评定中标人的重要保证,能否组织高质量的招标文件,组织好评标活动,是招标代理机构应具备的实质性要件。

2. 招标代理存在的问题

1) 招标代理机构备案问题

现在具有建设工程招标代理甲级资格的招标代理机构到异地开展招标代理活动之前,需要到当地建设行政主管部门进行备案,备案的内容与招标代理机构再次申请甲级资质无异(甚至更为复杂),有的省份还要求法定代表人亲自到场递交备案资料,这种做法是对建设部颁发的资质证书公信力的一种挑战,同时增加了社会成本,建议开设招标代理机构信用查询平台,打破招标代理行业地方封锁、垄断的局面,促进全国代理市场的规范发展。

2)招标代理机构的专家库问题

根据建设部对招标代理机构的要求,具有资质的招标代理机构一定要组建独立的专家库,主要是考察招标代理机构编写招标文件和参与评标的技术支持能力。实际上,目前,全国几乎没有哪个地方在评标时从招标代理机构的专家库中抽取专家,如何让招标代理机构的专家库发挥作用,提升招标代理机构的服务深度也是值得研究的问题。

3)招标代理的收费问题

尽管国家发改委等部委发布了招标代理的收费规定,但目前招标代理的收费方式、收费范围、收费比例各不相同,事实上,对招标代理的收费标准的规定似乎可以更加灵活,或分出不同服务深度,更加合理、有效。

3.加强招标代理的管理

1)依法整顿和规范招标代理活动

招标代理机构必须与行政主管部门脱钩,并不得存在任何隶属关系或者其他利益关系。凡违反《招标投标法》和《行政许可法》规定设立和认定招标代理机构资格的行为,一律无效。建立健全招标代理市场准入和退出制度。招标代理机构应当依法经营,平等竞争,对严重违法违规的招标代理机构,要取消招标代理资格。招标代理机构可以依法跨区域开展业务,任何地方和部门均不得以登记备案等方式变相加以限制。

2)要建立招标代理职业道德标准及信用评价体系

建立健全各项规章制度,以加强代理机构管理,整合招标代理队伍,促进其向规范化、法制化方向发展;同时,要加强代理从业人员的培训,提高其综合协调能力、语言交流能力、社交能力、写作能力等多方面的才能,构筑一个复合型的人才高地。要强化职业道德水平,提高从业人员的整体素质。

3)建立和完善招标投标行业自律机制

推动组建跨行业、跨地区的招标投标协会。由协会制定行业技术规范和行为准则,通过行业自律,维护招标投标活动的秩序。

4)要发挥行业协会的职能

充分发挥行业协会桥梁纽带作用,加强政府与企业间的交流与沟通,组织资格管理、人员培训、学术讨论、市场调研等工作,及时了解企业对政府管理、行业发展的意见和建议,并提出对策,为政府部门制定政策提供支持,要重点培育一批上规模、上水平的代理机构,积极培育招标代理市场,激活招标代理市场,扩大需求,要加强代理同行的交流和代理发展的科学理论研究。

对此,招标代理机构必须清醒地认识现状,理清思路,进一步抢抓机遇,力求在短期内提高企业素质,提升核心竞争力,迎接国际化竞争的挑战。同时,政府部门也将进一步转变政府职能,完善管理体制,使其更适应市场经济和参与国际经济合作与竞争的要求,逐步实现管理行为法制化、管理形式科学化、管理主体知识化、管理过程信息化,提高行政管理水平和公共服务能力。

6.6.2 投标的标底

标底是招标单位的绝密资料,不能向任何无关人员泄露。标底一般是以概预算为基础编制的,标底价包括招标工程总造价、单元造价、钢材、木材、水泥总用量及其单方用量,其中没有三材指标而需要议价采购的应注明其数量、单位价差及差价总金额。招标工程总造价中的所含各项费用的说明,包括包干系数或不可预见费用的说明和工程特殊技术措施费的说明。

1. 标底的作用

标底能够控制投标人为控制压低标价的情况。标底可以提供一个公平、公正的参照坐标,使其各方面合理、合法利益得到应有的保障。但是标底也存在一定的局限性。使投标人想方设法获取标底,并向标底靠拢,这样会造成投标人的报价很难反映出真实的质量水平。

?小思考

你认为应该如何保证标底不被泄密?

2. 标底编制的程序

规范的标底编制程序是保证标底质量的重要条件。编制标底一般按下列程序进行:

(1) 首先确定编制标底的配备人员。编制标底一般需要 2~3 名工作人员进行,参与标底编制的人员必须熟悉采购业务,客观公正,有较强的事业心和责任感。

(2) 然后进行市场调查。不管是什么采购项目,编制标底时都必须进行必要的市场调查。这是编制标底的必经程序。

(3) 编制和确定标底。标底必须确定采购项目总的价格,但对持续一定时间的制造、修理、加工、买卖、供给、使用等合同可以以单价作为标底。

(4) 最后进行密封标底,并将标底送受托的招标机构保存。

3. 标底编制原则

编制标底要以招标项目批准的预算为依据,如果编制的标底高于预算,采购人必须按照法定程序变更预算后,才可以委托招标。在实际工作中,标底一般根据以下原则确定:

(1) 正常交易时以市场价格作为编制标底的基本依据。市场价格一般以权威机构所统计价格为准,同类产品如果有几个品牌且价格不同时,可选择居中的一种的价格作为市场价格。

(2) 无法确定市场价格时,参考交易实例价格编制标底。

(3) 依法管制价格时以管制价格作为标底。

(4) 因新开发品、特殊规格品等特殊物品以及劳务的特殊性,无市场价格和适当的交易实例价格时,可以以成本加利润的方法确定标底。编制标底时,还应当考虑合同的数量、履行的前景、履行的期限、供货状况、合同条件等其他有关情况。

4. 投标的标底存在的问题及对策

由于标底的重要性,加之一些招标过程的操作不透明、不规范,缺乏有效的外部监督等,极易滋生腐败。在这种模式下,投标人为了中标就纷纷打探标底,甚至会采用各种不当手段,有的招标人则利用标底,违规操作,甚至进行幕后交易,索贿受贿,牟取私利。

标底保密难,是滋生腐败的温床。按现行的百分制评标法,如果谁的报价与标底接近,那么其中标的机会就最大。投标单位为谋求中标,常常不择手段获得标底金额,致使编标单位、建设单位和招标投标管理部门成为投标者"攻关"的重点,甚至出现了同时代表投标人和招标人双方编制标底的情况。

对于标底,要重新界定标底的作用,标底应作为判定串通投标、哄抬标价和分析报价差异等情况的参考,而不应成为中标的直接依据,严防利用标底操纵中标,要从法规、制度和管理方面堵塞这个漏洞。

6.6.3 围标的治理

1. 围标的含义

假设评标标底是各投标单位有效报价的算术平均值(A)与招标人招标审定的标底(B)和的平均值,在这种情况下,如果参加投标的某企业的项目经理同时又挂靠其他几个企业以不同的单位参加投标,只要其几个投标报价比较接近,而又在有效报价范围之内,那么就能控制"A"值,使得"$A+B$"的平均值向其投标报价靠拢,达到中标的目的。这就是俗称的"围标"。因为这种手段具有一定的隐蔽性,因此,只有对入围投标企业进行严格审查,严防各投标企业之间相互串通"围标",才能保证"$A+B$"招标的公平、公正。

2. 围标的治理措施

(1)编制高质量的标底。聘请技术过硬、信誉高、实力雄厚的咨询代理机构编制标底和资料清单,使编制出的标底符合社会平均水平,防止高估,防止高额利润的发生,降低围标的期望收益。

(2)在招标文件的评标程序中,除了对标书的纵向符合性评审,还应加强投标文件的横向符合性评审。目前,评标方法中的初步符合性评审往往只注重投标单位的纵向独立性评审,即对各投标单位的投标文件包括商务符合性和技术符合性做独立的检查,看各标书是否实质上响应招标文件的所有条款、条件、有无显著差异或保留,称之为纵向评审。相对于评审过程中各标书的相互检查比较,称之为横向符合性评审。通过标书横向的初步符合性评审可以找出的围标行为,剔除不正当竞争的投标单位进入下一阶段评标,规范招标投标市场,并对违规单位按招标投标法做相应处罚。

(3)正常情况下,禁止以综合评审法评标,提倡实行合理低价法中标的评标办法。一是可以防止评标时受贿赂的评标专家对围标人打高分,而对其他投标人打低分的不公正现象;二是可以防止中标单位获取超额利润,降低围标的期望收益。

(4)加大对围标成员的惩罚力度,包括经济、行政和刑事惩罚,降低围标的预期收入。特别是对于陪标人、参与围标的招标人和评标专家而言,虽然参与围标对政府或企业本身造成一定的损失,但由于花的是政府或企业的成本,自己却能得到好处,这时的围标行为完全没有预算控制。因此,加大对所有陪标者的处罚,可以有效降低围标现象的发生。

(5)增加入围的投标人数量,降低中标概率;对符合招标文件的投标人用随机抽取的式法抽取入围;全部评标专家在专家库中随机抽取,实行异地评标专家本地评标的评标制度,招标人不允许参加评标;提高评标专家的人数,变5位评标专家为7人,甚至9人。

(6) 提高招标过程的透明度,减少暗箱操作和加强监督是防患于未然的一个有效措施,纪检和监察部门要对各招标中心进行协调、管理和监督,对于不进行招标、假招标或变应公开招标为邀请招标的项目实行专项审查。纪检、监察人员参加整个招标投标过程,对招标成序是否合法、评标专家是否按规定在专家库中抽取、是否按规定评标办法进行评标、评标是否公正,以及有无其他人员在其中干预等进行监督。建立举报箱,公布举报电话,对有围标行为的招标工程进行揭发,对举报者加以保护和给予奖励。还实行公开招标,防止招标人以邀请招标的名义只邀请围标者参加投标。

项目小结

招标采购是在众多的供应商中选择最佳供应商的有效方法。它体现了公平、公开和公正的原则。招标采购方式通常用于比较重大的建设工程项目、新企业寻找长期物资供应商、政府采购或采购批量比较大等场合。

招标采购是通过在一定范围内公开购买信息,说明拟采购物品或项目的交易条件,邀请供应商或承包商在规定的期限内提出报价,经过比较分析后,按既定标准确定最优惠条件的投标人并与其签订采购合同的一种高度组织化的采购方式。

一般来说,招标投标活动需经过策划、招标、投标、开标、评标与定标等程序。目前世界各国和国际组织的有关采购法律、规则都规定了公开招标、邀请招标、议标三种招标方式。

➤ 案例分析

网上招标在首钢原料采购中的应用

首钢总公司根据国家经贸委9号令和《中华人民共和国招标投标法》的规定,已采用传统的招标采购办法进行大宗物资的采购。结合企业自身改革,首钢总公司领导提出,要采用现代信息技术提升企业管理水平,抓紧实现信息流、物资流和资金流三流合一的业务电子化。在采购业务中,要广泛应用计算机技术和网络技术,提升经营管理水平和工作效率。取代了传统手工作业的招标采购流程,提高招标采购的效率,降低人工作业强度,而且强化了依靠人工很难及时做到的数据汇总能力。更重要的是,网上招标极大地扩大了供应商的选择范围,并且充分体现了公开、公平、公正的原则。

首钢结合实际情况决定改革物资采购业务,今后凡是能通过互联网进行的招标采购项目,将不再进行传统式的招标。有关采购信息和招标信息也将经常通过网络和电子邮件发布,并逐步把内部计算机网络化管理与外部互联网平台业务有机地结合起来,进一步完善首钢的现代化采购管理。

首钢材料在2015年7月网上招标采购6大类14个规格,品种包括铝粉、铝线、铝粒、铝锰铁、镁砂、锂基脂和减速机脂,7天投标期,18家供应商竞标,14家中标,采购价值1 500万元。同年 12 月第二款网上采购招标 8 个规格 40 个标书,品种包括耐火材料、电气配件、石油产品,价值 7 000 万元,也是 7 天投标期,几十家供应商竞标。

首钢原料处 2016 年 6 月发布了 2 份标书,分别采购 5 万吨硅锰合金和 9 000 吨硅铁合金,总价值超过 2.3 亿元,创目前已知国内冶金行业网上招标采购一次性最高价值。共有国内 8 个省市区的 33 家供应商竞标,投标期 8 天。

目前,首钢材料处和原料处采用网上采购招标方式购买了大量原材料,通过网上招标采购,供需双方都深切感受到互联网带给企业的巨大商业机会和经济实惠。例如,传统采用手工方式组织分布地域广、规模生产能力不同的众多供应商,进行一次招标采购,前后花费时间至少 1 个半月。而首钢的网上招标,从发标、网上投标、截标、网上开标、网下离线评标到公布中标结果,最多只用了 11 天时间。供应商由过去为投标一个品种,要多次往返,变成现在只要在当地上网,即可接收招标公告,在网上申请投标资格、远程下载全部招标文件,然后在网上加密投标、解密开标,劳动效率得到空前巨大的提高。

(资料改编自 http://www.51gangtie.com)

思考:

1. 网上招标采购会给招标方(首钢)带来哪些利益? 同时带给投标方(供应商)的利益是什么?

2. 你认为在实际网上招标采购存在哪些问题? 应如何解决?

提示:

1. 网上招标采购对招标方(首钢)、投标方(供应商)来讲,在时间、效率、信息共享等方面都是十分有利的。

2. 注意解决好信息的曲解、资金的安全等问题。

同步练习

一、选择题

1. 由招标人在报刊、电子网络或其他媒体上发布招标公告,吸引众多企业单位参加投标竞争,招标人从中选择中标单位的招标的方式叫(　　)。

A. 公开招标　　　B. 邀请招标　　　C. 网上招标　　　D. 电子招标

2. 由招标单位选择一定数目的企业,向其发出投标邀请书,邀请他们参加招标竞争,这种招标方式叫(　　)。

A. 公开招标　　　B. 邀请招标　　　C. 议价招标　　　D. 网上招标

3. 直接邀请三家以上合格供应商就采购事宜通过谈判来确定中标者,这种招标方式叫(　　)。

A. 评标　　　　　B. 中标　　　　　C. 议标　　　　　D. 投标

4. 投标供应商收到招标书后,如果投标人符合条件,并愿意投标,就可以进入第三阶段,就是(　　)。

A. 议标阶段　　　B. 评标阶段　　　C. 中标阶段　　　D. 投标阶段

二、问答题

1. 邀请招标的基本要求有哪些?
2. 一个完整的招标文件应当包括哪些内容?
3. 围标的治理措施有哪些?
4. 网上招标的作用有哪些?

三、实训题

实训内容:招标采购的程序

1. 实训目的

了解招标采购的一般程序,分析可能出现的问题,学会在实际采购中正确地应用。

2. 实训组织

将同学们分组,进入企业采购部门了解招标采购的一般程序。然后将同学们组织在一起讨论在招标程序中出现的问题,并提出解决问题的方法,最后由老师对整个活动进行总结。

3. 实训题目

各小组进入采购部门了解招标采购程序时要详细记录,并将采购的各个环节联系起来,分析其中的联系,并提出改进意见。

需讨论的问题:

(1) 企业为什么要制订招标采购程序?

(2) 企业招标采购程序制订的很完善,就能够保证采购工作不出问题吗? 为什么?

微信扫描
查看拓展资料

项目七　供应商管理

知识目标	技能目标	建议学时
■ 掌握供应商的选择标准和方法 ■ 了解供应商关系管理 ■ 掌握供应商绩效考评	■ 学会如何处理好同供应商之间的关系 ■ 掌握一个好的供应商应具备的条件 ■ 了解对供应商管理的方法	4

➤ 引导案例

相同的命运，不同的归宿

芯片危机，诺基亚与爱立信的不同抉择。

一场大火使飞利浦公司的数百万个芯片毁于一旦。诺基亚公司和爱立信公司都是这家飞利浦公司芯片生产厂的大客户。

诺基亚："危机是改进的机遇！"

火灾发生后，飞利浦公司正式通知诺基亚公司，可能需要更多的时间才能恢复生产。诺基亚发现由飞利浦公司生产的 5 种芯片当中，4 种芯片只有飞利浦公司和飞利浦的一家承包商能生产。为了应急，诺基亚迅速地改变了芯片的设计，经过不懈努力，他们找到了日本和美国的供应商，承担生产几百万个芯片的任务，而从接单到生产只有 5 天准备时间。

爱立信反应迟缓而错失良机

与诺基亚形成鲜明对照的是，爱立信反应要迟缓得多，显然对问题的发生准备不足。飞利浦公司的官员说：实在没有办法生产爱立信所急需的芯片。爱立信公司突然发现，生产跟不上了，几个非常重要的零件一下子断了来源。当时，爱立信只有飞利浦一家供应商提供这种芯片，没有其他公司生产可替代的芯片。在市场需求最旺盛的时候，爱立信公司由于短缺数百万个芯片，一种非常重要的新型手机无法推出，眼睁睁地失去了市场。爱立信公司主管市场营销的总裁简·奥沃柏林说："可惜的是，我们当时没有第二个可选择方案。"面对如此局面，爱立信公司只得宣布退出移动电话生产市场。

问题：

1. 遇到供应危机时，诺基亚和爱立信采取了怎样不同的处理措施？

2. 如何防范供应商风险？从本案例你得到的启示是什么？

任务一　供应商调查和开发

7.1.1　供应商调查

传统的供应关系已不再适应全球竞争加剧、产品需求日新月异的环境,企业为了实现低成本、高质量、柔性生产、快速反应,就必须重视供应商的评价选择。供应商的评价选择对于企业来说是多目标的,包含许多可见和不可见的多层次的因素。

对于生产企业而言,供应商的业绩对制造企业的影响越来越大,在交货、产品质量、提前期、库存水平、产品设计等方面都影响着制造商的效益。而供应商的数量较多,层次参差不齐,如果供应商选择失误,会对其生产带来不利,造成中断生产计划、增加存货成本、延迟运送零件或原料、出现缺货或残次物品、引发成品的运送延迟等不良后果。如果企业建立完整的供应商选择与评价体系,就可以掌握供应商的生产情况和产品价格信息获取合理的采购价格,获得最优的服务;确保采购物资的质量和按时交货;可以对供应商进行综合、动态的评估;甚至把供应商结合到产品的生产流程中去,和供应商建立长期的交易伙伴关系以达到效益最优化。

进行供应商调查就是为了了解并掌握供应商的相关情况。供应商管理的首要工作就是要了解资源市场,调查供应商。供应商调查一般分为三个阶段:初步供应商调查、资源市场调查、深入供应商调查。

1. 初步供应商调查

初步供应商调查就是对供应商的基本情况的调查,主要是了解供应商的名称、地址、生产能力、能提供什么产品、能提供多少、价格如何、质量如何、市场份额有多大、运输进货条件如何等。

1）初步供应商调查的特点

一是调查内容浅,主要了解一些简单的、基本的情况;二是调查面广,最好能够对资源市场中所有各个供应商都有所调查有所了解,从而能够掌握资源市场的基本状况。

2）初步供应商调查的方法

初步供应商调查在实际操作中,一般可以采用访问调查法,通过访问有关人员而得到相关信息。例如,可以访问供应商营销部有关人员,或者访问有关用户,或有关市场主管人员,或者其他的知情人士。

在初步供应商调查的基础上,要利用初步供应商调查的资料对供应商进行分析,比较各个供应商的优劣,以便于企业选择适合企业实际情况的供应商。供应商分析通常应包括以下几项内容:

(1) 产品的品种、规格、质量以及价格;

(2) 供应商的实力、规模、生产能力和技术水平;

(3) 企业的信用度以及管理水平;

(4) 产品是竞争性还是垄断性商品;

(5) 供应商相对于本企业的地理位置、交通状况等。

2. 资源市场调查

1）调查目的及要求

资源市场的调查目的,就是要进行资源分析,以帮助企业制订采购策略、产品策略以及生产策略等。在实际操作中,至少应落实以下问题:

（1）确定资源市场是紧缺型市场还是富余型市场,是垄断性市场还是竞争性市场;

（2）确定资源市场是成长型市场还是没落型市场;

（3）确定资源市场总体水平,并根据整个市场水平来选择合适的供应商。

2）调查的基本内容

资源市场调查至少应该包括以下基本内容:

（1）资源市场的规模、容量、性质;

（2）资源市场的环境如何,市场发展前景如何;

（3）资源市场中各个供应商的情况如何。

3. 深入供应商调查

深入供应商调查,是指对经过初步调查后,准备发展为自己的供应商的企业进行认真组织的、更加深入仔细的考察活动。这种考察,是深入到供应商企业的生产线,各个生产工艺、质量检验环节甚至管理部门,对现有的设备工艺、生产技术、管理技术等进行考察,看看所采购的产品能不能满足本企业所要求的生产工艺条件、质量保证体系和管理规范要求。有的甚至要根据所采购的产品的生产要求,进行资源重组,并进行样品试制,试制成功后,才算考察合格。只有经过深入供应商调查阶段,才能发现可靠的供应商,建立起比较稳定的物资采购供需关系。

7.1.2 供应商开发

1. 供应商开发的信息来源

供应商开发,就是从无到有去寻找新的供应商,建立起适合于企业需要的供应商队伍。供应商开发是一项很重要的工作,同时也是一个庞大复杂的系统工程,需要精心策划、认真组织。供应商开发的信息主要有以下来源:

（1）国内外采购指南。

（2）国内外产品发布会、展销会。

（3）国内外新闻传播媒体(报纸、期刊、广播、电视、网络)。

（4）政府组织的各类商品订货会。

（5）国内外行业协会、企业协会。

（6）利用专业顾问公司。企业可以利用采购专业顾问公司,特别是来源稀少或取得不易的物料。

（7）媒体广告。企业可以在影响力较强的电视或报纸杂志的广告上,通过媒体上的联系电话、地址用来作为信息来源。

（8）同行市场调查。企业可以对竞争厂商进行调查,发现优良的供应商的信息来源。

（9）厂商介绍。向同行厂商询问,同行厂商可提供相关信息。

(10) 供应商自行找上门。等待相关供应商的销售人员自行找上门。

2. 供应商开发的操作流程

新供应商的开发工作应有计划地进行,并应在预定的日期之前开发成功。开发新供应商的一般步骤按先后顺序如下。

1) 明确需求

这里所说的需求主要包含以下几个方面:

(1) 需求何时开发成功。

(2) 需要何种原材料或零部件。

(3) 年/月需求量为多少。

(4) 要开发什么性质的企业作为供应商。

(5) 要求供应商有什么样的生产能力、品质水平。

(6) 要求是本地供应商还是远近皆可等。

弄清楚上述问题后再寻找供应商的时候就会目标明确得多,从而少做无用功。

2) 编制供应商开发进度表

最好按开发供应商的步骤编制一份时间进度表,这样不仅可以使开发新供应商的具体工作明确化,而且也可以尽量减少计划日期被拖延的可能性。

3) 寻找新供应商的资料

明确对新供应商的需求后,便可依照编制的进度表进行开发的具体工作,寻找新供应商的资料或信息是第一步。获得所需信息的方式有很多,如访问国际因特网、参加各种展览会、通过别人介绍等,查阅上述供应商调查的相关内容。一般来说,通过各种方式获得的供应商会有好几家,可根据企业对欲开发的新供应商的各方面要求进行初步筛选,留下 3~5 家供应商进一步接触。

4) 初步联系

应使用适当的联系方法去跟供应商取得联系。一般来说,第一次尽可能采用电话联系,应跟供应商的相关业务人员清楚表达与他们联系的目的、自己的需求并初步了解该供应商的产品。

跟供应商电话联系取得初步的信息后,应根据筛选出的供应商所在地的远近来采取不同的行动。可以要求距离较近的供应商来企业面谈,应让供应商带上企业简介、相关的样品以增加会谈效果,面谈时不仅要尽可能多地从供应商那里得到信息,同时也要将企业对供应商的基本要求及对预购原材料的要求尽可能向供应商表达清楚,如果可以而且必要的话,带供应商到生产现场看一看,会增加供应商对预购产品的进一步把握。但因涉及技术与工艺保密的问题,带供应商到生产现场参观在很多企业都是被明文禁止的。

如果是远距离供应商,草率地让供应商千里迢迢赶来显然是不合适的。合适的做法是让供应商用快递将资料和样品寄一些过来,从供应商的资料、样品中可以在一定程度上了解其实力。另外,还有一种方式,就是通过访问供应商的网页去了解供应商。

5) 初步访厂

这一步骤不一定进行,如果方便且有必要的话,由采购人在对供应商正式审核工厂之前去"踩踩点"还是有益的。因为越来越多的企业的供应商开发工们是由一个包括工程、品质管理人员在内的开发团队去完成,如果采购人员不提前对供应商的工厂有一个初步了解,万一供应商的实际生产现场很差,采购人员毫无疑问会遭到开发团队内其他部门人员的抱怨甚至是责难,他们会认为采购人员在浪费他们的宝贵时间。这一步骤的目的是要得到一个该供应商的初步总体印象,这种结果是不精确的,但它影响到采购人员决定对该供应商是否有必要采取下一步行动。

6）报价

在初步掌握供应商的一些基本情况后,作为采购人员很想知道的就是供应商能够以什么样的价值提供物料,此时再要求供应商报价就比较合适(因为供应商对它潜在客户也有了一定的了解)。在供应商报价前,最好发一份询价单给所有要报价的供应商,以便让供应商进一步得到此物料的一些基本情况,并可让供应商以相同的报价条件(币种、价格术语、交货地、付款条件等)来报价格,这样对采购人员比价非常有利,从而对采购人员的还价提供方便。

7）正式工厂审核

在与供应商议价后,一般可获得采购方基本满意的价格。如果购买的是关键物料,除特殊情况外,都要安排正式的工厂审核,以利于采购方更准确、更详细地掌握供应商的工程技术能力、品质保证能力、财务状况等基本信息。采购方的审核人员一般由采购人员、品管人员、工程技术人员等组成,各部门人员的侧重点是不一样的。

在工厂审核中,既要做到严格把关又不能吹毛求疵,应坚持实事求是的原则,不能拿放大镜去看在审核时发现的一些小问题。事实上,在这个世界上很难找出经严格审核却发现不了问题的企业,如果有,那只能说明审核人员审核得不仔细。

8）样品认证

如果供应商的产品不能满足使用要求,其他方面再好也没有用。要求供应商提供适当数量的样品供检验、装配以确定供应商的产品是否可被接受是开发新供应商过程中的一个重要环节。供应商在提供样品时,应根据产品类别提交下列全部或部分资料:材质证明;安全证明;检验报告(一般包括外观、尺寸、功能等项目);符合证明书。

采购人员收到供应商提供的样品后,一般须将供应商名称及样品的一些基本信息填入一份"样品认证表"中。一些大企业中,专门设有"样品评估小组"来评审样品。采购人员应及时把样品在检测、装配过程中发现的问题反馈给供应商,以让供应商进行改善。有时需要把供应商的工程技术人员和采购方的工程技术人员安排在一起以便沟通更直接、更有效。需对供应商改善后的样品进行再次评估,一般来说,同一产品的送样次数不宜超过三次。

9）批量试产

样品通过评审并不代表供应商能够批量供货,一些供应商的样品可能是经过"千挑万选"的,所以样品可以接受并不表示采购人员可以向该供应商下订单。采购方应向供应商索要或订购适当数量的物料来进行批量试产,只有较大数量的样品能通过评估,样品评估这个环节才算真正结束。试生产用的第一批订货的数量不宜太大,一般为 3 000～5 000 比较合适,不同的企业对此有不同的规定。

10）正式接纳为合格供应商

如果对新供应商的工厂审核及样品评估达到采购方的要求,那么该供应商便可被接纳为合格供应商,将被加入到合格供应商的清单中去。

11）订单转移

一般来说，开发新供应商有两个原因：

（1）现有供应商的综合服务水平不能满足企业的要求，需要开发新供应商来取代现有供应商或给现有供应商施加压力。

（2）企业不断开发新产品，现有供应商不能提供新产品所需的原材料或零部件，或者现有供应商的生产能力不够。

如果目前有供应商在供货，当新供应商开发成功后就要考虑订单如何分配的问题。一般来说，新供应商的订单以逐步增加为宜，以避免新供应商在磨合期中产生的问题影响企业的正常生产。当新供应商供货时间超过3个月，就可将新老供应商在各方面进行比较，综合服务水平高的供应商应得到较多或大部分订单。

在上述一系列步骤中，企业审核和样品评估这两个环节最容易出现问题，耗时也最长，采购人员应推动企业内部相关部门及供应商，去及时解决这两个环节中出现的问题，以便在预定的日期之前将供应商开发成功。

任务二　供应商的选择

供应商的选择是供应商管理的主要内容，选择好的供应商，不仅对企业的正常生产起决定作用，而且对企业的发展也非常重要。供应商选择的目的是建立起一支稳定可靠的供应商队伍，为企业生产提供可靠的物资供应。

图7-1表示的是供应链管理下供应商选择的步骤。

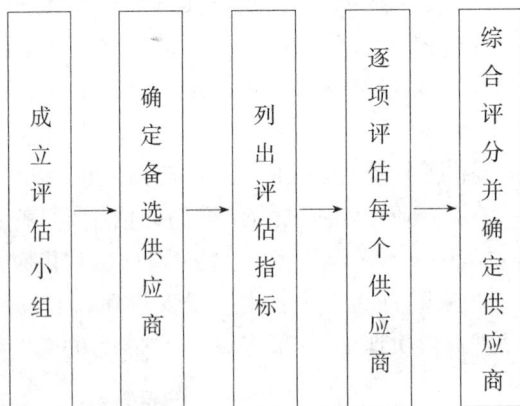

成立评估小组 → 确定备选供应商 → 列出评估指标 → 逐项评估每个供应商 → 综合评分并确定供应商

图7-1　供应商选择的步骤

7.2.1　供应商选择的标准

1. 技术水平

对技术水平的评价主要是看供应商所提供的产品能否在质量上达到采购方的要求。采购物料的质量合乎采购单位的要求是企业生产经营活动正常进行的必要条件，也是采购单位进行商品采购时首要考虑的因素。采购方需充分调查供应商的技术能力，确保采购商品的质量。

采购方可以组建由采购、设计、生产制造、财务等部门人员组成的专家小组,对供应商进行调研或实地考察。另外,也可以考虑以下几个方面的内容:

(1)考察供应商的硬件(如设备的先进性、环境配置是否完善等)和软件(如人员技术水平、工艺流程、管理制度、合作意识等);

(2)考察供应商是否通过 ISO 9000 系列的质量认证或是其他一些企业要求的质量认证,质量控制措施如何;

(3)考察供应商为哪些企业供货,这些企业采购的物料是否与本企业相同等。

2. 采购成本

对供应商的报价单进行成本分析,是有效选择供应商的方式之一。采购成本不仅包括采购价格,而且包括获得物料过程中所发生的一切费用。降低采购总成本有利于企业提高竞争力和增加利润,是选择供应商的一个主要因素,但并不是最重要的因素。采购总成本包括物料成本、采购管理成本和存储成本。物料成本包括货款、运费和通关费用等;采购管理成本包括人工成本、办公费用、差旅费用及信息费用等。

采购总成本具有下列特点:

(1)与采购次数直接相关;

(2)不同公司采购成本相差较大;

(3)确定采购成本较难。

3. 管理水平

管理水平的高低是判断一个企业经营成功与否的重要标准之一。特别是在采购商品的金额巨大,性能复杂时,对供货商管理能力的评价就更为重要了。采购方可通过分析他们的长期营业额和利润记录,分析潜在供应商的管理系统和管理方式,或通过企业现有的人员水平来判断供货企业的管理能力。

供应商内部组织与管理关系到日后供应商供货效率和服务质量。如果供应商组织机构设置混乱,采购的效率与质量就会因此下降。甚至会由于供应商部门之间的互相扯皮而导致供应活动不能及时地、高质量地完成。另外,供应商的高层主管是否将采购方视为主要客户也是影响供应质量的一个因素,如果供应商的高层没有将采购方视为主要客户,在面临一些突发状况时,便无法取得优先处理的机会。

除此之外,还可以从供应商机器设备的新旧程度及保养状况看出管理者对生产工具、产品质量的重视以及内部管理的好坏。另外,还可以参考供应商同行业之间的评价及其在所属产业中的地位。对客户满意程度的认知、对工厂的管理、对原材料来源地的掌握、对生产流程的控制,也是评估供应商内部管理的重要指标。

4. 整体服务水平

整体服务水平是指供应商内部各作业环节能够配合采购方的能力与态度。评价供应商整体服务水平的主要指标有以下几个方面。

1)安装服务

例如,空调的免费安装、电脑的装机调试等都属于供应商提供的安装服务。对于采购方来说,安装服务是一大便利。通过安装服务,采购方可以缩短设备的投产时间或投入运行所需要的时间。

2)培训服务

对于采购方来说,会不会使用所采购的物品决定着该采购过是否结束。如果采购方对如何使用所采购的物品不甚了解,供应商就有责任向采购方传授所卖产品的使用知识。每一个新产品的问世都应该有相应的辅助活动推出。供应商对产品卖前和卖后的培训工作情况,也会极大地影响采购方对供应商的选择。

？小思考

你认为应该如何提高企业的服务水平?

3)维修服务

供应商对所售产品一般都会做出免费维修一段时间的保证。免费维修是对买方利益的保护,同时也对供应商提供的产品提出了更高的质量要求。这样供应商就会想方设法地提高产品质量,避免或减少免费维修情况的出现。

4)升级服务

这也是一种非常常见的售后服务形式,现代信息时代的产品就更需要升级服务的支持。信息时代的产品更新换代非常快,各种新产品层出不穷,功能越来越强大,价格越来越低廉,供应商提供免费或者有偿的升级服务对采购方有很大的吸引力,也是供应商竞争力的体现。

5)技术支持服务

这是供应商寻求广泛合作的一种手段。采购方有时非常想了解在其产品系统中究竟什么样参数的器件最合适,有时浪费大量的时间和费用也不一定能够找到恰当的解决办法。这时,如果供应商向采购方提供相应的技术支持,就可以在为采购方解决难题的同时销售自己的产品。这种双赢的合作方式是现代采购工作中经常采用的。

5. 快速响应能力

在市场经济条件下,市场竞争越来越激烈,客户对企业的要求越来越高,交货期越来越短,企业要求供应商能有较好的响应能力,能及时满足企业的需要。同时许多企业为了适应消费者多种多样的需求,实行个性化定制和生产,企业只有提高柔性生产能力,生产多样化的产品,才能适应消费者需求的个性化,才能提高企业产品的市场竞争力,而这些都是以供应商的多品种柔性生产能力以及快速响应能力为基础的。

除了以上的选择标准外,有些企业也把企业信誉、财务状况、生产能力以及配合程度等作为选择的条件。

▶ 案例分析

麦当劳的供应商网络

麦当劳在116个国家和地区开设了25 000家餐厅,在每个国家都是本地化的企业。麦当劳在中国仅原材料国内采购每年就达10亿元人民币,所用的原材料最初有一大部分从中国境外进口,现在97%以上在本地采购。中国麦当劳的供应商所生产的食品半成品,还出口到亚太地区。麦当劳每年在中国购买的玩具达13亿个,一部分还出口到世界其他麦当劳市场。

麦当劳在中国建立了完善的供应商网络。先后建设了52间工厂,实际投资额近1.65亿元人民币。

麦当劳有一套久经考验的运转机制。其鸡、牛、生菜的养(种)殖,鸡(牛、猪、鱼)肉饼的加工,以及餐厅桌椅、厨房设备、专用招牌等分别有固定的供应商,有的已合作了40多年,麦当劳连锁店开到哪里,这些供应商就把厂建到哪里。麦当劳和各个供应商之间在财务、人事和管理上完全独立,各自向公司董事会负责。麦当劳只在品质监控方面对供应商提出严格的要求,没有任何利益上的关系。

麦当劳薯条受到严格的监控。麦当劳决定进入中国之前,便与辛普劳一起调查中国哪些土豆品种适合加工,最后选定美国品种"夏波蒂"进行试种,同时引进美国先进的种植技术,统一包括施肥、灌溉、行距、株距及试管育苗等的标准。

美国福喜公司与麦当劳有多年的亲密合作,为麦当劳提供肉类产品及分发配送服务。福喜有一套完整的产品质量保证体系,每个工序均有标准的操作程序。比如生产过程,就采用统计工艺管理法;关键质量控制点,则采用现场控制图法。每种产品都有几十种质量控制指标,以确保食品的安全和高品质。

问题:

麦当劳是如何借助完善的供应商网络,使食品的品质有了充分的保证?

7.2.2　供应商选择的方法

1. 直观判断

直观判断法是指通过调查、征询意见、综合分析和判断来选择供应商的一种方法,是一种主观性较强的判断方法,主要是倾听和采纳有经验的采购人员的意见,或者直接由采购人员凭经验判断。这种方法的准确性取决于所拥有的供应商的资料是否正确、齐全和决策者的分析判断能力与经验。这种方法运作方式简单、快速、方便,但是缺乏科学性,常用于选择企业非主要原材料的供应商。

2. 考核选择

考核选择供应商包括以下内容。

1) 调查了解供应商

供应商调查可以分为初步调查和深入调查。每个阶段的调查对象都有一个供应商选择的问题,而且选择的目的和依据是不同的。

初步调查对象的选择非常简单,选择的基本依据就是其产品的品种、规格、质量、价格水平、生产能力、地理位置和运输条件等。在符合这些条件的供应商当中选择几个,就是初步调查的对象。

深入调查对象的选择,一是根据ABC分类所确定的自己产品的重要程度;二是根据供应商企业的生产能力水平的实际情况。对于企业的关键产品、重要产品,应对提供这些产品的供应商进行深入研究及考察考核,选择真正能够满足本企业要求的供应商。对于那些不太重要的产品,可以不需要进行深入调查。深入调查对象的选择标准主要是企业的实力、生产能力、技术水平、质量保障体系和管理水平等。

2) 考察供应商

初步确定的供应商还要进入试运行阶段进行考察。试运行阶段的考察更实际、更全面、更严格。因为这是直接面对实际的生产运作。在运作过程中,就要进行所有各个评价指标的考核评估,包括产品质量合格率、准时交货率、交货差错率、交货破损率、价格水平、进货费用水平、信用度、配合程度等的考核和评估。在单项考核评估的基础上还要进行综合评估。

3) 考核选择供应商

通过试运行阶段,得出各个供应商的综合评估成绩,基本上就可以确定哪些供应商可以入选,哪些供应商被淘汰,哪些应列入候补名单。现在一些企业为了制造供应商之间的竞争机制,有了一些新做法,如故意选 2 个或 3 个供应商,称作 AB 角。A 角作为主供应商,分配较大的供应量,B 角作为副供应商,分配较小的供应量。在运行一段时间后,可以适当调整,促使供应商之间竞争,使得采购企业获得更大的好处。总之,考核选择供应商是一个时间较长的深入细致的工作。这个工作需要采购管理部门牵头负责,全厂各个部门共同协调才能完成。当供应商选定之后,应当终止试运行,并签订正式的供应关系合同。进入正式运行后,就开始了比较稳定正常的供需关系运作。

3. 招标选择

选择供应商也可以通过招标的方式。招标选择是采购企业采用招标的方式,吸引多个有实力的供应商来投标竞争,然后经过评标小组分析评比而选择最优供应商的方法。

招标方法可以是公开招标,也可以是选择性招标。公开招标对投资者的资格不予限制,选择性招标则由采购单位预先选择若干个供应商,再进行竞标和决标。招标方法竞争性强,采购单位能在更广泛的范围内选择供应商,以获得供应条件有利的、便宜而实用的物资。但招标选择方法手续繁杂,时间长,不能适应紧急订购的需要,订购机动性差,有时订购者了解不够,双方未能充分协商,会造成货不对路或不能按时到货的情况。

4. 协商选择

在可供单位多、采购单位难以抉择时,也可以采用协商选择的方法,即由采购单位选出供应条件较为有利的几个供应商,同他们分别进行协商,再确定合适的供应商。和招标方法相比,协商方法因双方能充分协商,在商品质量、交货日期和售后服务等方面较有保证。但由于选择范围有限,不一定能得到最便宜、供应条件最有利的供应商。当采购时间紧迫、投标单位少、供应商竞争不激烈、订购物资规格和技术条件比较复杂时,协商选择方法比招标选择方法更为合适。

➤ **案例分析**

Q 企业选择供应商

当前,供应商和客户之间的关系正发生着微妙的变化,二者之间已不再仅仅是买家和卖家的简单商务关系,他们更像是一种彼此支持、相互影响的战略伙伴关系。换言之,公司的大小和实力已经不是客户考虑选择供应商的首要因素,他们更关注供应商是否符合自己的战略需要,是否能够为自己带来竞争能力,Q企业的全球统一采购管理经验则是很好的借鉴。

Q企业在选择供应商时如何考察其全球化能力

首先,这些公司具有国际化的战略目标。一般来说,他们至少能够在美洲、欧洲和亚洲三个地方为Q企业供货。其次,坚持就近的原则。由于Q企业的工厂遍布全球,每个工厂都需要和供应商维持紧密的联系,以便能够共同面对困难和解决问题,所以Q企业需要供应商在全球范围内提供同样优质的服务,Q企业在全球各地加入或组织了许多采购专家协会,并通过协会活动加强和同行的交流。

Q企业是如何选择供应商的

Q企业对供应商的选择主要是由产品顾问委员会机构进行的。Q企业在全球范围内有多个不同的产品顾问委员会,它们控制着各个事业部对产品不同方面的需求。产品顾问委员会负责选择供应商,并与之进行业务洽谈。

另外,Q企业在选择供应商时,非常看重供应商的电子商务能力及其灵活的合作形式而不是规模大小。虽然大型供应商本身就具有非常好的沟通技巧,但是,供应商是否能够提供所需的增值服务才是最为关键的。更为重要的是,与供应商的电子化沟通能为Q企业带来更强的竞争力。

问题:

Q企业选择供应商有哪些经验值得总结?

7.2.3 选择供应商应注意的问题

1. 自制采购与"外包"采购

自制采购就是企业对某些物品自己进行采购,在这种情况下,由于企业采购管理水平与采购人员素质的限制,企业选择供应商的机会和范围较小。"外包"采购就是企业将一些采购业务外包给专业采购商进行采购,由于是专业采购,则选择供应商的机会和范围都较大,往往能够寻找到行业中最佳供应商。通过适当"外包",企业可以将精力集中于核心能力上,避免了精力分散。

2. 单一供应商与多家供应商

单一供应商是指某种物品集中向一家供应商订购。其优点是供需双方的关系密切,购进物品的质量稳定、采购费用低;缺点是无法与其他供应商进行比较,容易失去质量、价格更为有利的供应商,采购的机动性小,另外如果供应商出现问题则会直接影响本企业的正常生产经营活动。多家供应商是指企业所需的某种商品向两个以上的供应商采购。可以对两个以上的供应商的供货情况进行比较,为选择对本企业更有利的供应商作准备。也可以从另外几家供应商处进货,保证本企业生产经营的正常进行。

3. 直接采购与间接采购

如果是大量采购或所购物品对企业生产影响较大,则宜采用直接采购,可以避免中间商加价,以降低成本;反之,若采购数量小或者采购物品对生产经营活动影响不大,则可通过间接采购,节省企业的精力和费用。

4. 国内采购与国际采购

选择国内供应商,价格一般较低,由于地理位置近,可以实现准时化生产或"零库存"策略;选择国际供应商则可能采购到国内企业技术水平无法达到的物品,提升自身的技术含量,扩大供应来源。

➤ **案例分析**

KRAUSE 公司对供应商的选择

KRAUSE 公司是一家机械与金属片承包商,成立于 50 年前。它在美国各地有许多分支机构,但关于金属制造这部分工作主要还是集中在中西部地区。公司非常强调工艺质量、富有竞争力的价格以及及时交付的能力。对于其供应商的选择,我们用一个实例进行了解:某年秋天,公司要在一座新建筑物上安装排气系统,于是公司在安装排气系统之前,公司中西部地区的采购经理需要对自制或外购导管进行一番比较。

1. 项目特殊性制约着材料的选择

夏天的时候,KRAUSE 公司就接受委托,为总部的研究实验室提供 HVAC 系统。整个排气系统约需要直径为 10 英寸(1 英寸=2.54 厘米)的不锈钢管 6 500 英尺(1 英尺=30.48 厘米)。当 KRAUSE 公司的成本评估部门准备原始标底时,就计划在中西部分厂自制这种不锈钢管。由于用途特殊,需要的零部件许多都是非标准品,该项目十分复杂。

2. 质量和成本之间的平衡点

项目进行到一半的时候,负责金属片生产的副经理认为如果外购不锈钢管,成本可能会比预算低。采购经理也明白这个道理,但他认为一般来说降低成本是以牺牲质量为代价的。由于实验室排放的空气中存在毒素,该系统的防漏性必然十分关键,必须时每根管子都要进行测试,确保其完好无损。如果在焊点上生现漏洞,就要当场花很多时间重焊。所以,原材料的成本和质量同样重要。

3. 原材料的获取渠道

在原材料的获取渠道方面,采购经理知道,有两种方法可以获得钢管。首先,KRAUSE可以按原计划自制管道,成本低,质量也过得去;第二种可能就是寻找供应商,以较高成本提供现成的管道。

采用采购渠道。采购经理首先考虑第一种选项采购。他对市场进行了完整的调研工作,发现每英尺(包括交付)直径为 10 英寸的不锈钢管,供应商的报价为 23~28 美元。

采用自制的渠道。采购经理首先取得了自制成本估计所需要的全部数据,然后进行了核算。

4. 采购经理的决策

最后,采购经理通过对以上各方面的仔细权衡,认为采用购买渠道成本较低,效率也更好,于是决定选择合适的供应商,采取采购的方法进行原材料的购置。

问题:

1. 作为公司的采购经理,选择供应商的标准应该有哪些?选择供应商时应注意哪些问题?

2. 该公司选择供应商的特点是什么?

3. 公司应如何对已选的供应商进行审核?

任务三　供应商绩效考评

从事任何一项工作,都要通过对该项工作所产生的效果进行度量和评价,以此判断这项工作的绩效及其存在的价值。在采购管理中,为了能够使供应商关系健康发展,科学、全面地分析和评价供应商的运营绩效是一项重要内容。供应商绩效考评就是对现有供应商的日常表现进行定期监控和考核。

供应商绩效考评必须持续进行,要定期地检查目标达到的程度。当供应商知道会被定期评估时,自然就会致力于改善自身的绩效,从而提高供应质量。

要从供应商和企业自身的整体运作方面来进行评估,以确立整体的目标。供应商的绩效总会受到各种外来因素的影响,因此对供应商的绩效进行评估时,要考虑到外在因素带来的影响,不能仅仅衡量绩效。

7.3.1　供应商评价体系的确定原则

供应商的评价、选择对企业来说是多目标的,包含许多可见和不可见的多层次的因素。供应商评价问题涉及因素众多,评价指标多种多样,既有定性的,又有定量的,而且指标权重各不相同。因此,有必要建立一套通用的、可扩充的供应商评价指标体系,并且该指标体系应遵循以下几个原则:

(1) 系统全面性原则。评价指标体系必须全面反映供应商企业目前的综合水平,并包括企业发展前景的各方面的指标。

(2) 简明科学性原则。评价指标体系的大小也必须适宜,亦即指标体系的设置应有一定的科学性。如果指标体系过大,指标层次过多、指标过细,势必将评价者的注意力吸引到细小的问题上;而指标体系过小,指标层次过小、指标过粗,又不能充分反映供应商的水平。

(3) 稳定可比性原则。评价指标体系的设置还应该考虑到易与国内其他指标体系相比较。

(4) 灵活可操作性原则。评价指标体系应具有足够的灵活性,以使企业能根据自己的特点以及实际情况,对指标灵活运用。

7.3.2　供应商的考评指标

供应商绩效考评的主要目的是确保供应商供应的质量,同时在供应商之间比较,以便继续同优秀的供应商进行合作,而淘汰绩效较差的供应商。对供应商进行绩效考评也可以了解供应过程中存在的不足之处,并将其反馈给供应商,促进供应商改善其业绩,为日后更好地完成供应活动打下良好的基础。

为了科学、客观地反映供应商供应活动的运作情况,应该建立与之相适应的供应商绩效考评指标体系。在制定考评指标体系时,应突出重点,对关键指标进行重点分析。供应商考评指标很多,不同的公司因做法不同,所用的考评指标也各有差异。但概括起来有四类:质量指标,供应指标,经济指标及支持、合作与服务指标。

1. 质量指标

质量指标是用来衡量供应商的最基本的指标。每一个采购单位在这方面都有自己的标准,要求供应商遵从。供应商质量指标主要包括来料批次合格率、来料抽检缺陷率、来料在线报废率和来料免检率。其中:

$$来料批次合格率 = \frac{合格来料批次}{来料总批次} \times 100\%$$

$$来料抽检缺陷率 = \frac{抽检缺陷总教}{抽检样品总数} \times 100\%$$

$$来料在线报废率 = \frac{来料总报废数(含在线生产时发现的)}{来料总数} \times 100\%$$

$$来料免检率 = \frac{来料免检的种类数}{该供应商供应的产品总种类数} \times 100\%$$

这四种指标中以来料批次合格率最为常用。此外,也有一些公司将供应商体系、质量信息等是否通过了 ISO 9000 认证作为评价指标。还有一些公司要求供应商在提供产品的同时要提供相应的质量文件,如过程质量检验报告、出货质量检验报告、产品成分性能测试报告等。

2. 供应指标

供应指标是同供应商的交货表现以及供应商企业管理水平相关的考核因素,其中最主要的是准时交货率、交货周期、订单变化接受率等。

$$准时交货率 = \frac{按时按量交货的实际批次}{订单确认的交货批次} \times 100\%$$

交货周期,自订单开出之日到收货之时的时间长度,一般以天为单位。

订单变化接受率,是衡量供应商对订单变化灵活性反应的一个指标,指在双方确认的交货周期中供应商可接受的订单增加或减少的比率。

$$订单变化接受率 = \frac{订单增加或减少的交货数量}{订单原订的交货数量} \times 100\%$$

值得一提的是,供应商能够接受的订单增加接受率与订单减少接受率往往并不相同。其原因在于前者取决于供应商生产能力的弹性、生产计划安排与反应快慢、库存大小与状态(原材料、半成品或成品)等,而后者则主要取决于供应商的反应、库存大小以及因减少订单带来可能损失的承受力。

3. 经济指标

供应商考核的经济指标总是与采购价格、成本相联系的。质量与供应指标考核通常每月进行一次,而经济指标则相对稳定,多数企业是每季度考核一次,此外经济指标往往都是定性的、难以量化的。具体考核点包括以下几方面:

(1)价格水平。企业可以将自己的采购价格同本企业所掌握的市场行情比较,也可以根据供应商的实际成本结构及利润率等进行判断。

（2）报价行为。主要包括报价是否及时，报价单是否客观、具体、透明等。

（3）降低成本的态度及行动。供应商是否自觉自愿地配合本企业或主动地开展降低成本的活动、制订成本改进计划、实施改进行动，是否定期与本企业审查价格等。

（4）分享降价成果。供应商是否将降低成本的利益与本企业分享。

（5）付款。供应商是否积极配合响应本企业提出的付款条件、付款要求以及付款办法，供应商开出付款发票是否准确、及时，是否符合有关财税要求。有些企业还将供应商的财务管理水平与手段、财务状况以及对整体成本的认识也纳入考核范围。

4. 支持、合作与服务指标

同经济指标一样，考核供应商在支持、合作与服务方面的表现通常也都是定性考核，一般来说可以每季度一次。考核的内容主要有反应表现、沟通手段、合作态度、共同改进、售后服务、参与开发和其他支持等。

（1）反应表现。供应商对订单、交货、质量投诉等反应是否及时、迅速，答复是否完整，对退货、挑选等要求是否及时处理。

（2）沟通手段。供应商是否派出合适的人员与本企业定期进行沟通，沟通手段是否符合本企业的要求（电话、传真、电子邮件以及文件书写所用软件与本企业的匹配程度等）。

（3）合作态度。供应商是否将本企业看成是其重要客户，供应商高层领导或关键负责人是否重视本企业的要求，是否经常走访本企业，供应商内部沟通协作（如市场、生产、计划、工程、质量等部门）是否能整体理解并满足本企业的要求。

（4）共同改进。供应商是否积极参与或主动提出与本企业相关的质量、供应、成本等改进项目或活动，是否经常采用新的管理方法，是否积极组织参与本企业共同召开的供应商改进会议、配合本企业开展的质量体系审核等。

（5）售后服务。供应商是否主动征询顾客意见，是否主动走访本企业，是否主动解决问题或预防问题发生，是否及时安排技术人员对发生的问题进行处理。

（6）参与开发。供应商是否主动参与本企业的各种相关开发项目，如何参与本企业的产品或业务开发过程，表现如何。

（7）其他支持。供应商是否积极接纳本企业提出的有关参观、访问、实地调查等事宜，是否积极提供本企业要求的新产品报价与送样，是否妥善保存本企业相关的机密文件等不予泄露，是否保证不与影响到本企业切身利益的相关公司或单位进行合作等。

任务四　供应商关系管理

在供应商管理中，必须将供应商关系分为不同的类别。目的是将企业的有限资源，发挥最高的效率，即企业要根据供应商对本企业的重要程度设定优先次序、区别对待，以利于集中精力重点改进、发展对企业最重要的供应商。所以，供应商关系的分类是供应商关系管理的基础。

而在实际中，传统企业的供应商关系更多地表现为竞争性关系，即企业之间的竞争多于合作，是非合作性竞争。供应链管理环境下的供应商关系却表现为一种战略性合作关系，提供一种"双赢"机制。从目前的企业发展事实来看,从传统的非合作性竞争走向合作性竞争、合作与竞争并存是当今企业发展的一个趋势。

7.4.1 供应商关系的发展

供应商关系在企业的战略决策中占有十分重要的地位,良好的供应商关系能够提高公司的效率和服务的质量,进而提高竞争力;能够及时了解和满足顾客的需要,为顾客创造价值。传统的采购商与供应商之间的关系就是简单的买卖关系,是一种短期的、松散的、竞争的关系,是一种"零和模式"。

在这样一种关系之下,采购方与供应商主要围绕着交易进行讨价还价,相互之间存在的是竞争关系,都把对方看成是生意场上的敌人或对手。交易的结果往往取决于哪一方在交易中占上风。例如,采购方的购买量占供应商销售额总量的百分比很大;采购方很容易从其他供应商那里得到所需物品;改换供应商不需花费很多成本;等等。在这种情况下,采购方一般会占上风;反之,则有可能是供应商占上风。这种与供应商的竞争关系为主的关系模式在20世纪50年代曾经是西方很多企业采用的主要模式,目前在我国很多中小企业仍然被采用。

? 小思考

每到开学时,会有很多供应商到学校来,推销学生用品,你作为学校领导,应该如何做,才能买到物美价廉的学生用品?

随着卖方市场向买方市场的转化,顾客需求的变化等,传统的供应商关系发生了很大的变化,买卖双方之间不再是你死我活的竞争关系,而是建立在一定的合作基础上的"双赢"关系,是一种合作模式。他们加强了相互之间的信息交流和沟通,加强了供应商的关系管理以期建立一种伙伴关系,实现整个供应链的管理以达到"双赢"的目的。在这样一种关系之下,企业将采购活动由"以生意为目的"转向"以供应商关系为导向、以供应商管理为目的"的采购,将会精简供应商的数目。企业希望在全球的经济发展中寻求平衡和发展,所以与供应商更加强调直接的、长期的合作,强调共同努力实现共有的计划和解决共同的问题,如共同开发新产品、共享市场机会和风险等。企业选择供应商不再是只考虑价格,而是更注重选择能在优质服务、技术支持、产品设计等方面能够进行的良好合作。信息技术和网络管理在该过程中发挥了至关重要的作用。

事实上,减少供应商、致力于企业核心活动不仅仅是社会发展的趋势,也是"80/20 规则"的科学体现。遗憾的是,在现实当中许多企业需要经过长期的摸索和痛苦的历程才能体会到这一规律的意义。一个典型的例子就是英国某大型公司拥有认证的供应商 23 000 多家,过去几年做过生意的仅 7 500 家,而在每年数以亿计的采购额中 81% 的采购量只是集中在区区 87 家供应商身上。减少了供应商数量,企业就可以将主要时间、精力和资源放在少数战略供应商身上,而不是频繁地与大量供应商讨价还价。

(1) 企业发展与供应商的长期合作伙伴关系具有十分重要的意义,具体体现在以下几个方面:

① 通过与供应商建立长期合作伙伴关系,可以缩短供应商的供应周期,提高供应的灵活性。

② 降低企业的原材料、零部件的库存水平,降低管理费用,加快资金周转。

③ 提高原材料、零部件的质量。

④ 加强与供应商的沟通,改善订单的处理过程,提高材料需求的准确度。

⑤ 共享供应商的技术与革新成果,加快产品开发速度,缩短产品开发周期。

⑥ 与供应商共享管理经验,推动企业整体管理水平。

(2) 供应商的合作伙伴关系是企业与供应商之间达成的高层次的合作关系,供应商的合作伙伴关系有以下几个特点:

① 双方之间是一种长期的、相互依存的关系。

② 这种关系是以合约的形式确定的,且各个层次都有相应的沟通。

③ 交易双方有着共同的目标。

④ 相互信任,公开地配合,共担风险。

7.4.2　供应商分类

企业与供应商之间的关系大致可以分为五种:短期目标型、长期目标型、渗透型、联盟型、纵向集成型。

1. 短期目标型

这种类型供应商的主要特征是双方之间的关系是交易关系,他们希望彼此能保持较长时期的买卖关系,获得稳定的供应,但双方所做的努力只停留在短期的交易合同上,各自关注的是如何谈判,如何提高自己的谈判技巧,不使自己吃亏,而不是如何改善自己的工作,使双方都获利。供应一方能够提供标准化的产品或服务,保证每一笔交易的信誉。当买卖完成时,双方关系也结束了。对双方而言,只与业务人员和采购人员有关系,其他部门人员一般不参与双方之间的业务活动。

2. 长期目标型

与供应商保持长期的关系是十分重要的,双方有可能为了共同利益对改进各自的工作感兴趣,并在此基础上建立起超越买卖关系的合作。长期目标型的特征是从长远利益出发,相互配合,不断改进产品质量与服务水平,共同降低成本,提高供应链的竞争力。同时,合作的范围遍及企业内的多个部门。

3. 渗透型

这种关系形式是在长期目标型基础上发展起来的,其管理思想是将对方企业看成是自己企业的延伸,为了能够参与对方的业务活动,有时会在产权关系上采取适当的措施,如互相投资、参股等,以保证双方利益的一致性。在组织上也采取相应的措施,保证双方派员加入对方的有关业务活动。这样做的优点是可以更好地了解对方的情况,供应商可以了解自己的产品在对方是怎样起作用的,这样容易发现改进的方向;而采购方也可以知道供应商是如何制造的,并对此可以提出相应的改进要求。

4. 联盟型

联盟型是从供应链角度提出的,它的特点是从更长的纵向链条上管理成员之间的关系。另外,由于成员增加,往往需要一个处于供应链核心地位的企业出面协调成员之间的关系,它常常被称为"盟主企业"。

5. 纵向集成型

这种形式被认为是最复杂的关系类型,即把供应链上的成员整合起来,像一个企业一样,但各成员是完全独立的企业,决策权属于自己。在这种关系中,要求每个企业充分了解供应链的目标、要求,以便在充分掌握信息的条件下,自觉做出有利于供应链整体利益的决策。

7.4.3 防止供应商控制

许多企业对某些重要原材料过于依赖同一家供应商,导致供应商往往能左右采购价格,对采购企业施加极大的影响。这时采购企业已落入供应商垄断供货的控制之中。企业只有唯一的一家供应商,或者该供应商受到强有力的专利保护,任何其他厂家都不能生产同类产品;或者采购企业处在进退维谷的两难境地,因为另换供应商不划算。比如计算机系统,如果更换供应商,则使用的软件可能也要做出相应的变动。

采购方要对付垄断供应商,有时还没等动手就已产生挫败感,因为力量的天平明显偏向供应商。尽管表面上看来,采购方可能无计可施,但实质上采购方仍可以找到一些行之有效的反垄断措施。以下就是一些常见的防止受供应商控制的方法,采购方完全可以根据自己所处的环境选择恰当的方法进行反控制。

1. 全球采购

当采购企业得到许多商家的竞价时,不管实际能供货的有几家,采购企业有把握找到最佳供应商。通过全球采购开辟供货渠道,往往可以打破供应商的垄断行为。

2. 再找一家供应商

独家供应有两种情况:一种为 Single Source,即供应商不止一家,但仅向其中一家采购;另一种为 Sole Source,即仅此一家,别无分号。通常第一种情况多半是采购方造成的,将原来许多家供货商削减到只剩下最佳的一家。第二种情况则是供应商造成的,譬如独占性产品的供应商或独家代理商等。

在第一种情况下,只要"化整为零",变成多家供应,造成卖方的竞争,对方自然不会任意抬高价格。除非技术上不可能,每个产品可以选择两个或更多供应商供货,规避供应风险,保持供应商之间的良性竞争。

不过,在第二种情况下,破解之道在于开发新来源,包括新的供货商或替代品。当然这并非能一蹴而就,由于市场信息缺乏,因此在短期内必须保持低姿态,不主动找供应商洽谈价格,避免供应商借机涨价,讨价还价的结果是买方依然吃亏,若能与供货商建立良好的人际关系,签订长期合约,也可以避免采购方在缺货时必须支付很高的现货价。

3. 增强相互依赖性

多给供应商一点业务,比如在原材料需求量增加时,优先考虑原来的供应商,这样就提高了供应商对采购方的依赖性。在相互依赖性增强时,对方的控制能力必将会减弱。

4. 注意业务经营的总成本

供应商知道采购方没有其他供应源,可能会咬定一个价,但采购方可以说服供应商在其他非价格条件上做出让步。总成本中的每个因素都可能使采购方节约成本。

以下是一些节约成本的机会：

（1）送货。洽谈适合采购方的送货数量和次数，可以降低仓储和货运成本。

（2）延长保修期。保修期不要从发货日期开始计算，而从首次使用产品的时间算起。

（3）付款条件。只要放宽正常的付款条件都会带来节约。立即付款则给予折扣也是一种可行的方式。

5. 一次性采购

如果采购方预计采购产品的价格可能要上涨时，这种做法是可行的。根据相关的支出和库存成本，权衡一下价格未来上涨的幅度，与营销部门密切合作，获得准确的需求数量，进行一次性采购。

6. 利用供应商的垄断形象

一些供应商为自己所处的垄断地位而惴惴不安，比如西方许多发达国家都或多或少地进行反垄断。鲜明的例子就是微软公司，虽然它在世界上占据着垄断地位，但却也为自己的这种地位感到不安。因此，这样的公司在受到指责利用垄断地位时，即使一点不利宣传的暗示，也会让他们坐卧不安。

7. 更好地掌握信息

要清楚了解供应商对采购方的依赖程度。如果供应商离不开采购方，采购方可以利用购量最大的优势要求降价，此时供应商一般会做出较大的让步。

8. 协商长期合同

长期需要某种产品时，可以考虑签订长期合同。一定要保证持续供应和价格的控制，采取措施预先确立产品的最大需求量以及需求增加的时机。

9. 与其他用户联手

与其他具有同样产品需求的公司联合采购，由一方代表所有用户采购会惠及各方。垄断供应商被多家公司联合采购攻克的例子很多。只有那些产出不高、效率低下的独家供应商才是采购方应该"痛下杀手"的对象。

10. 让最终客户参与

如果采购方能与最终客户合作并给予他们信息，摆脱垄断供应商的机会也会随之而来。例如，最终客户方的工程师往往只认准一个品牌，因为他们不了解其他选择，向他们解释只有一家货源的难处，他们往往就会让采购方采购截然不同的元件。

项目小结

供应商管理的首要工作就是要了解资源市场，调查供应商。进行供应商调查就是为了了解并掌握供应商的相关情况。供应商调查一般分为三个阶段：初步供应商调查、资源市场调查、深入供应商调查。

供应商的选择是供应商管理的主要内容，选择好的供应商，不仅对企业的正常生产起决定作用,而且对企业的发展也非常重要。供应商选择的目的是建立起一支稳定可靠的供应商队伍,为企业生产提供可靠的物资供应。

供应商关系在企业的战略决策中占有十分重要的地位,良好的供应商关系能够提高公司的效率和服务的质量,进而提高竞争力;能够及时了解和满足顾客的需要,为顾客创造价值。传统的采购商与供应商之间的关系就是简单的买卖关系,是一种短期的、松散的、竞争的关系,是一种"零和模式"。

在供应商管理中,必须将供应商关系分为不同的类别。目的是将企业的有限资源,发挥最高的效率,即企业要根据供应商对本企业的重要程度设定优先次序、区别对待,以利于集中精力重点改进、发展对企业最重要的供应商。

➤ 案例分析

美国本田公司

美国本田公司在俄亥俄州的生产基地,与供应商保持长期合作关系并支持其发展。本田总成本的80%都是外部采购——在全球汽车制造商中比例最高。它还把发展临近工厂的供应源作为一项策略,该策略加强了本田和供应商的紧密关系,使供应商发展更有可能成功,并保证了及时配送。本田的大部分产品只保持不到3小时的存货。

本田的成功离不开强大的当地供应库,本田有雄厚的实力发展本土供应商,这样的供应商能严格满足公司的绩效标准。本田的目标是对供应商的采购量至少占供应商总产量的30%,甚至达到100%。公司要与供应商之间创造一种彼此信赖的氛围,有时,它会得到供应商的一小部分产权,这样供应商会把它看为重要客户。

本田对供应商的尊重使它与供应商之间能保持长久的信用关系,满足本田标准的供应商就是其终身的供应商。即使供应商有暂时的绩效问题,本田也依然支持供应商。本田的供应商改善和发展关系的一个主要目标是:创造和保持专一的供应库以满足本田公司的要求。本田提供不同的资源支持和发展使供应库达到一流水平:

(1)有两个专职人员帮助供应商培训员工。

(2)采购部门中40个全职工程师共同帮助改进供应商的生产率和质量。

(3)质量控制部门有120个工程师处理购进零部件和供应商的质量问题。

(4)本田在部分领域为供应商提供技术支持,如塑料技术、焊接、冲压和铝模具。

(5)根据需要,本田会组建专门的团队帮助供应商,如某个供应商因规模快速扩大而导致质量下降,本田立刻组织一个4人小组到供应商处工作9个月以帮助其解决问题。

(6)质量提高计划的目标是那些质量差的供应商。本田直接与供应商的最高领导联系以保证供应商生产100%的合格产品。

(7)本田人员经常参观供应商设备。在其他方面,本田会检查每一个供应商的财务和业务计划问题。

(8)本田制订一个借贷官员计划,就是把部分领导派到供应商那里工作,这加强了与供应商之间的理解和交流。

但多数公司不愿做出供应商发展和绩效改进的承诺。对于不参与供应商管理的公司,本田不提供供应商发展的必要资源。此外,一些供应商不接受本田提出的安全保障要求。本田很少进行价格谈判,相反,公司只提出目标成本并与供应商一起努力实现。本田公司对供应商的成本结构必须有一个细致的了解。与一些独立的美国供应商很难达成详细的成本共享,这也是对于某些产品本田在美国发展自己供应源的原因。

美国多数规模较大的买方处于提供较少的对供应商开发支持和本田的支持水平之间。本田公司的例子对那些从事采购工作的人员很有意义:首先,供应商对多数公司的成功很重要,真正注意供应商绩效改善的需求很有意义。买卖双方发展诚信的关系也很重要,尤其是与提供主要产品的供应商。本田看到了本土一流供应商带来的利益。其次,供应库过大无法保证公司对供应商开发提供支持,因为没有支持和发展成千上万个供应商的足够资源。最后,成功的供应商开发要求的不仅是口号和标准,它要求为开发项目的成功提供充分的资源。

虽然某些人认为本田的方式有些极端,但没有人否认其在美国汽车市场上的成功。

在美国俄亥俄州装配厂生产的汽车一直保持着较高的客户诚信度,从而保持最高销量。实际上,本田正在向日本出售一部分在美国生产的汽车。本田供应商发展和改进努力的成功使公司有着忠诚的客户。

问题:

1. 本田公司在选择供应商时有哪些战略?

2. 谈谈你对本田公司在选择供应商时所采取方式的看法。

3. 本田公司在与供应商建立合作关系时所采取的措施有哪些?

提示:

1. 本田公司与供应商保持长期合作关系并支持其发展。

2. 本田公司还把发展临近工厂的供应源作为一项策略,该策略加强了本田和供应商的紧密关系,使供应商发展更有可能成功,并保证了及时配送。

3. 本田组建专门的团队帮助供应商,提供技术支持,加强诚信合作。

同步练习

一、选择题

1. (　　)就是对供应商的基本情况的调查,主要是了解供应商的名称、地址、生产能力、能提供什么产品、能提供多少、价格如何、质量如何、市场份额有多大、运输进货条件如何等。

　　A. 初步供应商调查　　　　　　　　B. 深层次供应商调查

　　C. 中层次供应商调查　　　　　　　D. 一般供应商调查

2. (　　)指通过调查、征询意见、综合分析和判断来选择供应商的一种方法,是一种主观性较强的判断方法,主要是倾听和采纳有经验的采购人员的意见,或者直接由采购人员凭经验判断。

　　A. 主观判断法　　　B. 直观判断法　　　C. 宏观判断法　　　D. 微观判断法

3. 传统的采购商与供应商之间的关系就是简单的买卖关系,是一种短期的、松散的、竞争的关系,是一种(   )。

A. "中和模式"   B. "中间模式"   C. "零和模式"   D. "零距离模式"

4. (   )是从供应链角度提出的,它的特点是从更长的纵向链条上管理成员之间的关系。另外,由于成员增加,往往需要一个处于供应链核心地位的企业出面协调成员之间的关系,它常常被称为"盟主企业"。

A. 联系型   B. 关联型   C. 联络型   D. 联盟型

二、问答题

1. 供应商评价体系的确定原则有哪些?

2. 供应商选择的标准有哪些?

3. 供应商开发的信息主要来源有哪些?

4. 供应商的合作伙伴关系是企业与供应商之间达成的高层次的合作关系,它有哪些特点?

三、实训题

实训内容:供应商的选择与评价方法

1. 实训目的

(1) 掌握供应商的选择与评价的流程。

(2) 了解供应商的选择指标。

(3) 理解供应商的选择方法。

2. 实训组织

在教师的指导下,实地调查学校所在城市的供应商企业,并与在图书馆、因特网等查找的资料相结合,集体讨论、分析,最终得出供应商选择的相关数据和结论。

3. 实训题目

(1) 依据收集信息,确定供应商评估的参考指标。

(2) 根据设定的供应商评估体系标准设计一个合理的评估计分系统,选择出合作伙伴。

微信扫描
查看拓展资料

项目八　采购谈判和合同管理

知识目标	技能目标	建议学时
■ 掌握采购谈判成功的关键因素和一些常用的谈判技巧 ■ 了解采购谈判的含义及适用条件 ■ 掌握采购合同的订立和采购业务结算	■ 学会如何进行采购谈判 ■ 了解商务谈判和采购谈判的联系和区别 ■ 掌握采购合同的内容	4

➤ 引导案例

济南市第一机床厂同卡尔曼公司的采购谈判

济南市第一机床厂厂长在美国洛杉矶同美国卡尔曼公司进行椎销机床的谈判,双方在价格问题的协商上陷入了僵持状态,这时我方获得情报:卡尔曼公司原与台商签订的合同不能实现,因为美国对日、韩及我国台湾地区提高关税的政策使得台商迟迟不肯发货。而卡尔曼公司又与自己的客户签订了供货合同,对方要货甚急,卡尔曼公司陷入了被动的境地。我方根据这个情报,在接下来的谈判中沉着应对,卡尔曼公司终于沉不住气了,签订订货合同购买了 150 台中国机床。

问题:

采购谈判前应做好哪些准备工作?

任务一　采购谈判

采购活动的主要目的就是要以最低的成本为企业购得能满足要求的物资,而这必须与选定的供应商共同来完成。

在一些相对重要的采购活动实施前,采购方必须与供应商进行面对面的直接接触,进行谈判。谈判是采购部门最重要的活动之一,也是采购方与供应商订立采购合同的必要步骤。

8.1.1　采购谈判概述

采购谈判常适用于价格等重要问题以及仅通过竞标不能满足采购需求的情况。

1．谈判的含义和特征

1）谈判的含义

谈判是人们以消除分歧，改善相互关系为出发点，通过交换意见、交流信息，最终为了取得一致意见或契合利益而进行的相互磋商的行为和过程。

2）谈判的特征

（1）谈判是各方获取契合利益的行为，因为谈判任何一方的利益都必须通过与对方的合作或从对方的承诺中才能得到。

（2）谈判的主体是两方或多方的组织与个人，谈判的手段是观点互换、感情互动。

（3）谈判的实质是运用公共关系理论，通过人际传播和相互交流，在双向沟通的基础上，消除分歧，达成共识。

2．谈判的类型

（1）双边谈判与多边谈判。这是以谈判主体的多少进行的谈判分类。

（2）大型谈判、中型谈判和小型谈判。这是以谈判规模（谈判项目的多少、谈判人员的范围、谈判内容的复杂程度等）进行的谈判分类。

（3）正式谈判与非正式谈判。这是以谈判主体的身份和对谈判内容的准备程度进行的分类。

（4）受调停谈判与无调停谈判。这是以有无第三方作为中间人介入谈判而进行的分类。

（5）直接谈判与间接谈判。这是以谈判的交往方式进行的分类。

（6）对抗性谈判与非对抗性谈判。这是以谈判各方的对立程度和对谈判结果的追求进行的分类。

（7）经济性谈判与非经济性谈判。这是以谈判所涉及的利益性质进行的分类。

（8）分配型谈判、融合型谈判和混合型谈判。

除了按照上述标准进行分类外，谈判还可以根据谈判过程分为一次性谈判和多轮连续性谈判，根据时间的长短分为长期谈判和短期谈判；根据谈判内容与谈判目标的关系分为实质性谈判和非实质性谈判；根据谈判内容的公开程度分为秘密谈判与公开谈判等。

3．采购谈判的目的和特点

采购谈判是指企业在采购时与供应商所进行的贸易谈判，采购方想以自己比较理想的价格、商品质量和供应商服务条件来获取供应商的产品。而供应商则想以自己希望的价格和服务条件向购买者提供自己的商品。当两者不完全统一时，就需要通过谈判来解决，这就是采购谈判。另外，在采购过程中，由于业务操作失误发生的货物的货损、货差、货物质量问题在赔偿问题上产生争议，也要进行谈判，也属于采购谈判。

1）采购谈判的目的

当今的供应环境都很重视良好的供应关系，成功的采购都依赖于恰当的供应关系的质量。谈判一直都是采购中的一个重要组成部分，且对于采购专家来说是一项有价值的技术。从19世纪80年代中期开始，谈判的作用就已经改变了，谈判的传统作用就是决定重要合同的具体细节、价格、质量、运输等。当代进行谈判的主要原因之一是对建立更强更具有竞争力的伙伴关系的渴求。虽然决定合同关系的主要特点仍然很重要,但是建立高层次的信任和协作关系通常是现代谈判的主要目的。从采购方而言,谈判的目的主要有:

(1) 希望获得供应商质量好、价格低的产品;

(2) 希望获得供应商比较好的服务;

(3) 希望在发生物资差错、事故、损失时获得合适的赔偿;

(4) 当发生纠纷时能够妥善解决,不影响双方的关系。

2) 采购谈判的特点

(1) 合作性与冲突性。由于采购谈判是建立在双方的利益既有共同点又有分歧点的基础上的,因此,从此特点来说,就是合作性和冲突性并存。

合作性表明双方的利益有共同的一面,冲突性表明双方利益有分歧的一面。作为谈判人员要尽可能加强双方的合作性,减少双方的冲突性。但是,合作性和冲突性是可以相互转化的,如果合作性的比例加大,冲突性的比例将会减少,那么双方谈判成功的可能性就大;反之,如果冲突性的一面通过洽谈没有能够得到解决或减少,那么,谈判就有可能失败。采购人员可以在事前将双方意见的共同点和分歧点分别列出,并按照其在谈判中的重要性分别给予不同的权重和分散,根据共同点方面的分散和分歧点方面的分散比较来预测谈判成功的概率,并确定如何消除彼此的分歧。

(2) 经济利益中心性。采购谈判是商务谈判的一种类型,在采购谈判中双方主要围绕着各自的经济利益作为谈判的中心。作为供应商,则希望以较高的价格出售而使自己得到较多的利润;而作为采购方,则希望以较低的价格购买而使自己降低成本。因此,谈判的中心是各自的经济利益,而价格在谈判中作为调节和分配经济利益的主要杠杆就成为谈判的焦点。

经济利益中心性是所有商务谈判的共性,它不同于政治谈判、外交谈判等。在这些谈判中,需要考虑许多方面的问题,要在许多利益中平衡和做出选择,因而使谈判更为艰难。当然,谈判中经济利益中心性并不意味着就不考虑其他利益,而是说相对于其他利益来说,经济利益是首要的,起着支配作用。

(3) 原则性和可调整性。原则性指谈判双方在谈判中最后退让的界限,即谈判的底线。通常谈判双方在弥合分歧方面彼此都会做出一些让步,但是,让步不是无休止和任意的,而是有原则的。超过了原则性所要求的基本条件,让步就会给企业带来难以承受的损失。因而,谈判双方对重大原则问题通常是不会轻易让步的,退让也是有一定限度的。

可调整性是指谈判双方在坚持彼此基本原则的基础上可以向对方做出一定让步和妥协。作为采购谈判,如果双方在所有的谈判条件上都坚持彼此的立场,不肯做出任何让步,那么,谈判是难以成功的。因此,在采购谈判中,原则性与可调整性也是同时并存的。作为谈判人员,要从谈判中分析双方的原则性的差距大小,并分析是否可以通过谈判,调整双方的这种差距使谈判成功。在原则性方面的差距越大,谈判的任务就越艰巨,因为原则的调整和改变是非常困难的,所以,在原则性方面的差距较大的情况下,谈判人员要有充分的心理准备,既要艰苦努力,采取种种手段消除或缩小这种差距,又要做好谈判失败的应变措施。

4. 采购谈判的内容

1) 产品条件谈判

采购的主角是产品或原材料,因此,谈判的内容首先是对产品的有关条件的谈判。

产品条件谈判有的复杂,有的简单,主要决定于采购方购买产品的数量和产品的品种、型号。对于采购方来说,如果购买的产品数量少、品种单一,产品条件谈判就比较简单,如果购买的产品数量多、品种型号也多,产品条件谈判就比较复杂。一般来说,产品条件谈判的内容包括产品品种、型号、规格、数量、商标、外形、款式、色彩、技术标准、质量标准和包装等。

❓小思考

礼仪是一门学科吗? 你认为在采购谈判中,应注意哪些礼仪?

2) 价格条件谈判

价格条件谈判是采购谈判的中心内容,是谈判双方最关心的问题。通常,双方都会进行反复的讨价还价,最后才能敲定成交价格。价格条件谈判也包括数量折扣、退货损失、市场价格波动风险、商品保险费用、售后服务费用、技术培训费用和安装费用等条件的谈判。

3) 其他条件谈判

除了产品条件谈判和价格条件谈判之外,还有交货时间与地点、付款方式、运输方式、售后服务、违约责任和仲裁等其他条件的谈判。

5. 采购谈判的意义

采购谈判既是一门科学,又是一门艺术。掌握谈判的基本知识和一些常用的策略技巧能使谈判者有效地驾驭谈判的全过程,为己方赢得最大的利益,可见采购谈判技术是实现采购行为的关键环节。

采购谈判的重要性主要表现在以下几个方面:

(1) 可以争取降低采购成本;

(2) 可以争取保证产品质量;

(3) 可以争取采购物资及时送货;

(4) 可以争取获得比较优惠的服务项目;

(5) 可以争取降低采购风险;

(6) 可以妥善处理纠纷,维护双方的利益。维持双方的正常关系,为以后的继续合作创造条件。

➤ 案例分析

艰苦的采购谈判

日本某株式会社出产的农业加工机械正是中国机床工厂急需的关键性设备。几年前,为了进口这些设备,中国某进出口公司的代表与日本方面在上海进行了一场艰苦的谈判。

按照惯例,由日本方面先报价,他们狮子大开口,开价1000万美元。中方谈判代表事先做了精心的准备,充分掌握了与谈判标的有关的种种情报,知道日方的报价大大超出了产品的实际价格,便拒绝说:"根据我们对同类产品的了解,贵公司的报价只能是一种参考,很难作为谈判的基础。"

日方代表没有料到中方会马上判断出价格过高,有点措手不及,便答非所问地介绍其产品的性能与质量。中方代表故意用提问法巧妙地拒绝道:"不知贵国生产此类产品的公司一共有几家,贵公司的产品价格高于贵国××牌的依据是什么? 不知国际上生产此类产品的公司一共有几家,贵公司的产品价格高于××牌的依据又是什么?"

中方代表的提问使日方代表非常吃惊,日方主谈笑着打圆场,做了一番解释,同意削减100万美元。中方主谈根据掌握的交易信息,并且以对方不经请示,就可以决定降价10%的让步信息作为还价的依据,提出750万美元的还价,但马上遭到了日本方面的拒绝,谈判陷入了僵局。

为了打开谈判的局面,说服日本方面接受中方的要求,中方代表郑重地指出:"这次引进,我们从几个国家的十几个公司中选中了贵公司,这已经证明了我们对成交的诚意。"接着,中方代表以掌握的详细情报为依据,开始摆事实讲道理:"你们说价格太低,其实不然。此价虽然比贵公司销往澳大利亚的价格稍低一点,但由于运费很低,所以,总的利润并没有减少。"

中方代表侃侃而谈,面对中方的准确情报,日方代表哑口无言,不知说什么才好。

为了帮助日方代表下决心,中方代表拿出了撒手锏制造竞争:"更为重要的是××国、××国出售同类产品的几家公司,还正等待我方的邀请,迫切希望同我方签订销售协议。"说完,中方主谈随手将其他外商的电传递给了日方代表。

在中方代表的强大攻势面前,日方代表不得不败下阵来,他们被中方所掌握的详细情报和坦诚的态度所折服,感到中方的还价有理有据,无可挑剔,只好握手成交。

在这场激烈的交锋中,中方代表之所以能够获得极大的成功,关键就在于他们掌握了大量而详细的"与谈判标的有关的情报",并巧妙地用这些情报为谈判服务。

(资料来源:http//www.golden-book.com)

问题:

在采购谈判中应注意哪些问题?

8.1.2　采购谈判的程序

1. 采购谈判的影响因素

谈判是一个"双赢"和"互利"的行为和过程,谈判各方当事人之间的关系不是"敌人"而是"合作的伙伴""共事的战友"。但是,"双赢""互利"并不是双方利益上的平均,而是利益上的均衡。所有这些又使谈判各方必须努力为自己争取较多的利益。

采购谈判是一个既"合作"又"冲突"的行为和过程,为了在谈判中取得优势,处于主动地位,取得较多的经济利益,企业必须加强谈判实力。于是,形成了谈判双方的竞争和冲突,这种既合作又冲突的特点构成了采购谈判的二重性。

影响采购谈判的因素主要有以下几个方面。

1) 交易的内容对双方的重要程度

虽然采购交易成功对各方面都有益,但并不是交易本身对各方的重要性都一样,一般而言,交易的结果对哪一方更为重要,则该方在谈判中就处于弱势。

2) 企业的信誉和实力

企业的信誉和实力不等于谈判的实力,但它是形成谈判实力的基础,企业的商业信誉越高,社会知名度越大,谈判时的优势就越明显,谈判中的主动性就越大。

3) 对谈判时间因素的反应

在谈判中,哪一方对时间要求紧张,不想拖延谈判时间,希望尽快结束谈判,达成交易,则时间的局限性就会削弱其谈判实力;反之,最有耐心的一方,能够持久地谈判,其谈判时就处于有利地位,占有时间上的优势。

4) 各方对交易内容和交易条件的满足程度

在交易中的某一方对交易内容和交易条件的满足程度越高,那么在谈判中其优势就越大。比如在货物买卖谈判中,如果卖方对买方在货物的质量、数量、交易时间等方面的要求都能充分予以保证和满足,则卖方的优势较大。

5) 对于商业行情的了解程度

商业信息是无形资源,它可以转化为财富,谈判双方谁掌握的商业行情多,了解得更详细,谁就会在谈判中占主动地位,所谓"知己知彼,百战不殆"就是这个道理。

6) 竞争状态

在采购交易中,如果出现多个买者的态势,则对卖方有利,可以增加卖方的谈判实力;反之,如果出现多个卖方的态势,则有利于买方,会增强买方的谈判实力。从微观经济学角度讲,就是完全垄断的市场有利于卖方,卖方拥有"独此一家,别无他店"的优势;相反,在一个完全竞争的市场中则对买方有利,买方可以挑选卖方的产品和服务,拥有更多的选择机会。

7) 谈判的艺术和技巧

艺术,是一种技能。它以艺人的悟性、经验和知识为基础,体现在艺人的职业个性、言谈举止、风度气质和内在魅力之中。谈判里面有科学,但在谈判桌上表现出来的多是艺术。生意人经常要干的重要工作莫过于谈判了。谈判人员必须外塑形象、内强素质,素质高、谈判技巧娴熟,就能增强谈判的实力,否则就会影响谈判实力的发挥。

2. 采购谈判应遵循的原则

采购谈判原则是指在采购谈判过程中,谈判各方所必须遵守的思想和行为准则。采购谈判原则是采购谈判内在的、固有的规范,任何谈判者在采购过程中都必须遵守。充分认识和了解采购谈判原则,有助于掌握和运用采购谈判的策略与技巧,从而有利于保护谈判当事人的权利与利益,提高谈判的成功率。

采购谈判一般包括以下几个基本原则。

1) 合作原则

合作原则就是要求谈判双方以最精练的语言表达最充分、最真实的信息。为了保证谈判的顺利进行,谈判双方必须共同遵守一些基本原则,特别是所谓的"合作原则"。合作原则包括以下几点:

(1) 质的准则。要求不要说自知是虚伪的话,不要说缺乏足够证据的话。

（2）量的准则。要求所说的话包括交谈所需要的信息，不应包含超出的信息。

（3）方式准则。要求清楚明白，避免歧义，要简练、井井有条。

（4）关系准则。要求所说的话内容要关联并切题，不要漫无边际地胡说。

供需双方在谈判时，总是希望双方话语能相互理解，共同配合，早日完成谈判，达到各自的目的，因此，他们都遵守合作原则，以求实现这个愿望。当然，同样是遵守合作原则的谈判，不同说话人在不同场合会对不同的准则有所侧重。比如，在谈判中，当双方讨论到买卖商品的品质、规格等时，双方都会把质的准则放在首位，力求所说的话真实、有根据，同时也会顾及到其他准则，如方式准则强调所说的话清楚、完整，避免引起歧义。

2）自愿原则

这里讲的自愿，是指有独立行为能力的交易各方能够按照自己的意愿来进行谈判并做出决定。"自愿"是交易各方顺利进行合作的基础。因为只有自愿，谈判的双方才会有合作的诚意，才会进行平等的竞争，才会互谅互让，做出某些让步，取得双方满意的结果。强迫性的行为在采购谈判中是不可取的，一旦出现强迫行为，被强迫的一方就会退出谈判，谈判会因此而破裂。自愿原则是采购谈判各方进行合作的前提和保证。

3）利益共享原则

利益共享原则，是指在采购谈判过程中，要使参与谈判的各方都能获得一定的经济利益，并且要使其获得的经济利益大于其支出成本。利益共享原则在采购谈判中十分重要，它告诫人们在采购谈判中，谈判的任何一方都要让出一定的、合理的利益给合作伙伴，而不能独自占有过多的经济利益，要学会妥协，通过自己的妥协、让步换取自己的利益。任何以一方胜利而告终的谈判都是不存在的。

在市场经济条件下，追求经济利益是促使人们从事经济行为的永恒动力，这是市场经济不变的法则，市场经济条件下的采购谈判也不例外。所以，如果参加交易的其中一方或几方在交易中无利可图，那么，他们就不会花费一定的时间和金钱来从事采购谈判，采购谈判也会因此缺乏前进的动力。

4）系统化原则

采购谈判是一项综合性的工作，它不但要考虑自身的利益，还要考虑谈判对手的利益和整个社会利益，不但要处理好与合作伙伴的关系，还要处理好与政府及整个外部环境的关系。因此，采购谈判必须遵循系统化原则，从全局出发，综合考虑和处理各种问题。在采购谈判中"只攻一点，不及其余"的观点和做法是错误的、不可取的。在系统化原则的指导下，采购谈判可以引入系统管理的方法，从而提高采购谈判的效率，取得良好的谈判效果。

5）平等原则

参与采购谈判的各方无论其经济力量是强还是弱，他们对合作交易项目都有一定的"否决权"。从合作项目的角度来看，交易双方所拥有的这种"否决权"是同质的，因为交易中的任何一方如果不同意合作，那么交易就无法达成。这种同质的"否决权"在客观上赋予了谈判双方相对平等的地位，谈判当事人必须充分认识并尊重这种地位，否则，采购谈判很难取得一致。从另一个角度来讲，任何人都有同等做人的权力，都应受到同样的尊重。所以，在采购谈判中，参与谈判的各方应以平等的姿态出现，无论其谈判实力的强弱，都不应该歧视或轻视对手。

6) 合法原则

合法原则是采购谈判中的重要原则。所谓合法,包括两个方面:一是谈判各方所从事的交易项目必须合法;二是谈判各方在谈判过程中的行为必须合法。

交易项目的合法是开展采购谈判的前提和基础,如果谈判各方从事的是非法交易,如买卖毒品、走私军火等,那么,他们为此所进行的谈判不是合法的采购谈判,交易项目应该受到法律的禁止,交易者要受到法律的制裁。谈判当事人谈判行为的合法是谈判顺利进行并且取得成功的前提,只有在合法的谈判行为下所达成的交易条件才受到法律的保护,交易才有可能顺利地实施。如果在谈判过程中采用非法的谈判行为,如行贿受贿、武力胁迫等,那么,不但由此产生的谈判结果对谈判各方不具约束力,而且违法行为的实施者还要受到法律的制裁。由此可见,合法原则是谈判各方所要遵守的重要原则。

7) 社会效益原则

社会效益原则,是指在进行采购谈判时,谈判的各方一定要从全社会的角度出发,综合考虑谈判的合作项目对全社会的影响。商务谈判中的社会效益原则与市场营销观点有相似之处,都强调经济活动主体的社会角色和社会责任,强调经济活动主体要力求从社会角度而非只从企业利益角度思考并处理问题。采购谈判中的社会效益原则将谈判双方的谈判哲学上升到一个新的高度。

以上是采购谈判中必须遵循的七个原则。只有准确地把握和理解这些原则,才能认识采购谈判的本质,进而才能掌握和运用好采购谈判的策略和技巧。

3. 采购谈判的基本程序

1) 采购谈判的准备

准备工作做得如何在很大程度上决定着谈判的进程及其结果。

(1) 有关价格方面的事情的准备。企业进行采购谈判,其主要的内容还是决定所采购材料的价格,因此,企业在进行采购谈判以前,要对谈判时涉及价格方面的事情做好准备,这包括以下五个方面的内容:

① 慎重选择供应商。最合适的供应商应该具备许多条件,但是,能提供适合的品质、充分的数量、准时的交货、合理的价格和热忱的服务,应该是共同的要求。

② 确定底价与预算。谈判之前,采购人员应该首先确立拟购物品的规格与等级,并就财务负担能力加以考虑,定出打算支付给供应商的最高价格,以便在议价之前,针对讨价加以适当的还价。

③ 请报价厂商提供成本分析表或报价单。为了确定物品或劳务能真正符合卖方的需求,应请卖方提供报价单,以便详细核对内容。将来拟购项目若有增减,也可以根据这个重新核算价格。交货时,也应该有客观的验收标准。对于巨额的定制品等,另请卖方提供详细的成本分析表,以便了解报价是否合理。

④ 审查、比较报价内容。在议价之前,采购人员应审查报价单的内容有无错误,避免造成将来交货的纷争,将不同供应商的报价基础加以统一,以免发生不公平的现象。

⑤ 了解优惠条件。供应商大都会对长期交易的客户提供数量折扣,对于能以现金支付的货款,享有现金折扣,对于整批机器的订购,附赠备用零件或免费安装。因此,采购人员掌握这些优惠条件的情报,以便与将来的谈判议价。

（2）谈判地点和时间的选择。谈判地点的选择，通常包括三种情况：己方所在地、对方所在地、双方之外的第三地。对于最后一种情况往往是双方在参加产品展销会时进行的谈判。三种地点的选择各有利弊。

谈判时间的安排，就是要确定谈判在何时进行，为期多久。若是一系列的谈判需要分阶段进行的话，还应该对各个阶段的谈判时间做出安排。

一般来说，在选择谈判时间时要考虑下面几个方面的因素：一是准备的充分程度，要注意给谈判人员留有充分的准备时间，以防仓促上阵；二是要考虑对方的情况，不要把谈判安排在对对方明显不利的时间进行；三是谈判人员的身体和情绪状况，避免在身体不适、情绪不佳时进行谈判。

（3）谈判人员的选择。谈判人员的选择对于一次采购谈判能否成功的重要性是不言而喻的。有的采购谈判可能因为规模小、目标单一明确，仅需要 1～2 名谈判人员；而有的采购谈判可能因为规模大、情况复杂、目标多元化，而需要由多个谈判人员组成谈判小组。在实际谈判活动中应注意以下两点：

① 在确定具体谈判人选时，尽量选择"全能型的专家"。所谓"全能"，即通晓技术、经济、法律和语言四个方面的知识，"专家"即指能够专长于某一个方面。

② 在确定谈判小组具体人数时，合理确定谈判小组的规模，同时也要兼顾谈判小组的工作效率。一般情况下，谈判小组由 3～5 人组成。

总体上说，谈判人员应当具有一定的知识和能力。一是要了解我国有关贸易的方针政策及我国政府颁布的有关法律法规。二是具有丰富的产品知识。三是熟悉不同供应商谈判者的风格和特点；懂得谈判心理学和行为科学；有丰富的谈判经验，能应付在谈判过程中突然出现的复杂情况等。四是熟悉国外有关法律知识，包括贸易法、技术转让法、外汇管理法，以及有关国家税法的知识、有关国际贸易和国际惯例的知识等。

（4）谈判的分工与合作。在确定了具体谈判人员并组成谈判小组之后，就要对其内部成员进行分工，确定主谈与辅谈。主谈是指在谈判的某一阶段，或者是针对某一方面或几个方面的议题时，以其为主进行发言，阐述我方观点和立场。除主谈以外的小组其他成员即处于辅助配合的位置，称之为辅谈。主谈与辅谈人员、辅谈与辅谈人员在谈判过程中并不是各行其是，而是在主谈人员的指挥下，互相密切配合，形成目标一致的有机谈判统一体。

？小思考

在采购谈判时，谈判人员在着装上有哪些要求？

（5）谈判方式的选择。采购谈判方式可以简单地分为两大类：面对面的会谈以及其他谈判方式。面对面的会谈又可以分为正式的场内会谈和非正式的场外会谈；其他谈判方式包括采用信函、电话、电传、电报、互联网等方式。

（6）模拟谈判。为了提高谈判工作的效率，使谈判方案、计划等各项准备工作更加周密，更有针对性，在谈判准备工作基本完成以后，应对此项工作进行检查。在实践中，行之有效的方法就是进行模拟谈判。谈判双方可以由己方谈判人员和己方非谈判人员组成，也可以将己方谈判小组内部成员分成两方进行。有效模拟谈判可以预先暴露己方谈判方案、计划的不足之处及薄弱环节,检验己方谈判人员的总体素质,提高他们的应变能力,达到减少失误,实现谈判目标的目的。

2) 正式谈判阶段

(1) 摸底阶段。在正式谈判开始前,双方主要任务是相互摸底,希望知道对方的谈判目标底线,所以,在这一阶段说话往往非常谨慎,通常以介绍自己的来意、谈判人员的情况(姓名、职务、分工等)、本企业的历史、产品的有关情况等为主,并倾听对方的意见和观察其反应。在这一阶段,价格这一敏感问题往往先不在谈话中涉及,而是在倾听对方意见之后,再做决定。

(2) 询价阶段。价格是采购谈判的敏感问题,也是谈判关键的环节,在这一阶段要考虑的问题是:谁先开价、如何开价、对方开价后如何还价等问题。

(3) 磋商阶段。在进行询价后,谈判就进入了艰难的磋商阶段,双方都已经知道了对方的初始报价,所以在磋商阶段主要是双方彼此讨价还价,尽力为己方争取更多利益的阶段。而初始报价已经表明了双方分歧的差距,要为己方争取更多的利益,就必须判断对方为何如此报价,他们的真实意图是什么。可以通过一系列审慎的询问来获得信息,比如这一报价和购买数量的关系,是否包括运费、零配件费用和其他费用在内等。在这一阶段,不适宜马上对对方的回答予以评论或反驳。

(4) 解决分歧阶段。在明确了分歧类型和产生的原因之后,就要想办法消除双方之间分歧。对由于误解而造成的分歧,通过加强沟通、增进了解,一般是可以消除的。由于策略的考虑而人为造成的分歧,比如双方立场相差很远而形成的真正分歧,其消除是非常困难和漫长的,需要高明的策略和技巧。

(5) 成交阶段。经过磋商之后,双方的分歧得到解决,就进入成交阶段。在这个阶段,谈判人员应将意见进行归纳,并办理成交的手续或起草成交协议文件。

3) 检查确认阶段

这是谈判的最后阶段,在这一阶段主要做好以下工作:

(1) 检查成交协议文本。应该对文本进行一次详细的检查,尤其是对关键的词、句子和数字的检查一定要仔细认真。一般应该采用统一的经过公司法律顾问审定的标准格式文本,如合同书、订货单等。对大宗或成套项目交易,其最后文本一定要经过公司法律顾问的审核。

(2) 签字认可。经过检查审核之后,由谈判小组长或谈判人员进行签字并加盖公章,予以认可。

(3) 小额交易的处理。对小额交易直接进行交易,在检查确认阶段,应主要做好货款的结算和产品的检查移交工作。

(4) 礼貌道别。无论是什么样的谈判及谈判的结果如何,双方都应该诚恳地感谢对方并礼貌地道别,这有利于建立长期的合作关系。

总之,在谈判过程中,双方都是力求维护本企业的利益,想方设法使对方让步。如果双方都不让步,谈判就进行不下去,就会谈判破裂,失败。如果双方能够逐步让步、协调,最后大体利益均等,这时谈判双方意见达成一致,谈判就获得成功了。

8.1.3 谈判成功的关键因素

1. 要具备必胜的信念,敢于面对任何困难和挑战

只有具备必胜的信念,才能使谈判者的才能得到充分发挥,使人成为谈判活动的主宰。谈判者必须具备必胜的信念,不仅仅是指求胜心理,而且有着更广泛的内涵和更深的层次。

信念决定谈判者在谈判活动中所坚持的谈判原则、方针,运用的谈判策略与方法。例如,谈判的一方为达到目的不择手段,甚至采取欺诈、威胁的伎俩迫使对方就范,有时,这些做法也是受求胜心理支配。但是企业不能提倡这种必胜信念,这是不道德的。实践也证明,这样做的后果是十分消极的。不择手段的做法使企业获得了合同,也获得了利益,但它使企业失去了信誉,失去了朋友,失去了比生意更加宝贵的东西。必胜的信念应该符合职业道德,具有高度理性的信心、自信心。这是每一个谈判人员要想取胜的心理基础。只有满怀取胜信心,才能有勇有谋、百折不挠,达到既定目标,才能虚怀若谷,赢得对方信任,取得成功的合作。

2. 谈判者要有耐心,要很好地控制自己的情绪

耐心是心理上战胜谈判对手的一种战术与谋略,也是成功谈判的心理基础。在谈判中,耐心表现为不急于取得谈判结果,能够很好地控制自己的情绪,掌握谈判的主动权。耐心可以使人们更多地倾听对方,了解掌握更多的信息。有关统计资料表明:人们说话的速度是每分钟120~180个字,而大脑思维的速度却是它的4~5倍。这就是为什么常常对方还没讲完,人们却早已理解的原因。但如果这种情况表现在谈判中却会直接影响谈判者倾听,会使思想"溜号"的一方错过极有价值的信息,甚至失去谈判的主动权,所以保持耐心十分重要的。

3. 谈判者要有诚意

受诚意支配的谈判心理是保证实现谈判目标的必要条件。诚意是谈判的心理准备,只有在双方致力于合作,才会全心全意考虑合作的可能性和必要性,才会合乎情理地提出自己的要求和认真考虑对方的要求。所以说,诚意是双方合作的基础。

诚意也是谈判的动力。希望通过洽谈来实现双方合作的谈判人员会进行大量细致、周密的准备工作,拟订具体的谈判计划,收集大量的信息,全面分析谈判对手的个性特点,认真考虑谈判中可能出现的各种突发情况。诚意不仅能够保证谈判人员有良好的心理准备,而且也使谈判人员心理活动始终处于最佳状态中,在诚意的前提下,双方求大同、存小异,相互理解,相互让步,以求达到最佳合作。

4. 善于树立第一印象

在知觉认识中,一个最常见的现象就是第一印象决定人们对某人某事的看法。许多情况下,人们对某人的看法、见解往往来自于第一印象。如果第一印象良好,很可能就会形成对对方的肯定,否则,很可能就此形成否定态度。

正是由于第一印象的决定作用,比较优秀的谈判者都十分注意双方的初次接触,力求给对方留下深刻的印象,赢得对方的信任与好感,增加谈判的筹码。第一印象的形成主要取决于人的外表、着装、举止和言谈。通常情况下,仪表端正、着装得体、举止大方稳重,较容易获得人们的好感。但心理学家研究发现,如果一个人很善于沟通感染别人,那么其给人的第一印象也比较好。

5. 营造和睦的谈判氛围

和睦的谈判氛围是谈判双方良好沟通的基础,能够加快谈判目标的达成。拥有和睦的谈判气氛,谈判的双方就有了"共同的语言",并能够促进双方相互理解。

营造和睦的谈判气氛最有效的手段有两种:第一种是尽量使自己的声调和语调与对方和谐。如果按照对方的说话和频率来改变自己的说话速度和频率,就会发现可以引导对方的说话速度和频率按照自己的说话速度和频率走,这样在交谈方面不知不觉地就会建立起和谐的气氛。第二种手段是采用与对方相协调的身体姿势。在谈判中,如果采取与对方相似的举动,自然而然就会形成和谐关系。但是在这个过程中,要避免给对方造成模仿的感觉。

6. 表述准确、有效

无论在什么谈判中,正式谈判的第一项内容都是陈述自己的条件,说希望达到什么样的目的以及如何实现这个目标。作为建立良好谈判的基础之一,正确、完整、有效地表述是非常重要的。说话语调保持平稳,说话时吐字清晰,可以保持较慢的说话速度,但一定要自始至终保持一样的声调,这样会显得权威和自信,同时,在说话的时候切不可埋头,要用温和的眼光看对方。

7. 采用稳健的谈判方式

稳健的谈判方式要求谈判者坚持自己的权利,同时尽可能地顾及他人的权利。因此,在谈判中,要考虑他人的要求和意见,开诚布公地陈述自己的要求和意见(并不是说直接将自己的底牌亮给对方)。进攻意味着将双方的关系对立起来,而稳健的方式却是为了找到共同的解决办法而一起努力工作,从而创造双赢的谈判气氛。

8. 正确使用臆测

臆测是指在某一客观条件下人的主观猜想、揣测。在谈判中,臆测的作用是重要的,它一方面帮助企业预测未来可能发生的事情,但应注意不要被头脑中想当然的思想所左右,克服的最好办法就是谈判的双方都参与发现事实、分析论证、寻找真实情况。经过双方确定的事实是解决问题的基本要素,只有充裕的时间分析和发现事实,才能找出双方的分歧,同时又能发现有价值的事实。谈判时所坚持的或不可改变的一切就不会那样不可动摇,一切都可以商议。

9. 拒绝方式要正确

谈判者在处理对方提出的棘手问题时,需要诚心诚意和开诚布公地说"不"。但是在说"不"的时候,需要讲究方式和方法。一般来说,成功的谈判者在说"不"的时候,一般将拒绝的原因放在前面,而后才提出拒绝。例如,错误的拒绝方式:"我不同意,因为这个价格超过我们的进货价格。"正确的拒绝方式:"你的这项价格要求超过了我们进货的价格,所以我们不能接受。"

8.1.4 一些常用的谈判技巧

1. 采购谈判的主旨和方法

在采购谈判中,采购部门或采购人员通常要求供应商给予最优惠的价格或者最大的折扣率,并尽可能在交货期、运杂费、售后服务等方面给予优惠条件。那么,采购人员如何去争取这些有利的条件呢? 通过多年的工作总结,现把采购谈判中的主旨和方法概括为"四有",即有理、有据、有节、有义。

1) 有理

所谓有理,就是采购人员与供应商有讨价还价的理由。当然有些理由不是每次谈判都一锅端上来,而是要根据场合和对象,掌握谈判的层次来运用。

谈判的前提是谈判双方都要求得到某些东西,否则,他们就会彼此对另一方的要求不闻不问,双方也就不会有讨价还价发生了。

一般来讲,在采购业务谈判中供应商都希望尽可能扩大其产品的市场占有率,提高市场知名度,同时推销人员为完成销售任务也常表现出积极灵活的态度。对于采购人员来说,就是要充分利用供应商满足本身需要的心理变化,选择不同的理由和方式去顺应、抵制或改变对方的动机方向,以达到理想的效果。

2) 有据

所谓有据,就是要有根据,就是我们在进入谈判之前应该占有并在谈判中酌情运用一切有关的信息和资料。比如:

(1) 对同类产品有哪些供应商及其生产历史、生产成本、销售价格、经营状况等情况应有较为详细的了解。

(2) 对选定产品的厂家产品说明书、价格表、用户反馈意见、售后服务措施等应掌握清楚。

(3) 对当时物价指数、原材料市场情况、产品供求情况也应尽可能了解,对商家营销策略、国家税收政策等都应非常熟悉。掌握这些信息要靠平时积累收集,其中有些要靠在谈判中注意探听、分析。不做任何准备的谈判,无疑会使自己处于盲目和被动的地位。

3) 有节

所谓有节,就是谈判条件要适当,谈判方法要有节奏。具体表现如下:

(1) 要求供应商提供优惠条件时,不可漫无边际地讲话。否则,往往会使谈判陷于无意义的僵持状态,甚至不欢而散。事实上在采购谈判中,不同性质的厂家、不同地区、不同产品、不同时期,其最终可能谈妥的优惠折扣和其他优惠条件不一定完全相同。

(2) 谈判要求的尺度取决于自己对情况的调查,对自己信心、能力的把握和经验积累。事情成功有时就在于再坚持一下之中。

(3) 谈判时要采取有节制的态度,保持冷静的头脑,注意谈判进程的节奏。遇上僵持状态,不要急于求成,有时将谈判"冷冻"一下,给对方一个回旋的余地,欲擒故纵,反而会使谈判顺利得多。

(4) 谈判要注意语言技巧。从询价摸底到成本分析、条款落实,任何时候话不能说得太绝对,要给自己留下一个回旋的余地。有时要学会"妥协",以退为进,达到预定的目标,也是成功的谈判。

4) 有义

所谓有义,就是采购人员在谈判时要有正确的出发点、正确的态度。与供应商建立良好的关系已经成为众多企业关注的事情,其实供需双方的大目标是一致的,那就是增加彼此利润。双方只有本着建立良好的互惠互利、携手共进的协作关系,才能通过谈判增进了解,培养友谊。总而言之,谈判是一种合作事业,必须追求共同的利益。在一场成功的谈判中,每一方都是赢者。因此,谈判态度自始至终应该是不卑不亢、沉稳豁达、热诚大度、彬彬有礼。俗话说"买卖不成仁义在",无效的事实证明,供需良好的协作关系要靠双方共同努力,尤其是当事人的共同努力,才能保持长久、健康的发展。

2. 采购谈判的策略

谈判策略是在实施战略时所采取的短期计划和活动,有意造成对方成交位置的改变,影响其他人来实现自己谈判的目标。在谈判过程中,谈判者可以选择合理的策略来努力说服对方,以保证双方在希望的特定位置成交。此外,谈判者必须了解对方采取了何种策略,即知己知彼,百战百胜,了解对方策略可以减少自己在谈判中无效性策略的使用。

1) 避免争论策略

谈判中出现分歧是很正常的事。出现分歧时应始终保持冷静,防止感情冲动,尽可能地避免争论。因此,应注意冷静地倾听对方的意见,婉转地提出不同的意见,谈判无法继续时应马上休会。

2) 抛砖引玉策略

抛砖引玉策略是指在谈判中,一方主动提出各种问题,但不提供解决的办法,让对方来解决。这一策略不仅能表示尊重对方,而且还可摸清对方的底细,争取主动。但这种策略在以下两种情况下不适用:一是谈判出现分歧时,对方会误认为是故意在给其出难题;二是若对方是一个自私自利、寸利必争的人,就会乘机抓住对其有利的因素,使己方处于被动地位。

3) 留有余地策略

在实际谈判中,不管是否留有余地或真的没留什么余地,对方总认为你是留有余地的,所以在对方最看重的方面做了让步,可在其他条款上争取最大利益。

以下两种情况尤其需要这种策略:

(1) 对付寸利必争的谈判方;

(2) 在不了解对方的情况下。

4) 避实就虚策略

避实就虚策略是指己方为达到某种目的和需要,有意识地将洽谈的议题引导到相对次要的问题上,借此来转移对方的注意力,以求实现己方的谈判目标。

5) 保持沉默策略

保持沉默,是处于被动地位的谈判人员常用的一种策略,是为了给对方造成心理压力,同时也能起到缓冲的作用。但是如果运用不当,易于适得其反。

6) 情感沟通策略

满足人的感情和欲望是人的一种基本需求,在谈判中充分利用感情因素以影响对方,则不失为一种可取的策略。

7) 多听少讲策略

多听少讲是忍耐的一种具体表现方式,即让对方尽可能多地发言,充分表达其观点,这样做既能表示尊重对方,也可使己方根据对方的要求,确定己方对付对方的具体策略。

8) 忍气吞声策略

谈判中占主动地位的一方有时会以一种咄咄逼人的姿态表现自己。这时如果表示坚决反对或不满,对方会更加骄横甚至退出谈判。这时可对对方的态度不做任何反应,采取忍耐的策略,则可慢慢地消磨对方的棱角,挫其锐气,以柔克刚,反而能转弱为强。

9) 先苦后甜策略

在讨价还价过程中,逐步地做出让步。供应商鉴于这种慷慨表现,往往会同意适当地降价。而事实上这些"让步"是己方本来就打算给供应商的。但要注意的是这一策略只有在谈判中处于主动地位的一方才有资格使用。

10) 最后期限策略

处于被动地位的谈判者,总有希望谈判成功达成协议的心理。当谈判双方各持己见、争执不下时,处于主动地位的谈判者就可利用这一心理,提出解决问题的最后期限和解决条件。

3. 采购谈判的技巧

在了解了谈判所应遵循的原则的基础上,在实际谈判中还可以总结出许多规律性、技巧性的经验和策略,我们称之为谈判的技巧。

1) 入题技巧

(1) 迂回入题。为避免谈判时单刀直入、过于暴露、影响谈判的融洽气氛,谈判时可以采用迂回入题的方法,如先从题外话入题,从介绍己方谈判人员入题,从"自谦"入题,或者从介绍本企业的生产、经营及财务状况入题等。

(2) 先谈细节,后谈原则性问题。围绕谈判的主题,先从洽谈细节问题入题,条分缕析,丝丝入扣,待各项细节问题谈妥之后,也便自然而然地达成了原则性的协议。

(3) 先谈一般原则,再谈细节。一些大型的经贸谈判,由于需要洽谈的问题千头万绪,双方高级谈判人员不应该也不可能介入全部谈判,往往要分成若干等级进行多次谈判。这就需要采取先谈原则问题,再谈细节问题的方法入题。一旦双方就原则问题达成了一致,那么,洽谈细节问题也就有了依据。

(4) 从具体议题入手。大型谈判总是由具体的一次次谈判组成,在具体的每一次谈判中,双方可以首先确定本次会议的谈判议题,然后从这一议题入手进行洽谈。

2) 阐述技巧

(1) 开场阐述。谈判入题后,接下来就是双方进行开场阐述,这是谈判的一个重要环节。

① 开场阐述的要点。一是开宗明义,明确本次会谈所要解决的主题,以集中双方的注意力,统一双方的认识。二是表明己方通过洽谈应当得到的利益,尤其是对己方至关重要的利益。三是表明己方的基本立场,可以回顾双方以前合作的成果,说明己方在对方所享有的信誉,也可以展望或预测今后双方合作中可能出现的机遇或障碍,还可以表示己方可采取何种方式为共同利益做出贡献等。四是开场阐述应是原则性的,而不是具体的,应尽可能简明扼要。五是开场阐述的目的是让对方明白己方的意图,创造协调的洽谈气氛。因此,阐述应以诚挚和轻松的方式来表达。

② 对对方开场阐述的反应。一是认真耐心地倾听对方的开场阐述,归纳弄懂对方开场阐述的内容,思考和理解对方的关键问题,以免产生误会。二是如果对方开场阐述的内容与

己方意见差距较大,不要打断对方的阐述,更不要立即与对方争执,而应当先让对方说完,认同对方之后再巧妙地转开话题,从侧面进行谈判。

（2）对方先谈。在谈判中,当己方对市场态势和产品定价的新情况不太了解,或者当己方尚未确定购买何种产品,或者己方谈判人员无权直接决定购买与否的时候,一定要坚持让对方先说明可提供何种产品、产品的性能如何、产品的价格如何等,然后再审慎地表达意见。这种先发制人的方式,常常能收到奇效。

（3）坦诚相见。谈判中应当提倡坦诚相见,不但将对方想知道的情况坦诚相告,而且可以适当透露己方的某些动机和想法。

坦诚相见是获得对方同情的好办法,人们往往对坦诚的人自然有好感。但是应当注意,与对方坦诚相见,难免要冒风险。对方可能利用这点逼己方让步,己方也可能因为坦诚而处于被动地位,因此,坦诚相见是有限度的,并不是将一切和盘托出。总之,应以既赢得对方的信赖又不使自己陷于被动地位、丧失利益为度。

3）提问技巧

提问能摸清对方的真实需要,掌握对方的心理状态,表达自己的意见观点。

（1）提问的方式。提问的方式有:封闭式提问;开放式提问;婉转式提问;澄清式提问;探索式提问;借助式提问;强迫选择式提问;引导式提问;协商式提问。

（2）提问的时机。提问的时机有:在对方发言完毕时;在对方发言停顿、间歇时;在自己发言前后;在议程规定的辩论时间。

（3）提问的其他注意事项。提问时还应注意:提问速度、对方心境;提问后给对方足够的答复时间;提问时应尽量保持问题的连续性。

4）答复技巧

答复时应注意:不要彻底答复对方的提问;针对提问者的真实心理答复;不要确切答复对方的提问;降低提问者追问的兴趣;让自己获得充分的思考时间;礼貌地拒绝不值得回答的问题;找借口拖延答复。

5）说服技巧

说服技巧具体包括:讨论先易后难;多向对方提出要求、传递信息,影响对方意见;强调一致、淡化差异;先谈好后谈坏;强调合同有利于对方的条件;待讨论赞成和反对意见后,再提出你的意见;说服对方时,要精心设计开头和结尾,要给对方留下深刻印象;结论要由乙方明确提出,不要让对方揣摩或自行下结论;多次重复某些信息和观点;多了解对方、以对方习惯的能够接受的逻辑方式去说服对方。

6）还价的技巧

（1）还价要有弹性。在价格谈判中,还价要讲究弹性。对于采购人员来说,切忌不要漫天还价,乱还价格,也不要一开始就还出了最低价。前者让人觉得是在"光天化日下抢劫",而后者却因失去弹性而处于被动,让人觉得有欠精明,使价格谈判毫无进行的余地。

（2）化零为整。采购人员在还价时可以将价格集中开来。化零为整,这样可以在供应商心理上造成相对的价格昂贵感,以收到比用小数目进行报价更好的交易。在报价时,不妨将价格换个说法,化零为整,化大为小,从心理上加重商品价格的昂贵感,给供应商造成很大的压力。

（3）过关斩将。所谓"过关斩将"，即采购人员应善用上级主管的议价能力。通常供应商不会自动降价，必须采购人员据理力争，但是供应商的降价意愿与幅度，视议价的对象而定。因此，如果采购人员对议价的结果不太满意，此时应要求上级主管来和供应商议价，当买方提高议价者的层次，卖方会有受到敬重的感觉，可能同意提高降价的幅度。

（4）压迫降价。所谓压迫降价，是买方占优势的情况下，以胁迫的方式要求供应商降低价格，并不征询供应商的意见。这通常是在卖方处于产品销路欠佳，或竞争十分激烈，以致发生亏损和利润微薄的情况下，为改善其获利能力而使出的撒手锏。

（5）敲山震虎。在价格谈判中，巧妙地暗示对方存在的危机，可以迫使对方降价。通过暗示对方不利的因素，从而使对方在价格问题上处于被动，有利于使自己提出的价格获得认同。

任务二　采购合同

8.2.1　采购合同的含义、特征及作用

1. 采购合同的含义

采购合同是一种经济合同，是法人之间为实现一定的经济目的，明确相互的权利义务关系而签订的书面契约。采购合同的订立是在交易双方自愿、互利基础上签订的，一经签订就具有法律效力，并受法律保护。

采购合同是指供需双方在进行正式交易前为保证双方的利益，对供需双方均有法律约束的正式协议，有时也称为采购协议。

2. 采购合同的特征

采购合同具有以下主要特征：

（1）它是转移标的物所有权或经营权的合同。采购合同的基本内容是出卖人向买受人转移合同标的物的所有权或经营权，买受人向出卖人支付相应货款，因此它必然导致标的物所有权或经营权的转移。

（2）采购合同的主体比较广泛。从国家对流通市场的管理和采购的实践来看，除生产企业外，流通企业也是采购合同的重要主体，其他社会组织和具有法律资格的自然人也是采购合同的主体。

（3）采购合同与流通过程密切联系。流通是社会再生产的重要环节之一，对国民经济和社会发展有着重大影响，重要的工业品生产资料的采购关系始终是国家调控的重要方面。采购合同是采购关系的一种法律形式，它以采购这一客观经济关系作为设立的基础，直接反映采购的具体内容，与流通过程密切相连。

3. 采购合同的作用

采购合同可以清楚地记载双方的权利与义务，避免空口无凭。采购合同的作用如下：

（1）可确定采购双方应履行的事项。采购行为若凭当事人的口头约定，则缺乏具体的凭据。一项交易行为，如其交易内容很单纯而在短时间内即可完成交货者，发生问题的可能性当然不多，但是交易条件繁杂而完成交易期限较长时，若无书面的合同为凭，则双方对于彼此应

履行的事项,可能发生认识上的差距,所以必须订立书面合同书,以确定双方的权利与义务。

(2) 可作为法律上的书面证据。采购行为发生纠纷,而采购双方未能协商解决,必须诉诸法律诉讼方式时,除非合同书内容违法外,合同书将优先被法院采纳为证明文件。

(3) 可作为解决采购纠纷的依据。合同书内会明确规定采购双方间的权利与义务,以及发生纠纷时的解决方法,所以一旦供应商不能依规定交货或履行合同行为发生差异时,便可根据合同条文,迅速采取补救措施。

(4) 可订立自治条款。国外采购,采购双方所涉及者,常是两个或两个以上不同国家的法律,并无统一的法律制度共同遵守,因此要以当事人之间所订立的自治条款作为履行合同的重要依据,譬如指明诉讼的法院所在地。

❓小思考

合同的形式有哪些? 采购合同适应于哪种形式?

8.2.2 采购合同的条款

采购合同的条款其实就是采购合同正文的内容。

1. 数量条款

数量是指采用一定的度量制度对物料进行量化,以表示出物料的重量、个数、长度、面积、容积等。

数量条款的主要内容是:交货数量;单位;计量方式。在制定数量条款过程中,必要时还应清楚说明误差范围。

2. 价格条款

价格是指交易物料每一计量单位的货币数值。

价格条款的主要内容有价格术语的选用、结算币种、单价、总价等。具体内容为计量单位的价格金额;货币类型;交货地点;国际贸易;物料定价方式等。

3. 质量条款

质量是指物料所具有的内在质量和外观形态的综合,包括各种性能指标和外观造型。

质量条款的主要内容有技术规范;质量标准;规格;品牌等。

在采购作业中,须以最明确的方式去界定物料可接受的质量标准,一般有以下三种方式来表达物料的质量:

(1) 用图纸或技术文件界定物料的质量标准。

(2) 用国际标准、国家标准和行业标准来界定物料的质量标准。

(3) 用样品来界定物料的质量标准,当用文字或图示难以表达时常用样品来表示,样品也可作为物料的辅助性规格,与图纸或技术文件结合使用。

4. 支付条款

支付是指采用一定的手段,在指定的时间、地点,使用确定的方式支付货款。

(1) 支付手段有货币或汇票,一般是汇票。

（2）付款方式：银行提供信用方式（如信用证）；银行不提供信用但可作为代理（如直接付款或托收）。

（3）支付时间：预付款；即期付款；延期付款。

（4）支付地点：付款人或指定银行所在地。

5. 检验条款

在一般的买卖交易过程中，物料的检验是按照合同条件对交货进行检查和验收，涉及质量、数量、包装等条款，主要包括检验时间、检验机构、检验工具、检验标准及方法等。

6. 包装条款

包装是为了有效地保护物料在运输存放过程中的质量和数量要求，并利于分拣和环保，把物料装进适当容器的操作。

包装条款的主要内容有包装材料、包装方式、包装费用和运输标志等。其内容有标志；包装方式；材料要求；环保要求；规格；成本；分拣运输标志等。

7. 装运条款

装运是指把物料装上运载工具并运送到交料地点。

装运条款的主要内容有运输方式；装运时间；装运地与目的地；装运方式；装运通知等。

8. 保险条款

保险是企业向保险公司投保，并交纳保险费，物料在运输过程受到损失时，保险公司向企业提供经济上的补偿。

保险条款的主要内容包括：确定保险类别及其保险金额，指明投保人并支付保险费。

9. 仲裁条款

仲裁条款以仲裁协议为具体体现，是指买卖双方自愿将其争议事项提交第三方进行裁决。仲裁协议的主要内容有仲裁机构；适用的仲裁程序；适用地点；裁决效力等。

10. 不可抗力条款

不可抗力是指在合同执行过程中发生的、不可预见的、人力难以控制的意外事故，如战争、洪水、台风、地震等，致使合同执行过程被迫中断。遭遇不可抗力的一方可因此免除合同责任。不可抗力条款的主要内容包括不可抗力的含义；适用范围；法律后果；双方的权利义务等。

> **资料链接**

合同的附加条款

● 交货方式。新品交货，附带备用零件、交货时间与地点等规定。

● 验收方式。检验设备、检验费用、不合格品的退换等规定，超交或短交数量的处理。

● 罚则。迟延交货或品质不符的扣款，停权处分或取消合同的规定。

● 履约保证。按合同总价百分之几，退还或没收的规定。

● 品质保证。保证期限、无偿或有偿条件等规定。

● 仲裁或诉讼。买卖双方的纷争、仲裁的地点或诉讼的法院。

● 其他。例如，卖方保证买方不受专利权侵害的控诉。

8.2.3 采购合同的订立

采购合同确认了供需双方之间的购销关系和权利与义务。合同依法订立后,双方必须严格执行。因此,采购人员在签订采购合同前,必须审查供应商的合同资格、资信及履约能力,按合同法的要求,逐条订立购货合同的各项必备条款。

1. 订立采购合同的审查资格

1) 审查供应商的合同资格

为了避免和减少采购合同执行过程中的纠纷,在正式签订合同之前,采购人员首先应审查供应商作为合同主体的资格。它直接关系到所签订合同是否具有法律效力。

(1) 法人资格审查。审查供应商是否属于经国家规定的审批程序成立的法人组织。在审查供应商法人资格时应注意:没有取得法人资格的社会组织、已被吊销营业执照取消法人资格的企业或组织,无权签订购货合同。要特别警惕一些根本没有依法办理工商登记手续或未经批准的所谓"公司",他们或私刻公章冒充法人;或假借他人名义订立合同,旨在骗取购货方的货款或定金。同时,要注意识别那些没有设备、技术、资金和组织机构的"四无"企业,他们往往在申请营业执照时弄虚作假,以假验资、假机构骗取营业执照,虽签订供货合同并收取货款或定金,但根本不具备供货能力。

(2) 法人能力审查。法人能力审查主要是审查供应商的经营活动是否超出营业执照批准的范围。超越其业务范围以外的经济合同,属无效合同。法人能力审查还包括对签约的具体经办人的审查,购货合同必须由法定代表人或法定代表人授权的承办人签订。法定代表人就是法人的主要负责人,如厂长、总经理等,他们对外代表法人签订合同。

法人代表也可授权业务人员,如推销员、采购员作为承办人,以法人的名义订立购货合同。

承办人必须有正式授权证明书,方可对外签订购货合同。法人的代表人在签订购货合同时,应出示本人的身份证明、法人的委托书、营业执照或副本。

2) 供应商的资信和履约能力审查

资信,即资金和信用。审查卖方当事人的资信情况,了解供应商对购货合同的履约能力,对于在购货合同中确定权利和义务条款,具有非常重要的作用。

(1) 资信审查。具有固定的生产经营场所、生产设备和与生产经营规模相适应的资金,特别是拥有一定比例的自有资金,是一个法人对外签订购货合同起码的物质基础。在准备签订购货合同时,采购人员在向卖方当事人提供自己的资信情况说明的同时,要认真审查卖方的资信情况,从而建立互相信赖的关系。

(2) 履约能力审查。履约能力是指当事人除资信以外的技术和生产能力、原材料与能源供应、工艺流程、加工能力、产品质量、信誉高低等方面的综合情况。总之,就是要了解对方有没有履行合同所必需的人力、物力、财力和信誉保证。

2. 合同变更和解除

当一方要求变更或解除合同时,在新的协议未达成之前,原合同仍然有效。要求变更或解除合同的一方应采取书面形式(文书、电报等)及时通知对方。对方在接到通知后 15 天内

（另有规定或当事人另外商定期限者除外）予以答复,逾期不答复的视为默认。

变更或解除合同的日期,以双方达成协议的日期为准;须报经上级主管部门批准的,以批准的日期为准。另外,签订合同有笔误需要修正的,须经双方协商同意后才生效。

3. 无购货合同

当采购数量不大、货款不多时,常常采用不签订合同的采购方式,购销双方即时货款两清,这就是无购货合同方式。在这种情况下,采购人员应注意:一是向商业信誉良好的厂商采购;二是在检验物资外观的同时,还要注意有无生产厂家标志、有无产品合格证及生产日期等,防止采购假冒伪劣产品;三是所购物资在使用过程中,一旦发生质量问题而使买方遭受人身伤亡或蒙受经济损失时,依照我国民法及有关的产品责任法规处理,产品的生产者及销售者即对受害者构成了侵权行为,受害者或者家属及其他人可起诉,依法追究其法律责任。

8.2.4　采购业务结算

1. 采购业务结算的基本程序

对国内供应商的结算,一般在物料检验通过并且完成入库操作之后进行,所有订单人员(或者专职付款人员)要查询物料入库信息,对已经入库的物料办理付款手续。对于国外供应商,一般是"一手交钱,一手交货",所以对国外采购项目,物料一到岸或者指定的交货地点,付款操作必须完成付款手续至开局付款票据(汇票、信用证等),在验收之后再对供应商进行付款。对于长期采购的供应商,可以通过谈判达成一定的付款周期,如供应商到货一周内付款。

2. 准备付款申请单据

对国内供应商付款,拟制付款申请单,并且附合同、物料检验单据、物料入库单据、发票等。作为付款人员要注意:五份单据(付款申请单据、合同、物料检验单据、物料入库单据、发票)中的合同编号、物料名称、数量、单价、总价、供应商必须一致。

3. 付款审批

付款审批由管理办公室或者财务部专职人员进行,审核内容包括以下三个方面内容:

(1) 单据的匹配性。即以上五份单据在六个方面(合同编号、物料名称、数量、单价、总价、供应商)的一致性及正确性。

(2) 单据的规范性。对单据,特别是发票,其次是付款申请单,要求格式标准、统一、描述清楚。

(3) 单据的真实性。这包括发票的真假鉴别,检验、入库单等单据的真假鉴别等。

4. 资金平衡

如果企业拥有足够的资金,那么本环节可以省略。但是在大多数情况下,企业需要合理利用资金,特别是在资金紧缺的情况下,要综合考虑物料的重要性、供应商的付款周期等因素,以确定首先向谁付款。对于不能及时付款的物料,要充分与供应商进行事先沟通,征得供应商的谅解和同意。

5. 向供应商付款

企业财务部门接到付款申请单及通知后,即可向供应商付款,并提醒供应商注意收款。

6. 供应商收款

企业之间的交易付款活动一般通过银行进行,有时因为付款账号疏漏,可能导致供应商收不到货款。对于大额的付款活动,企业有必要在付款活动之后向供应商做出收款提醒。

8.2.5 采购合同管理

1. 采购合同管理的内容

采购企业在与供应商签订了采购合同后,并不是万事大吉了,而应加强采购合同的管理。采购合同的管理主要包括采购合同的监控、修改、取消以及终止等。

1) 采购合同的监控

采购合同的监控是采购部门的重要工作之一,其目的主要有三个方面:促进合同的正常执行;满足企业的物料需求;保证合理的库存水平。

在采购合同的监控过程中应注意以下几点:

(1) 在合同监控过程中,要注意供应商的质量、货期的变化情况。需要对合同的条款进行修改的,要及时提醒相关人员办理,以利于采购合同的履行。

(2) 注意把采购合同、各种经验数据的分类保存工作做好。有条件的,可以采用计算机软件管理系统进行管理,将采购合同进展状况录入计算机中,借助计算机自动处理跟踪合同。

(3) 供应商的历史表现数据对采购合同的下达及跟踪起到重要的参考价值,因此采购人员应注意利用供应商的历史情况决定对其实施的过程办法。掌握供应商表现数据的多少是衡量采购人员经验水平的一个指标。

小思考

订立的采购合同是否需要公证?没有公证的采购合同是否有效?

2) 采购合同的修改

采购合同的修改,必须由企业或供应商任何一方所提出并经双方同意。

国内采购合同的修改最常用的有交货日期及价格的修改两种,通常见于以下几种情况:

(1) 在合同签订后,供应商因受不可抗力影响,生产设备受损或停工待料,无法于预定进度内完工交料。而供应商又不愿受违约罚款的损失,经企业同意延期交货。此文件视为合同附件之一。

(2) 在生产过程中,基于事实需要,供应商的物料组成部分应增加或修改时,其供应仍由原供应商提供,此项追加或修改物料的约定亦视为合同附件之一。可协调修改合同价格。

(3) 由于工资及物料价格上涨,按采购合同约定的价格,供应商无法履行交货义务,而解约重购对双方均属不利,可协调修订合同价格。

3) 采购合同的取消

采购合同的取消,有三种形式:一是因违约而取消合同;二是因需求变更由企业要求取消合同;三是供需双方同意取消合同。

4) 采购合同的终止

为维护采购双方权益,合同中应说明有终止的措施。一般有以下两种情形:

(1) 合同因期间届满而终止,但规定有效期间者,不另外记载合同终止日期,如国内制造工程合同,合同到期则合同自动消失,但承包商(卖方)对该工程的保修责任,不因合同的终止而消失。

(2) 合同因解除条件的具备、法定解除权的行使或约定解除权的行使而终止。

➤ **资料链接**

采购合同终止说明

(1) 在合同有效期内,除合同另有规定外,经双方同意,可终止合同。否则视实际需要,可要求对方赔偿损失。

(2) 企业因供应商所交物料有瑕疵,需解除合同或请求减少价金。但其解除权或请求权于物料交付后 6 个月内,不行使而消失。

(3) 信用证规定单据提示的有效期限届至,而供应商仍未能在有效期限内提示物料装运文件并办理押汇手续,企业得以不同意展期为由终止合同,无须负担任何责任。

2. 采购合同管理范围及环节

1) 采购合同管理的范围

在合同管理中,需要对时间进度、预算分配、合同变化、数据管理系统(如果应用了)、数据或硬件的结构变化、质量等领域进行定义并加以控制。

在合同管理过程中,所有项目进度必须细化并确定,包括对成功完成项目很关键的里程碑式的工作。例如,承包了一个建设项目的采购者必须确定所有工作完成的日期。在打好地基之前无法筑墙,在完成主要结构后,才能开始电工方面的工作。对任何大项目都是同样的道理。因此,应该建立计划和控制图表,同时规定各个里程碑式的工作完成的最后日期。下一个任务就是为每项活动做预算,确保留出一定的储备,以应对不可避免的变化和无法预料的问题。制定预算时,应该对以前的每个季度重新回顾一下,必要时进行调整。

另外,如果出现工作领域或部门的转换,必须重新分配预算。应该密切跟踪预算,采取书面报告形式,确保及时发现产生的问题。如果忽视了问题,在采取有效措施之前可能问题已经蔓延扩散了。

对管理者来说,建立一套紧密的管理体系来控制合同变化是非常重要的。这一体系必须能及时恰当地发现每个变化,还应规定具体的指令,如控制变化的水平、谁有操作权限、所涉及的成本、对所有需要的小组成员恰当地反馈信息。如果管理的合同包括了数据,那么,还必须跟踪数据的传送和配置,管理大量的数据需要利用转折点和一个好的报告系统。

质量保证是管理合同的另一个重要方面,来自质量保证部门的恰当报告和部门人员在领导班子会议上的陈述就是指令。在质量领域的问题数量过多将引起进度推延及成本恶化,所以对这一领域必须认真加以管理,以防止对其他经营领域产生负面影响。

2)采购合同管理的环节

合同管理由采购管理专职人员操作,有以下几个环节:

(1)计划审查。审查采购计划是否在规定的时间内转化成订单合同。

(2)合同审批。审查合同号、数量、单位、单价、币种、发运目的地、供应商、到货日期等。

(3)合同跟踪。检查采购合同的执行情况,对未按期到货的合同研究对策、加强监督。

(4)缺料预测。与计划人员一起操作,根据生产需求情况,推测可能产生缺料的物料供应合同,研究对策并实施。

(5)合同变更。根据实际采购情况,妥善处理合同的变更、合同提前终止、合同纠纷等。合同纠纷的解决办法如下:买卖双方协商解决;第三方调解解决;仲裁机构仲裁解决;司法机关组织的诉讼解决。

3. 争议与索赔的处理

在采购过程中,买卖双方往往会因彼此之间的责任和权利问题引起争议,并由此引发索赔、理赔、仲裁以及诉讼等。为了减少争议的产生,并在争议发生后能获得妥善的处理和解决,买卖双方通常都在签订合同时对违约后的索赔、免责事项等内容事先做出明确规定,这些内容反映在合同中就是违约责任条款。

采购业务中,处理好争议和索赔是一项重要工作。索赔一般有三种情况:买卖双方间的贸易索赔;向承运人的运输索赔;向保险人的保险索赔。

1)违反合同的责任区分

在采购合同履行过程中,采购商品未能按合同要求送达买方时,首先应分清是供方责任还是运输方责任,认清索赔对象。索赔责任主要有:

(1)违反采购合同的责任。

(2)违反货物运输合同的责任。当商品需要从供方所在地托运到需方收货地点时,如果未能按采购合同要求到货,应分清责任是货物承运方还是托运方。

(3)已投财产保险时,保险方的责任。对于保险事故造成的损失和费用,保险方在保险金额的范围内承担赔偿责任,被保险方为了避免或减少保险责任范围内的损失而进行的施救、保护、整理等所支出的合理费用,依据保险合同规定偿付。

2)索赔和理赔的注意事项

索赔和理赔既是一项维护当事人权益和信誉的重要工作,又是一项涉及面广、业务技术性强的细致工作。因此,提出索赔和理赔时,必须注意以下问题:

(1)索赔的期限。索赔的期限是指争取索赔一方向违约一方提出索赔要求的期限。关于索赔期限,合同法中有规定的必须依法执行;没有规定的,应根据不同商品的具体情况做出不同的规定。一般来说,农产品、食品等索赔期限短一些,对于一般商品索赔期限长一些,机器设备的索赔期限则更长。

(2)索赔的依据。提出索赔时,必须出具因对方违约而造成需方损失的证据(保险索赔另外规定),当争议条款为商品的质量条款或数量条款时,该证明要与合同中的检验条款相一致,同时出示检验机构的检验证明。如果提出索赔时,证据不全、不足或不清,以及出证机构不符合规定,都可能遭到双方的拒赔。

（3）索赔额及赔偿办法。关于处理索赔的办法和索赔的金额，除了个别情况外，通常在合同中只做一般笼统的规定，而不做具体规定。因为违约的情况较为复杂，当事人在订立合同时往往难以预计。有关当事人双方应根据合同规定和违约事实，本着平等互利和实事求是的精神，合理确定损害赔偿的金额或其他处理的办法，如退货、换货、补货、整修、延期付款、延期交货等。

3）仲裁

仲裁是指经济合同的双方发生争议时，如通过协商不能解决，当事人一方或双方自愿将有关争议提交给双方同意的第三者依照专门的裁决规则进行裁决，裁决的结果对双方都有约束力，双方必须遵照执行。

当采购方与卖方发生纠纷需要仲裁时，可按照一般的仲裁程序到相应的受理机构提出仲裁申请，仲裁机构受理后，经调查取证，先行调解，如调解不成，进行庭审，开庭裁决。

➤ 资料链接

某企业采购合同

甲方：

乙方：

根据《中华人民共和国政府采购法》、《中华人民共和国合同法》、××市政府采购中心BTCG2008-××××中标通知书的要求，经双方协商，本着平等自愿和诚实信用的原则，一致同意签订如下采购合同。

一、货物品牌型号、配置、数量、价格

品　牌	型　号	配　置	数　量	市场价格	采购单价	折扣率	采购总价

以上货款以人民币进行结算，该价格中包括货物本身价、货物运输到采购人指定地点的费用、装卸费、安装费及各项税金等；在合同执行期间，此价格不受任何因素影响。

二、货物质量要求及乙方对质量负责条件和期限

（1）乙方提供的货物必须是全新（包括零部件）的，并且符合国家质量性能检测标准及该产品的出厂标准。

（2）乙方对所供货物提供按厂家提供的维修保养期维护，保养期内非因甲方的人为因素而出现货物的质量问题，由乙方负责；乙方保证负责维修。

三、交货时间、地点、方式

合同签订后____日内，乙方负责将合同规定的货物运到甲方指定的地点并安装完毕，由甲方在5日内验收，验收合格后签署货物验收单作为付款的凭证。

交货地点：按甲方指定地点。

四、乙方应随货物向甲方交付货物的备件及相关的资料

五、付款方式

采购人持供货合同、货物验收单到市财政局政府采购办办理结算款项,通过财政集中支付。

六、违约责任

(1)甲方无正当理由拒收货物,向乙方偿付货款总额3‰的违约金。

(2)甲方未按合同规定的期限付款的,应向乙方偿付货款总额的3‰作为违约金。

(3)乙方所交的货物品种、规格、质量不符合合同规定标准的,甲方有权拒收,因拒收而造成的损失由乙方负责。

(4)乙方不能交付合同规定的货物时,甲方有权拒收,乙方向甲方偿付货款总额3‰的违约金。

(5)乙方逾期不能交付货物时,每超一日,乙方向甲方偿付货款总额3‰的滞纳金。逾期交货超过7天后,甲方有权决定是否继续履行合同;如解除合同,按第六项第4条执行。

七、在执行合同期限内,任何一方因不可抗力事件造成不能履行合同时,应立即通知对方,并寄送有关权威机构出具的证明,则合同履行期可延长。其延长期与不可抗力影响期相同。不可抗力事件延续7天及以上时,双方应通过友好协商,决定是否继续履行合同事宜。

八、甲乙双方应严格遵守谈判文件和竞标文件及本合同约定的权利、义务。

九、竞标过程中,谈判文件、竞标文件及澄清文件等都是合同的组成部分,甲乙双方必须全面遵守,如有违反,应承担违约责任。

十、因货物的质量问题发生争议时,以××市质量技术监督局或双方指定的技术单位质量鉴定结果为准。

十一、本合同执行过程中如发生争议,应本着友好的原则协商解决,协商不成,提交××市仲裁委员会仲裁。

十二、未尽事宜,甲乙双方协商解决,协商内容或结果与本合同具有同样的法律效力。

十三、合同一经双方法人代表或委托代理人签字并加盖公章即为生效。合同一式四份。甲乙双方、市政府采购办、财政集中收付中心各执一份,其效力相同。

甲方: 乙方:

法人代表或委托代理人: 法人代表或委托代理人:

公章: 公章:

地址: 地址:

　　年　　月　　日　　　　　　　　　年　　月　　日

项目小结

谈判是人们以消除分歧,改善相互关系为出发点,通过交换意见、交流信息,最终为了取得一致意见或契合利益而进行的相互磋商的行为和过程。

采购谈判是指企业在采购时与供应商所进行的贸易谈判,采购方想以自己比较理想的价格、商品质量和供应商服务条件来获取供应商的产品,而供应商则想以自己希望的价格和

服务条件向购买者提供自己的商品。当两者不完全统一时,就需要通过谈判来解决,这就是采购谈判。另外,在采购过程中,由于业务操作失误发生的货物的货损、货差、货物质量问题在赔偿问题上产生争议,也要进行谈判,也属于采购谈判。

采购谈判是解决买卖双方采购需求的一个环节,但并非所有的采购需求都需要买卖双方进行详尽的谈判。采购活动的主要目的就是要以最低的成本为企业购得能满足要求的物资,而这必须与选定的供应商共同来完成。在一些相对重要的采购活动实施前,采购方必须与供应商进行面对面的直接接触,进行谈判。可见谈判是采购部门最重要的活动之一,也是采购方与供应商订立采购合同的必要步骤。

➢ **案例分析**

某航空公司缘何贱买麦道机

某航空公司决定向美国麦道公司引进 10 架新型麦道客机,指定常务董事任领队,财务经理为主谈,技术部经理为助谈,组成谈判小组去美国洽谈购买事宜。

谈判从早上 9 点到中午 11 点 30 分,双方价格差距很大,某航空公司一开口就要求降价20%,麦道主谈听了不禁大吃一惊,再看看对方是真的,不像是开玩笑,为了表示诚意就爽快地让步,于是就说,我们可以削价 5%。

双方差距甚大,都竭力为自己的报价陈说一大堆理由,第一轮交锋在激烈的交锋中结束。经过短暂的沉默,某航空公司第二次报价:削减 18%,麦道方还价是 6%,于是又唇枪舌剑,辩驳对方,尽管口干舌燥,可谁也没有说服谁。麦道公司的主谈此刻对成交已不抱太大希望,开始失去耐心,提出休会:"我们双方在价格上差距太大,有必要为成交寻找新的方法,你们如果同意,两天后再谈一次。"

休会原是谈判陷于僵局时采取的一种正常策略,但麦道公司注入了"最后通牒的意味",即"价钱太低,宁可不卖"。某航谈判代表这时不得慎重地权衡得失:价钱还可以争取削低一点,但不能削得太多,否则将触怒美国人,那不仅丧失主动权,而且连到手的 6%让价也捞不到。倘若空着两手回国怎么向公司交代呢?他们决定适可而止。

重新开始谈判,某航一下子降了 6%,要求削价 12%,麦道公司增加 1%,只同意削价7%,谈判又形成僵局。沉默,长时间的沉默。麦道公司的主谈终止交易,开始收拾文件。恰在这时,某航主谈突然十分爽快地说:"你们对新型飞机介绍和推销使我们难以抵抗,如果同意降价 8%,我们现在就起草购买 11 架飞机的合同"(这增加的一架飞机几乎是削价得来的)。说完他笑吟吟地起身,把手伸给麦道公司的主谈。"同意!"麦道的主谈代表也笑了,起身和三位绅士握手:"祝贺你们,用最低的价钱买到了世界上最先进的飞机。"的确,某航代表把麦道飞机压到了前所未有的低价位。

问题:

某航空公司是怎样获得谈判成功的?

提示:

在谈判的时机、价格、技巧等方面要把握好尺度。

同步练习

一、选择题

1. (　　)是指在某一客观条件下人的主观猜想、揣测。在谈判中,臆测的作用是重要的,它一方面帮助企业预测未来可能发生的事情,但应注意不要被头脑中想当然的思想所左右,克服的最好办法就是谈判的双方都参与发现事实、分析论证、寻找真实情况。

A. 臆测　　　　　　B. 想象　　　　　　C. 幻想　　　　　　D. 预计

2. 制订采购订货策略,主要考虑三个方面的问题:需求者的需求类型分析;经营者的经营方式分析;选用合适的(　　)。

A. 管理方法　　　　B. 控制方法　　　　C. 预测方法　　　　D. 经营方法

3. 合作原则包括:量的准则、质的准则、关系准则、(　　)。

A. 价格准则　　　　B. 平衡准则　　　　C. 方式准则　　　　D. 经济准则

4. (　　)主要用于非营利事业的采购,如医院、学校等。

A. 单一采购　　　　B. 集中采购　　　　C. 集合采购　　　　D. 联合采购

二、问答题

1. 采购合同管理的环节有哪些?

2. 采购合同的条款有哪些?

3. 采购谈判的重要性主要表现在哪些方面?

4. 什么叫库存控制系统?有哪些要素?

三、实训题

实训内容:采购谈判技巧

1. 实训目的

(1) 了解采购谈判条款的具体内容。

(2) 掌握采购谈判的技巧。

2. 实训组织

在教师指导下,将班级学生分成6~8人为一组的谈判项目小组,并确定负责人,由教师选择2~3个类型的产品作为谈判的样本对象。小组成员通过充分讨论后,统一认识、统一口径、基本统一谈判标准,最后选出2~3人负责最后的谈判。

3. 实训题目

(1) 收集资料,全面了解所要谈判产品的信息(主要是产品质量、交货及价格条款)。

(2) 对谈判进行详尽的规划(可以分预测、学习、分析与谈判四部分进行)。

(3) 总结出规律性、技巧性,确定谈判技巧方法。

微信扫描
查看拓展资料

项目九　企业内部采购管理

知识目标	技能目标	建议学时
■ 掌握交货期管理和品质管理 ■ 了解采购管理部门的职权分配和采购团队的组建 ■ 掌握采购绩效评估	■ 掌握采购绩效评估的指标和标准 ■ 掌握交货管理的规则 ■ 了解采购管理部门的设置和职责	6

▶ 引导案例

跨国公司的采购

　　企业在竞争中能否制胜取决于实力。领先的核心技术是实力,英明的经营决策是实力,优秀的人力资源是实力,可观的规模效应、优良的企业资产和科学的管理体系等,都是有实力的企业所应具备的。

　　采购管理离不开三个主题:降低成本、提高质量、提高效率。既然采购是"外部"购买行为,就意味着供应商和客户之间的利益关系并不完全一致。为此,要在变动的采购利益关系中准确界定企业的利害关系,并以此为基础展开采购行为。

　　许多跨国公司在操作采购活动中,都采用"业务外包"的做法,将采购部门从单纯的服务于生产的职能中解放出来。耐克(Nike)公司就是一个广为人知的极端例子。这家世界运动鞋霸主没有直接的原材料供应商,甚至没有自己的工厂。在很多发展中国家的工厂里,耐克鞋被日夜不停地生产出来,而工厂的主人却不是耐克。这些工厂拥有自己的原料供应商——布匹、塑料、生产设备等。这些供应商们也同样拥有自己的供应商。

　　耐克无疑是成功的。这种成功在很大程度上是建立在"大采购"战略成功的基础之上的。从生产到广告,从飞机票到午餐,从仓储到市场调研等,都是通过采购得以实现。

　　认识自己的核心能力对于采购也是很重要的。在美国微软公司全球的3万余名雇员中,有超过一半的雇员是从事软件开发的,1万人左右做市场和销售工作,另有4 000人左右从事财务、人事、办公室管理和物流管理工作。其他业务和资源全部通过采购获得。

　　世界饮料工业的头号巨人可口可乐公司也采取了同微软类似的做法。它虽然保留了"可口可乐"工厂,保留了诸如财务、人事等管理职能,但始终把大部分精力投入市场和销售领域。即使在市场部门的工作中,工作的主要内容也是保证利用通过采购获得的消费者研究、零售研究、竞争对手等研究结果的准确性,并保证能够应用到公司的渠道策略、广告策略和新产品开发策略中去。这几年来,可口可乐公司也开始对生产进行采购,即进行"合作生产"，如"天与地""醒目"等。

问题：

企业为什么要特别重视采购工作？

任务一 采购管理部门的职权分配和采购团队的组建

9.1.1 采购管理部门的职权分配

关于采购任务、职责和权利的分配，有以下三个不同的层次需要加以区分。

1. **战略层次**

战略层次涵盖了那些从长远看来影响公司市场地位的采购决策。这个层次的采购决策如下：

(1) 经营方针、程序和任务说明书的制定和发布；

(2) 开发和实施采购作业绩效的审计和复查程序；

(3) 建立长期的合同，与经鉴定的或优先的供应商签订合同（如长期采购协定、特许协议、合作协定、共同设置协定）；

(4) 与供应商战略相关的决策；

(5) 大的投资决策（建筑物、设备、计算机）；

(6) 重大的制造或购买决策，通过这种决策，原先在内部进行的制造活动被转移给外部的供应商；

(7) 与购销一体化有关的决策，也就是在财务上参与供应商的组织以保证关键物料的未来供应；

(8) 与价格转移和公司间的供应政策有关的决策；

(9) 与互惠协议、互惠贸易和易货贸易政策有关的决策。

以上说明了采购和供应决策对公司的竞争战略可能产生的长期的、战略的影响。

2. **战术层次**

战术层次采购职能包含影响产品、工艺和供应商选择的因素。该层次的采购决策有：

(1) 供应商协定；

(2) 准备和发展价值分析程序；

(3) 采用和实施供应商认证程序（包括审计）以改善来料的质量；

(4) 一般的供应商选择和订约，特别是以减少供应商基数为目标的程序。

3. **业务层次**

业务层次指的是与订购和规划预算职能有关的所有活动。这个层次的活动包括物料的订购、监控交货和解决来料的质量争端，具体如下：

(1) 订购过程；

(2) 与发出的订单有关的所有规划预算活动；

（3）供应商表现的监控和评价；

（4）解决纷争。

根据美国《采购世界月刊》对 1 280 个采购部门所做的调查显示，采购部门的职责按其重要性来排列，其前九种重要工作顺序如下：① 评估现有的供应商；② 选择及开发新的供应商；③ 安排采购及交货日期；④ 谈判采购合约；⑤ 从事值分析的工作；⑥ 自制或采购（外包）的决策；⑦ 指定运输方式；⑧ 控制存货；⑨ 租赁或买断的决策。

由上可知，采购部门是以寻求合格的厂商以维持物料的充分供应为最重要的职责，但是，除此之外，采购部门的职责逐渐从传统的业务层次提升到战略层次。

9.1.2　优秀采购团队的组建

为了提高采购管理的效率，可以使用多种方法，组建采购团队就是众多方法中的一种。

这种方法通过组建不同类型的团队，如跨职能的采购团队、有供应商参与的采购团队、新产品开发团队，把分散采购的灵活性和集中采购的低成本优势结合起来，从而使采购管理对企业的成长发挥更大的作用。组建采购团队是供应链管理的一种应用、一种变形。

1. 采购团队的奋斗目标

团队的核心是共同奉献，否则，团队只是松散的个人集合。这一点，采购团队也不例外。采购团队的每一成员都要有大局意识、奉献精神，愿意为完成共同的采购目标而奋斗。

具体目标如下：

（1）共同开发公司的采购战略。制订正确的采购战略仅靠采购部门是无法完成的，它需要销售、质检、公关、生产等各部门的共同努力，这是因为采购战略必须服从公司的整体战略，必须和各部门相互协调。例如，采购工作如果没有生产部门的参与，采购的原材料就可能满足不了生产的要求，毕竟原材料是为生产服务的。

（2）开发新产品。开发新产品本是设计部门的责任，但如果有采购部门、供应商的参与，就可以缩短开发时间，降低开发成本。因为这样可以使采购部门随时了解开发进程，及时采购需要的零部件，供应商也可以根据设计的要求及时生产所需的原材料。

（3）对供应商进行选择、评价、管理。

（4）对采购的物料进行调查、分析。

采购团队的具体目标还有很多，但是要围绕着降低公司总成本、提高采购效率、进而提高整个公司的运作效率而提出。

2. 采购团队类型及组建流程

1）多部门组成的采购团队

多部门的采购团队至少由来自三个不同职能部门的人员组成，他们在考虑采购目标的基础上，共同完成采购有关的工作。发挥跨职能采购团队的目标主要有五个：① 缩短采购时间；② 采购问题的解决；③ 发展协作、推动产品革新；④ 推动整体战略目标的实现；⑤ 帮助团队中每个成员的发展。

2）有供应商参与的采购团队

吸收供应商参与的团队，相互交流信息，有利于对供应商的管理，确保得到优质的原料和服务,同时,对新产品的开发也有很大的支持作用。

3)有最终消费者参与的采购团队

最终消费者参与的团队,有利于企业及时了解消费者的需求变化,更好地改进自己的产品。设计的变化,必然要求采购的变化,这样更方便采购部门及时制订和修正自己的计划。

采购团队的组建一般包括计划、执行、监督、调整四个阶段。

3. 专业采购人员的要求

公司中设有不同的采购职位,对不同职位的采购人员的要求也不同。

1)公司采购者

就大批货物(原材料)或大的投资项目(如制造设备和计算机硬件和软件)进行谈判是他们的任务。他们的对应人员通常是客户经理,其受教育程度较高并且经验丰富,因此要求公司采购者最好拥有相似的背景,通常是大学水平。

2)采购工程师

采购工程师通常的任务是短期规划和较多的运营任务。由于必须经常与工程师和其他技术专家会见和交谈,因此他们要有足够的技术背景,并且与商业技能相结合。他们的具体工作包括市场调查、供应商的选择以及准备和实施与供应商的合同谈判。

3)项目采购者

项目采购者的任务与工程师的任务有点相似。然而,采购工程师考虑生产用物资,而项目采购者主要考虑投资设备类货物。对于这个职务而言,大学生的专业教育背景是必需的。由于这些决策通常要求采用团队的方法,项目采购者应该拥有一定的沟通和表达技能。

4)物料计划员

物料计划员对物料计划和订购负责。那些在物料领域计算机化的公司中,这两个任务经常综合为一种职能。物料计划员主要依照年度计划购买物料。此外还要对供应商的质量和交货表现进行监督和控制。对于这个职位而言,中级的教育水平已足够了,最重要的是个人能力,如工作取向和有效的组织工作的能力。除此之外,这个职位提供了熟练采购工作的良好机会。

5)MRO采购者

MRO采购者一般需要大学专科的教育背景就足够了。MRO的品种通常很多,MRO采购者的任务是有效的管理这些品种,而不是力争使每个单独的项目的性能价格比最优。因此,对于MRO采购者而言,物流管理技巧(特别是存货管理和订货管理)是基本要求。

❓**小思考**

企业应如何加强对采购管理人员的监管?

任务二　交货期管理

在市场竞争中,很多企业愈发意识到,交货速度往往是竞争优势的首要因素。而物料采购的交货控制至关重要。交货期太早,势必会增加仓储管理费用及损耗,积压资金且负担利息;交货期延迟,会造成停工待料、机器及工人闲置,更会影响企业信誉,或受合约限制而导致逾期罚款或赔偿损失。总之,交货延迟一旦发生,后续的一连串计划(生产计划、出货、输送、销售等)即会发生异常。影响到公司内外的各种事务,甚至造成顾客抱怨,进而使生产成本增加、制造过程混乱,丧失应得的利润。

9.2.1　交货期及其构成

1. 交货期的含义

交货期是指从采购订货日开始到供应商送货日为止的时间长短。

2. 交货期的构成

实际交货期的长短与前置时间有很大的关系,交货期是由供应商决定的而非客户随意指定。

交货期是由以下六项前置时间构成的,所有前置时间的总和又称为累积前置时间。

1) 行政作业前置时间

行政作业所包含的时间存在于采购与供应商之间,共同完成采购行为所必须进行的文书及准备工作。在采购方,包括了选择或开发供应商、准备采购订单、取得采购授权、签发订单等;在供应方,则包括采购订单进入生产流程、确认库存、客户信用调查、生产能力分析等。

2) 原料采购前置时间

供应商为了完成客户订单,也需要向自己的供应商采购必要的原材料,如塑胶、金属原料、纸箱等,需要花费一定的时间。在订单生产型模式下,产品的生产是等收到客户订单之后才开始的。依订单生产的形态,原料的采购占总交货期时间的比例相当大。此外,供应商的供应商也有处理订单的前置作业时间,在组合生产型模式下,产品的组合生产也是等收到客户订单后才开始生产,所不同的是一些标准零配件或次组装已事先准备妥当,主要标准零配件、材料和次组装已在订单接到之前完成,并放入半成品区。一旦接到订单,即可按客户的要求从标准零配件或次组装中快速生产出所需产品。而在存货生产型模式下,产品在收到客户订单前已经生产出来并存入了仓库,这种模式对原料采购前置时间的考虑一般很少,通常下了订单后就可安排运送并可确定到货时间。

3) 验收与检验前置时间

该时间包括:① 卸货与检查,主要检查是否有不完整的出货,数量是否有误,有无明显的包装损坏;② 拆箱检验,确认交货物品是否与订单一致,同时检查数量与外观有无问题;③ 完成验收文件;④ 将物品搬运到适当地点。

4) 生产制造前置时间

这是供应商内部的生产线制造出订单上所订货物的生产时间。一般包括生产线排队时间、准备时间、加工时间、不同工序等候时间以及物料的搬运时间,其中非连续性生产中,排队时间占总时间的一大半。在订单生产型模式下,非加工所占时间较多,所需的交货期也较长。在存货生产型模式下,因生产的产品是为未来订单做准备的,采购交货期相对缩短。在组合生产型模式下,对少量多样的需求有快速反应的能力,交货期比存货生产型模式长,比订单生产型模式短。

5) 运送与物流前置时间

当订单完成后,将货物从供应商的生产地送到客户指定的交货点所花费的时间为运送前置时间,运送前置时间的长短与供应商和客户之间的距离、交货频率以及运输方式有直接关系。

6) 其他前置时间

包括一些不可预计的外部或内部因素所造成的延误以及供应商预留的缓冲时间。

9.2.2 影响交货期的因素

1. 供应商因素

1) 供应商生产能力不足或超能力生产

由于供应商的预防心理,其所接受的订单往往会超过其生产能力,以便部分订单取消时,尚能维持"全能生产"的目标。有时供应商为开发客户,对客户的需求状况及验收标准没有做详尽分析和了解就接受订单,之后发觉力不从心,根本无法生产出满足客户要求的产品,造成无法按时交货。

2) 转包失败

供应商由于受设备、技术、人员和成本等因素的限制,除承担产品的一部分制造外,有时需将部分产品的生产转包给他人。由于供应商未尽职尽责,导致外包加工交货延期,或外包部分产品质量不合格,无法完成组装,最后不得不延期交货甚至无法交货。

3) 制造过程设计不良或产品质量欠佳

有些制造商因为制造过程设计不良,产出率偏低,必须花费大量时间对不合格品加以改造。另外,也可能因为对产品质量的管理欠佳,把关不严,导致最终产品的合格率低下,无法满足交货的数量和质量,造成合同履行不完全。

4) 原材料缺失

供应商在制造过程中也会由于原材料管理不当或其他因素造成原材料短缺,导致制造过程延长,影响按时交货。

5) 报价错误

由于竞争的因素,供应商在采购竞标时为获得订单,报价过低,以致尚未生产即已预知利润过低甚至亏损,因此交货的意愿不强,或将其生产能力转移到其他获利较高的订单上,从而延迟交货。

6) 缺乏责任感和商业信誉

有些供应商在争取订单时态度相当积极,一旦得到订单就消极怠慢,甚至借无法按时交货的理由要求追加成本,如不能得到满足就可能发生延期交货的现象。

2. 采购方因素

1) 紧急订货

采购方由于人为或自然的因素必须进行紧急订货,但供应商没有剩余的生产能力来完成追加订单,如要完成则生产时间要延长,这样交货期也要延迟,从而影响按时交货。

2) 低价采购

由于采购定价过低,供应商虽然接单但交货意愿不强,甚至借延迟交货来要挟采购方追加价格甚至取消订单。

3）采购的前量时间不足

企业内部生产部门或使用部门的需求计划与采购部门的采购计划未能完全配合；生产部门或使用部门对需求日程的计算过于保守，未设定正常的延误宽限，采购计划未就来源或市场可能的变动或影响交货期的因素进行计算，以致造成实际交货时间与计划交货时间不符等。这些都是形成交货期延误的主要原因。

任何需求计划，都应保证各计划的正确性，包括时间、数量等，更需重视各计划之间的配合性。各计划如未能有效配合，只要其中任一计划有误，即会造成整体计划的延误。要防止交货期延误，必须先保证本身计划的健全，而部门之间的计划或业务执行之间的联系，也需要建立良好的制度。

另外，由于请购部门提出请购需求的时间过晚，让采购部门措手不及，或由于采购部门在询价、议价、订购等环节耽搁的时间过多，当供应商接单后，距离交货的日期已不足以保证有足够的时间组织生产，这也会影响交货期。

4）临时变更采购合同内容

供应商在履行采购合同时，如果采购方临时提出变更采购合同内容，比如变更采购物料的规格、设计、材料甚至价格，这都可能导致供应商生产准备不足或无法按变更后的合同履行，从而导致延迟交货。

5）技术指导不周

外包的物料制造或工程，有时需要采购方提供技术指导或支持，如采购方技术支持不周或技术指导不到位，会导致供应商生产延误或影响完工时间，从而导致交货不及时。

6）催货不得当

催货是交货期管理的重要环节和主要措施，是采购方督促供应商按时交货的手段。如果采购人员催货怠慢或催货不及时、不坚决，供应商按期交货的意愿就会大打折扣，往往会导致延迟交货。

3. 其他因素

1）供需双方缺乏协调配合

如期交货是供需双方配合的结果。任何需求计期不仅要保证各计划的正确性，更重要的是要保证各计划之间的协调配合。在供应链环境下，任何协作单位的作业失误都会导致整体计划的延误，因此，良好的交货期管理应建立在供需双方协调配合的基础上，追求整体计划的健全。

2）采购方法运用欠妥

不同的采购方法对供应商的约束和管理也不同。招标采购是常用的一种采购方式，能充分体现公平公正。但双方缺乏长期合作，对供应商的信用和承接订单的能力难以准确掌握，供应商由于利益驱动，在安排交货时可能会以利润多少或客户重要程度为标准，交货期管理难度较大。在招标采购方式下，若想避免供应商延期交货，则应注意对供应商来源的评选。有关投标资格应有适当规范。对曾有不良记录者，应提高警惕。在合约中必须详细规定交货办法及违约赔偿方式，必须规定中标供应商的生产计划进度以及履约督导办法。

3) 不可抗力影响

战争的发生,可能使所需物料受到阻断,虽订有严格的合约,但因属不可抗力因素,多无法索赔或追究责任。倘若采购地区有可能发生战争,应事先研拟适当的"应变计划",以免战争真正发生时,手忙脚乱。

罢工,由于劳资纠纷,可能造成员工罢工而无法生产。尤其在自由地区,经常会发生劳资纠纷,随时会有罢工威胁。故在采购时,应认真调查,凡存在劳资纠纷可能或公司制度欠佳的供应商,应避免与之签约,以防止因罢工延误交货。

自然灾害,如风灾、水灾或地震等,均属不可抗力,而且事先难以预防。对此类原因可能造成的延误,应对各项物料做个别检讨。

经济因素包括通货膨胀、汇率及利息变动等,这些因素会导致厂商的生产成本大幅度增加,如无适当补偿办法,必然会导致毁约停产。

各国政治、法律等因素都可能导致交货延迟。例如,政府间关系的改变,会影响正常商务交往,造成无法履约或取得物料供应。因此,与政治、法律欠安全国家或地区的厂商交易,应随时预防,以免措手不及,造成延误。

9.2.3 交货期管理

1. 采购方交货期管理的措施

采购人员要想有效地控制交货期,必须要做好交货期管理的事前规划、事中执行和事后考核。

1) 事前规划

(1) 确定交货日期及交货数量;

(2) 了解供应商的生产能力及设备利用状况;

(3) 卖方提供生产计划表或交货日程表;

(4) 给予供应商合理的交货时间;

(5) 了解供应商物料管理及生产管理的能力和状况;

(6) 准备替代采购来源。

2) 事中执行

(1) 了解供应商备料情况;

(2) 买方提供必要的材料、模具或技术支持;

(3) 了解供应商的生产效率及生产进度;

(4) 买方加强交货前的催货工作;

(5) 交货期及数量变更及时通知供应商;

(6) 买方尽量减少采购物料规格的变更。

3) 事后考核

(1) 对交货期延迟的原因进行分析;

(2) 检讨是否必须转移订单;

(3) 严格执行对供应商的奖惩办法;

(4) 加强对供应商的选择,与信用良好的供应商建立长期合作关系。

❓ 小思考

采购企业应如何采取措施,加强对供应商的监管?

2. 供应商交货期管理的措施

1) 降低供应商的变异性

供应商面临的需求变动,实际是由客户下单的模式所造成的,当客户(采购方)更改数量、更改变货日期或频繁地更换供应商时,供应商所面临的需求也跟着变动。客户(采购方)的下单模式,则与其主生产过程有极大的关系,因此,采购方最好将重点放在与供应商沟通上,了解供应商的有关情况,而供应商也要了解客户的实际需求,使自己能配合客户实际需求而变动。

2) 缩短整备时间

供应商整备时间的改善可以增加生产排成的弹性,并且能缩短生产时间,在 JIT 生产环境下,其影响尤其显著。

3) 解决生产线上的瓶颈

要依需求量来平衡每一个作业环节的可利用产能,是非常难的事,总会有一些工作站忙不过来,而一些工作站却闲置着。那些忙不过来的工作站就会造成瓶颈现象,而瓶颈现象会影响产出量的多寡,也会影响整个交货期。

4) 改善运送时间

运送时间与供应商和客户之间的距离、交货频率以及运输模式有直接的关系。使用当地的供应商可大幅度缩短运送时间,如果供应商位于海外,无论海运或空运,寻求一个信用良好、价格合理、效率高的货运承揽业者是非常重要的,如货物需要上栈板,货柜内的空间利用也要加以详细计算。若货物不多,也可考虑采用并货的方式,来节省出货成本及时间。

5) 降低行政作业时间

行政作业时间的减少,可通过良好的沟通、正确的资料以及有效率的采购作业流程来进行。

快速的信息沟通可通过不同形态的工具来达成,包括利用电子资料交换、条形码、传真、电子邮件、电话或是交互式多媒体等,信息可快速地传递到任何角落。另外,在主生产流程确定后,要避免紧急插单的情况发生,任何插单的动作都会引起流程的混乱,这时对交货非常不利。

6) 及时供货采购

采用及时供货方式采购,有利于减少库存持有,从而降低成本。

7) 供应商管理库存

供应商承担库存管理的责任,是一个新兴的做法。在这个观念指导下,供应商负责库存的计划与保持,所有库存的所有权属于供应商,直到原料被提领消耗掉,或被转换为成品为止,方转移至客户。

➤ **案例分析**

东风汽车公司供应部的采购质量管理实践

为建立和完善质量体系,东风汽车公司供应部完善了采购质量管理工作,建立了文件化质量体系,通过了第三方认证。通过多年运行,供应部结合质量体系自查,公司内审和第三方审核中暴露的问题,适时地进行了体系文件的维护,先后5次进行修订,使文件的符合性和使用性不断提高,保证了质量体系的长期有效运行。为加强合同质量监控,该供应部对原材料采购合同实行严格质量、价格审核,杜绝了降低质量标准采购现象的发生。

为确保进出库原材料不出现错、漏、误检而导致的批量质量事故,该部在修订完善各项工作标准的基础上,重点加大了原材料检验规程及标准执行情况的检查和考核力度,进货检验得到了进一步规范。

为促进供应商建立运行有效的质量体系,东风汽车公司供应部在对供应商情况进行调查的同时,将质量体系认证情况纳入供应商评价体系,并先后对8家供应商质量体系认证进行论证,对43家供应商质量体系论证情况进行了确认。为合理资源配置,该部每季度对供应商进行一次综合评价,为订货引入了竞争体制。为促进供应商加强质量控制和实施技术进步,该供应部加强了质量索赔力度,建立了质量保证体系流程。

问题:
东风汽车公司供应部的采购质量管理实践给了我们什么启示?

任务三　采购绩效评估

9.3.1　影响采购绩效评估的因素

影响采购绩效评估的一个重要因素是管理人员如何看待采购业务的重要性以及它在企业中所处的地位。管理人员对采购业务的不同期望会对所采用的评价方法和技术产生重要影响。

不同企业在采购绩效的评价方面是不同的。导致这种状况的直接原因是各公司在管理风格、组织程度、委托采购上分配的职责不同,而不是由企业的具体特征(如工业类型、生产经营类型等)造成的。关于采购业务,目前主要有下面四种管理观点:

(1)业务管理活动。根据这种观点,评价采购业务的绩效主要取决于与目前采购有关的一些参数,比如订货量、订货间隔期、积压数量、现行市价等。

(2)商业活动。这种观点把采购业务看作是一种商业活动,管理人员主要关注采购所能带来的潜在节约额。采购部门的主要目的是降低价格以减少成本的支出。采购时要关注供应商的竞争性报价,以便保持一个满意的价位。用以评价采购工作绩效的主要参数是采购中的总体节约量(通常用每一产品组和每一客户表示)、市价的高低、差异报告、通货膨胀报告等。

(3)综合物流的一部分。管理人员也清楚追求低价格有一定的缺点,它可能导致次优化决策,太关注价格会因小失大。降低产品的价格通常会使供应商觉得产品的质量可能会降低,并会降低供应商的可信度,因此管理人员要向供应商介绍产品质量改进的目标。

(4)商业策略。这种观点认为,采购业务对于决定公司的核心业务以及提高公司的竞争力将产生积极的作用。在这种情况下,管理人员评价采购绩效主要考虑以下几个方面:基本供应量的变化数量(通常是减少量)、新的潜在(国际)供应商(订有合同的)的数量以及已实现的节约额等。

9.3.2　采购绩效评估的目的

采购绩效评估的目的包括以下五点。

1. 确保采购目标的实现

各个企业采购目标各有不同。例如,国有企业的采购偏重于防弊,采购作业以如期、如质、如量为目标;而民营企业的采购单位则注重兴利,非常注重产销成本的降低。因此,各个企业需要针对本单位所追求的主要目标加以评估,并督促目标的实现。

2. 提供改进绩效的依据

企业实行的绩效评估制度,可以提供客观的标准来衡量采购目标是否达到,也可以确定采购部门目前的工作绩效如何。正确的绩效评估有助于指出采购作业的缺陷所在,从而拟订改善措施,起到惩前毖后的作用。

3. 作为个人或部门奖惩的参考

良好的绩效评估方法,能将采购部门的绩效独立于其他部门而凸显出来,并且能够反映采购人员的个人表现,成为各种人事考核的参考资料。依据客观的绩效评估,可以进行公正的奖惩,以激励采购人员不断地提高业务能力和工作的积极性。

4. 协助甄选人员与训练

根据绩效评估的结果,可以针对现有采购人员的工作能力缺陷,拟订改进计划,如安排参加专业性的教育训练。如果在评估中发现整个部门缺乏某种特殊人才,可以由公司内部甄选或向外招募。

5. 促进部门关系

采购部门的绩效,受其他部门配合程度的影响非常大。因此,采购部门的职责是否明确,流程是否简单、合理,付款条件及交货方式是否符合公司管理规章制度,各部门的目标是否一致等,都可以通过绩效评估予以判定,并可以改善部门之间的合作关系,提高企业整体运作效率。

9.3.3　采购活动评价指标体系

采购活动评价指标体系主要由三类指标组成,即采购总量指标、物资符合性指标和服务效率指标。

1. 采购总量指标

采购总量方面的指标,主要用来评价采购部门在一定时期内采购任务完成的总体情况,包括采购任务总量情况、采购资金节约情况、采购费用情况等。

1）采购任务总量情况

采购任务总量主要是指一定期间内采购部门承担和完成的采购任务的总量,可以用采购任务量、采购任务完成率等指标来反映。

采购任务量是指一定时期内企业下达给采购部门的计划采购量。采购任务量只反映了一定时期内采购部门接受的采购量,还需要有反映采购任务完成情况的指标对其进行修正,如采购任务完成量和采购任务完成率。采购任务完成量是指在一定期间内采购部门完成采购任务量的部分,而采购任务完成率是指采购任务完成量占采购任务量的比率,其公式如下:

$$采购任务完成率=\frac{采购任务完成量}{采购任务量}\times100\%$$

2）采购资金节约情况

采购资金节约情况是指与采购物资的预算资金或物资的市场价值相比(下文称为"采购物资预算资金"),采购部门在一定时期内完成采购任务时实际支出的物资采购资金(指物资成本,下文称为"实际采购物资资金")的节约情况。可以用采购物资资金节约量和采购物资资金节约率来反映。采购物资资金节约量的公式如下:

$$采购物资资金节约量=采购物资预算资金-实际采购物资资金$$

采购物资资金节约率,反映了采购物资资金节约量占采购物资预算资金的比率。它能更准确地反映完成采购任务时的资金节约情况,其公式如下:

$$采购物资资金节约率=\frac{采购物资资金节约量}{采购物资预算资金}\times100\%$$

3）采购费用情况

采购费用情况是指一定时期内,采购部门为完成相应采购任务所支出的差旅费、场地费等交易成本类费用总量,这可以用采购活动资金量来表示。

另外,还可以用采购活动资金率反映采购费用的相对量。采购活动资金率,是一定时期内采购活动资金量与同期采购物资预算资金的比率,可以表示为:

$$采购活动资金率=\frac{采购活动资金量}{采购物资预算资金}\times100\%$$

2. 物资符合性指标

物资符合性指标主要用来评价实际采购的物资在数量、质量等方面对企业采购需求的满足程度。

1）数量符合性

数量符合性是指实际采购的物资在数量上能否满足企业的需求,可以用采购数量符合率来表示:

$$采购数量符合率=\frac{实际采购数量}{物资需求数量}\times100\%$$

2）品种规格符合性

品种规格符合性是指实际采购的物资能否满足企业对物资的类别品种及其规格型号等方面的需求,可以用品种规格符合率来表示:

$$品种规格符合率=\frac{满足品种规格需求的物资采购数量}{实际采购数量}\times100\%$$

3）技术性能符合性

技术性能符合性是指实际采购的物资在质量、性能、使用寿命、技术要求等方面满足企业需求的程度,可以用技术性能符合率来表示:

$$技术性能符合率=\frac{满足技术性能需求的物资采购数量}{实际采购数量}\times100\%$$

3. 服务效率指标

服务效率指标主要用来评价采购部门在采购活动中的响应、沟通、支持等服务表现。从企业的需求情况看,服务效率指标主要包括决策速度、信息提供和灵活性,这些指标值可以通过问卷调查和统计分析等方法求得。

1）决策速度

决策速度主要是指在采购过程中,采购部门能否根据采购情况迅速做出科学、准确的采购决策,以正确指导采购活动。这是整个采购活动科学高效进行的前提和基础,对采购工作绩效具有重要影响,是服务效率方面的首要指标。

2）信息提供

信息提供主要指采购部门能否及时提供有效的物资资源信息、市场变化信息和采购工作进展信息。

3）灵活性

灵活性指采购部门处理异常采购服务需求的能力,如响应应急采购的灵敏度、对需求变化的反应速度等。

以上三类指标构成了评估物资采购活动的基本指标。为了更准确、深入、科学地反映采购工作绩效,还可以设计其他修正指标。明确了物资采购绩效评估指标的项目和含义后,需要根据各项指标在物资采购活动中的重要程度,确定各项指标的权重及相应的评估标准,以量的形式反映采购机构的采购绩效。评价人员在进行评估时,首先给各项指标分别打分,然后按既定的算法求得综合绩效值,并对照事先确定的评价标准做出评估结论,分析主要原因,提出改进措施,最后将结论反馈给相关部门和人员。

9.3.4　采购绩效评估的人员与方式

1. 评估人员

（1）采购部门主管。由于采购主管对管辖的采购人员最熟悉,且所有工作任务的指派工作绩效的好坏,均在其直接督导之下,因此,由采购主管负责评估,可注意人员的个别表现,并可同时起到监督与训练的效果。

（2）会计部门或财务部门。会计部门或财务部门不但掌握公司产销成本数据,对资金的取得与支出有全盘管制,因此可以参与评估采购部门的工作绩效。

（3）工程部门或生产管制部门。如果采购项目的品质及数量对企业的最终产出影响重大时,有时可由工程或生产管理人员评估采购部门的绩效。

（4）供应商。有些公司通过正式或非正式的渠道,向供应商探询其对于采购部门或人员的意见,以间接了解采购作业的绩效和采购人员的素质。

（5）外界的专家或管理顾问。针对全盘的采购制度、组织、人员及工作绩效做出客观的分析与建议。

2. 评估方式

采购人员工作绩效的评估方式，可分为定期方式和不定期方式。定期的评估是配合公司年度人事考核制度进行的，有时难免落入俗套。一般而言，以"人"的表现，如工作态度、学习能力、协调精神、忠诚程度为考核内容，对采购人员的激励及工作绩效的提升并无太大作用。若能以目标管理的方式，即从各种工作绩效指标当中，选择当年度重要性比较高的项目中3~7个订为目标，年终按实际达成程度加以考核，则必能提升个人或部门的采购绩效，并且因为摒除了"人"的抽象因素，以"事"的具体成就为考核重点，也比较客观、公正。

不定期的绩效评估以专案方式进行。例如，公司要求某项特定产品的采购成本降低10%，当设定期限结束时，评估实际的成果是否低于10%，并就此成果给予采购人员适当的奖惩。此种评估方式对采购人员的士气有相当大的提升作用。不定期的绩效评估方式特别适用于新产品开发计划、资本支出预算、成本降低专案等。

9.3.5 采购绩效评价系统的建立

在采购活动中，用适当的绩效评定方式、规范和标准建立一个评价体系有很多不同的方法，其中最常用的方法如下：

（1）管理人员主观评定。由管理人员确定采购业务的目标和策略，并把这些目标和策略应用于采购活动。

（2）专家评定。采购活动的目标由具有丰富采购经验的专家来确定。

（3）时间序列分析。根据过去的行为来推断将来的行为，采购绩效的评价以历史数据为基础，并假设过去活动中某种趋势将会在未来几年内持续下去。

（4）同行业不同公司之间的比较。

采购绩效评估系统的建立主要有以下几个步骤：

（1）首先，通过细致的分析，管理人员必须决定哪些活动最重要，并且要保证评价活动公正进行；

（2）其次，必须决定数据报告的频率和格式，以及哪些人员将承担这些职责；

（3）一旦前面的决定已经做出，就要形成一个系统化的程序来收集在评价过程中可能使用的大量的历史数据和统计数据；

（4）接下来主要的是数据分析，管理人员必须找出这些数据之间的相互关系、分析手段和目的之间的联系，同时区别采购效果和采购效率；

（5）然后进入分析阶段，形成不同的方法，对每一种方法进行分析并做出相应的改进，这一阶段要避免使用非常复杂的和庞大的测量方法，简单是关键；

（6）最后，在执行过程中通过适当的随访，定期向使用者报告结果。

在形成和实施制订的标准和计划后，要对产生的结果重新进行审视，对已经形成的标准和方法不断地进行提炼和改进。这样，数据的收集、分析与方案的提炼改进就形成了一个精确而复杂的循环。

➤ 案例分析

埃森哲公司采购绩效提升观点

"一家公司,如果其采购物料的费用占到其销售产品成本的55%,那么采购费用每下降1%,对利润增长所做出的贡献,相当于销售额增加12%~18%所带来的利润增长。"

"中国的生产企业,一般情况下采购支出占产品生产成本的30%~70%,可见采购费用的下降对提高利润率有何等巨大的潜力。"

无论你是准备优化内部管理的企业,还是需要提供更高效解决方案的软件厂商,埃森哲的经验之谈都值得一读。埃森哲在为客户提供供应链咨询服务的过程中和对《财富》500强企业的调查中,发现采购绩效优异的公司,在以下四个方面有独到之处。

1. 建立统一的测评机制

在大多数企业中,CEO和负责采购的副总或其他高层主管,对采购业绩各有自己的评价标准。在某种程度上,这属于正常现象,因为企业的高层管理人员,总有一些与所担任的职位相联系的具体目标,而对不同的事情有不同的优先考虑顺序。很多公司都要应对这种采购评价标准的不连贯状况。在这方面走在前面的公司,CEO和采购主管使用同一个平衡记分卡(Balanced Scorecard)来评估绩效,以便使每一个人都能够以大致同样的方式理解采购信息。遍及全公司的平衡记分卡帮助各个不同的业务部门调整它们处理业务轻重缓急的顺序,制定目标和期望,鼓励有利于业务开展的行为,明确个人和团队的责任,决定报酬和奖励,以及推动不间断的改进。

2. 积极的领导作用

有眼光的采购领导的第一件任务,也是最重要的一件任务,是确立全局的采购策略。一般而言,这个策略应该围绕企业如何采购物资和服务,如何提高绩效水平来规范业务实践、政策,以及优先考虑的事情和做事情的方法。其中最重要的一点,是要把采购和整个供应链管理结合起来。企业采购供应链管理是以采购产品为基础,通过规范的定点、定价和定货流程,建立企业产品需求方和供应商之间的业务关系,并逐步优化,最终形成一个优秀的供应商群体的方法。

3. 创建性地思考组织架构

采购业务做得好的公司,最常用的组织架构形式是根据同类物品划分组织。这种架构使公司可以在全局范围内集合采购量,并且有利于集中供应基地。按同类物品划分的组织架构也有利于采购人员深入学习行业、产品和供应商方面的知识,并且学会在与供应商的对话中统一口径。但是,这种方式也有不足之处。例如,因为要与公司内跨不同事业部的内部客户打交道,协调和合作可能比较困难。地处一隅的客户可能会觉得自己离供应商的选择和管理流程太遥远,因而可能会禁不住想独自与外界的供应商发展和保持关系。为了应付这种挑战,有些公司尝试集中学习采购知识,如招标、合同、谈判、服务等,使这些知识成为采购优化中心(Centers of Excellence)。在公司内部,这些知识能帮助提高地方用户的接受程度,降低发展关键技能所花的时间和资源,并且有助于在分散的采购环境中培养合乎法律和道德规范的行为。

4. 全企业范围内的整合

为了让有效率的、从企业出发的采购理念取得优势地位,绩效优异的公司常常依靠覆盖全企业范围的采购团队。这些团队的成员包括采购、工程和产品开发的代表,有时也会有财务、销售、分销和 IT 部门的人员参与。这些团队一起决定策略采购优先考虑的事项,设计物料占有成本模式,发展品种策略,并设计供应商选择标准。对于大多数的公司来说,在采购方面要取得好的业绩,需要有改变采购能力的意愿。在这些方面做出改进,其效益是明显的。例如,据《市场报》报道,河南正龙食品有限公司采购部门实施了零配件采购公示制度,每周对零配件供应商的名称、采购数量、价格公布一次,让实际使用这些零配件的管理人员、技术部门和工人对不同供应商的产品进行比较,并将意见反馈到采购部门。仅这一项措施就使设备维修费从每月 8 000 元降为 4 000 元。

(资料来源:http://info. Scrvice. he360. com)

问题:

埃森哲公司是如何提升采购绩效的? 该公司的做法对于企业加强采购管理有哪些启示?

任务四　品质管理

9.4.1　品质的定位和标准

采购的成本是直接的,所以每个公司领导层会非常重视,而品质成本是间接的,就被许多公司领导层忽略了。"价廉物美"才是最佳的选择,偏重任何一头都会造成最终产品成本的增加。采购质量的不佳将会造成如下的危害:

一是品质不良导致经常性的退货,造成各种管理费用的增加。经常退货,会造成经常性的生产计划变更,增加生产成本,降低信誉和产品竞争力。

二是品质不良就需增加大量检验人员,增加成本。生产过程中因原材料不良造成不良品增多,返修多、返工多,增加时间成本和人员成本。

三是品质不良造成成品品质不良率加大,客户投诉及退货增多。

1. 品质的定位和标准

优良品质一般应该包括以下九个特征:

(1) 符合设计要求。能够把产品企划的目标品质实现出来。

(2) 品质稳定。各批成品的品质差距小。

(3) 性能可靠。操作容易,并能发挥预期的效益。

(4) 易于维修。若有故障,能迅速修复。

(5) 服务配套。零件补给容易,技术服务良好。

(6) 安全。使用时或故障时无危险性,不会增加对使用的人及其他周围人的困扰或伤害。

(7) 节省性。不会耗用大量的资源和能源。

(8) 环境保护。不影响现在及将来的人类社会环境。

(9) 经济性。产品从制成到使用后废弃,其成本符合经济原则。

在企业及机关的采购中,品质的定义是全然不同的,品质通常与合适性及成本(非售价)有关,而不是产品的内在表现。最佳的品质是能以最低的成本采购符合需求的货物。

对质量的定位要恰当地处理质量与成本、供应、服务等要素之间的关系。不同物料、不同应用场合下的质量定位的标准不同,不能采取一刀切的方法。

质量与成本之间的关系通常用"性价比"来平衡。前面已经提到过质量并不是越高越好,质量过高会产生质量过剩,使成本大大增加。

质量与供应之间的关系也应恰当处理。对大批量的供应来说,由于质量的过高要求,可能会导致供应商生产周期过长,严重时可能会导致缺货。在一些情况下,只要物料不影响产品质量,就不要像精品一样逐个检验物料。

质量与售后服务之间的关系也较为密切。如果由于产品组成部件的质量问题导致故障频繁出现,不仅使产品在用户心目中的印象较差,而且给售后服务带来麻烦,增加服务成本。

"品质"是一个较为抽象的名词,通常必须用"规格"做较具体的界定。规格是对采购的产品或劳务的要求所做的精确说明,是生产制造的标准,也是交货验收的依据。规格内容除包括产品或劳务的名称、外观(形状)、尺寸、材料成分、强度、精密度、损耗率、不良率、色泽、表面处理、性能要求、重量、容积、安全保护、包装方式和单位包装量、标志内容或方法、验收重点、验收方法、接收水准、结构蓝图及交货安装等各种品质(硬件)特征外,还包括各种服务(软件)的特征,如服务的效率、服务品质、次数、地点、方式、技术资料文件及训练、电脑软件及技术管理顾问的咨询服务与其权利义务等。换言之,规格是买方将采购产品的要求品质及一切条件告知卖方(供应者)的文书说明,也是验收的依据。

2. 品质管理的规则

采购部门在品质管理方面的作业要点可以分为事前规划、事中执行与事后考核三大部分。

1) 事前规划

事前规划重点是产品规格的制定、供应商的选择和合约控制等方面。

(1) 制定产品规格。就制定规格而言,要同时考虑设计、生产、商业及行销四种不同的因素。设计需求的考虑是在尽可能不改变原设计的情况下,获得符合需求的原料;生产因素的考虑即为配合机器设备的操作要求,选择适当规格的物料;而行销因素的考虑则着重在消费者的接受程度,譬如环保要求及购买力等。而考虑到商业性采购因素时,采购人员必须进行下列几项调查:① 研究品质的需求状况;② 确定品质需求已经完整且明确地在规格说明中规定了;③ 调查供应商合理与相对的成本;④ 确定品质需求表述成通用的规格,以便让有潜力的供应商也能参与竞争;⑤ 决定合适的品质是否可由现有的供应商来制造;⑥ 确定监督与测试的方法,来维护良好的品质水准。

某些原料和零部件在上述方面的调查比较容易,但是有些就比较复杂,如新产品的规格。在一些公司中,把品质工程师安排在采购部门中,担任幕僚的工作,协助分析一些复杂的问题。当有技术性的品质问题产生时,品质工程师与采购人员会共同审查产品的规格,并将适当的品质需求推荐给产品设计工程师,进行适当的修改。

规格恰当与否是采购成败的关键因素之一。在进行国内采购时,凡有国家标准可用者,原则上不应使用其他规格采购;如无国家标准可用时,则可考虑使用国内各公会或协会、委员会制定的标准。在进行国外采购时,凡有国际通用规格可采用者,不得使用其他规格采购。

(2)供应商的选择。采购在品质管理事前规划的另一个重点是供应商的选择。许多公司能够把他们的原料品质问题减至最低,就是因为他们在开始就选择了有能力而且愿意合作的供应商,因此品质水准得以维持并提升。

2)事中执行

品质管理不只是生产与产品质量管理部门的责任,采购部门也必须恪尽职守,不仅要检查供应商是否按照规范施工,还要派驻检验人员抽查供应商在制品的品质,并提供试制品以供品质检测,以及检视供应商的品质管理措施是否落实,确保采购品质没有异常状况。

采购部门执行品质管理必须有所依据,这也是与供应商签订合作契约中的主要部分。在其契约书中必须提到"品质保证协定",这份协定主要是买卖双方为确保交货物品的品质,相互规定必须实施的事项,并根据这些事项执行品质检验、维持与改善,对于双方的生产效率与利润均有益处。

在品质保证协定中,首先要把品质规格的内容说明清楚,包括有关材料、零件的标准规格、工作图、品质规格检验标准与方法,以及其他特殊规格。其次,双方必须成立能充分实施品质管理的组织,在采购、制造、交货等作业环节,建立彼此相关的标准职业程序,以便于双方能按照职业标准来完成合作事宜。对供应商的品质检验职业应包括下列三个阶段:

(1)进料检验。供应商为了提供买方所需物品,而外部购入的材料、零件,必须实施验收,当买方想了解进货的品质时,应提供相关资讯,也就是买方应追踪供应商购料的品质,以确保最终产品的品质。

(2)流程中的品质管制。买方对于供应商加工及设备的保养、标准化作业的实行及其他必要的项目实施检查,防止流程中发生不良产品。

(3)制成品出货的品质管制。采购部门在供应商进行大量生产以前,可以要求供应商提供样品供工程人员进行品质检测。

供应商在制成品出货时,必须按照双方谈好的标准实施出货检验,并且要附加相关材料,让品质管理做到环环相扣。

❓小思考

企业应如何确保进料的质量?进料的质量与生产的产品质量有何关系?

一般而言,买方对于供应商运送来的物料,会先进行检验才可入库。然而,若事先对供应商的品质管理做得好,就可以省略此步骤而直接入库,节省部分的人力与检验成本。当然,这种做法是建立在彼此对品质管理都非常严谨而且合作无问题的基础上。目前盛行的全面质量管理就是试图要达到这样的水平。

大部分的买方对于进货的物品仍实施检验,在进行检验中,有以下几项重点:制定抽样检验的标准与程序,作为双方配合的依据;根据检验标准、规格,针对供应商交货的物品进行检验、比对,以决定合格、退回修改或退回废弃;在检验时,发现有不合格的地方,应要求供应商迅速调查原因,并报告处理对策。

3) 事后考核

采购部门对于供应商品质管理的考核,在于严格执行验收标准,并提供品质异常报告,要求卖方承担保证。考核的结果可作为淘汰不合格供应商的依据。因此,买卖双方在签订合作契约之前,要保证正确的品质管理信念,并了解彼此的要求,共同研讨相关的规范。下列十项品质管理原则是买卖双方在制定品质保证协定时应该遵守的重要准绳:

(1) 买方和卖方具有相互了解对方的品质管理体制并协力实施品质管理的责任;

(2) 买方和卖方务必相互尊重对方的自主性(双方对等、相互尊重);

(3) 买方和卖方应相互站在对方的立场,交换双方实施品质管理所必要的信息;

(4) 买方和卖方,为了双方的关系能够更圆满顺利,对于订购作业、生产管理、存货计划等,应经常妥善维护;

(5) 买方有责任提供给卖方有关产品的充分信息;

(6) 买方和卖方与交易,对有关质量、价格、交货期、付款条件等事项,须签订合理的契约;

(7) 卖方有责任保证产品的品质,必要时,并有责任提供必要的资料;

(8) 买方和卖方在订契约时,务必制定双方可接受的评价方法;

(9) 和卖方对于双方之间各种争议解决方法及程序,务必在订约时;

(10) 买方和卖方于交易之际,都应充分考虑最终消费者的利益。

买卖双方根据上述品质管理的原则建立彼此认同的品质规范,并依据这项协定进行日后的考核与评价。考核的重点依产品的不同而不同,但是大部分以不良率或不良品数作为计算品质绩效的基础,此外,处理品质问题的态度与解决的时效、品质提升计划配合以及执行成效也都是考核的重点。

每次进货检验结果应该于月底编制"品质月报表",并提供品质异常报告,作为供应商奖惩的依据。

品质考核的目的在于通过对供应商的奖罚,期望品质能日益精良,对于绩效优秀的厂商,提前付款、订购量提高以及当有新产品开发时,将其列入优秀考虑的合作对象;对于绩效差的供应商,进行适当的处罚,直至淘汰。

项目小结

在市场竞争中,交货速度往往是竞争优势的首要因素,而物料采购的交货控制至关重要。交货期太早,势必会增加仓储管理费用及损耗,积压资金且负担利息;交货期延迟,会造成停工待料、机器及工人闲置,更会影响企业信誉,或受合约限制而导致逾期罚款或赔偿损失。总之,交货延迟一旦发生,后续的一连串计划(生产计划、出货、输送、销售等)即会发生异常。影响到公司内外的各种事务,甚至造成顾客抱怨,进而使生产成本增加、制造过程混乱,丧失应得的利润。

影响采购绩效评估的一个重要因素是管理人员如何看待采购业务的重要性以及它在企业中所处的地位。管理人员对采购业务的不同期望会对所采用的评价方法和技术产生重要影响。不同企业在采购绩效的评价方面是不同的。导致这种状况的直接原因是各公司在管理风格、组织程度、委托采购上分配的职责不同,而不是由企业的具体特征(如工业类型、生产经营类型等)造成的。

采购部门的职责是否明确,流程是否简单、合理,付款条件及交货方式是否符合公司管理规章制度,各部门的目标是否一致等,都可以通过绩效评估予以判定,并可以改善部门之间的合作关系,提高企业整体运作效率。

▷ 案例分析

某企业采购绩效考核制度

1. 总则

1.1 制定目的

为提高采购人员的士气,提升各项采购绩效,特制定本办法。

1.2 适用范围

本公司采购人员之绩效评估依本办法办理。

1.3 权责单位

(1) 总经理室负责本办法制定、修改、废除等起草工作。

(2) 总经理负责本办法制定、修改、废除之核准。

2. 采购绩效评估办法

2.1 采购绩效评估的目的

本公司制定采购绩效评估的目的,包括以下几项:

(1) 确保采购目标完成。

(2) 提供改进绩效之依据。

(3) 作为个人或部门的奖惩参考之一。

(4) 作为升迁、培训的参考。

(5) 提高采购人员的士气。

2.2 采购绩效评估的指标

采购人员绩效评估应以"5R"为核心,即适时、适质、适量、适价、适地,并用量化指标作为考核之尺度。

2.2.1 时间绩效

由以下指标考核时间管理绩效:

(1) 停工断料,影响工时。

(2) 紧急采购(如空运)的费用差额。

2.2.2 品质绩效

由以下指标考核品质管理绩效:

(1) 进料品质合格率。

(2) 物料使用的不良率或退货率。

2.2.3　数量绩效

由如下指标考核数量管理绩效：

（1）呆料物料金额。

（2）呆料处理损失金额。

（3）库存金额。

（4）库存周转率。

2.2.4　价格绩效

由如下指标考核价格管理绩效：

（1）实际价格与标准成本的差额。

（2）实际价格与过去平均价格的差额。

（3）比较使用时之价格和采购时之价格的差额。

（4）将当期采购价格与基期采购价格之比率同当期物价指数与基期物价指数之比率相互比较。

2.2.5　效率指标

其采购绩效评估指标有：

（1）采购金额。

（2）采购金额占销售收入的百分比。

（3）采购部门的费用。

（4）新开发供应商的数量。

（5）采购完成率。

（6）错误采购次数。

（7）订单处理的时间。

（8）其他指标。

2.3　采购绩效评估的方式

本公司采购人员之绩效评估方式，即用目标管理与工作表现考核相结合之方式进行。

2.3.1　绩效评估说明

（1）目标管理考核占采购人员总绩效评估的70％。

（2）公司的人事考核（工作表现）占绩效评估的30％。

（3）两次考核的总和即为采购人员之绩效。

$$绩效分数＝目标管理考核×70％＋工作表现×30％$$

2.3.2　目标管理考核规定

（1）每年分两次，公司制定年度目标与预算。

（2）采购部根据公司营业目标与预算，提出本部门的次年度之工作目标。

（3）采购部各级人员根据部门工作目标，制定个人次年度之工作目标。

（4）采购部个人次年度之工作目标经采购部主管审核后报人事部门归档。

（5）采购部依"采购目标管理表"，对采购人员进行绩效评估。

2.3.3 工作表现考核规定

(1) 依公司有关绩效考核之方式进行,参照"员工绩效考核管理办法"。

(2) 工作表现由直属主管每月对下属进行考核,并报上一级主管批准。

2.3.4 绩效评估奖惩规定

(1) 依公司有关绩效奖惩管理规定给付绩效奖金。

(2) 年度考核分数在 80 分以上的人员,次年度可晋升一至三级工资,视公司整体工资制度规划而定。

(3) 拟晋升职务等级之采购人员,其年度考核分数应高于 85 分。

(4) 年度考核分数低于 60 分者,应调离采购岗位。

(5) 年度考核分数在 60~80 分者,应加强职位训练,以提升工作绩效。

问题:

你认为该企业采购绩效考核制度有哪些可取之处? 还应该如何完善?

同步练习

一、选择题

1. 交货期是指从( )开始到供应商送货日为止的时间长短。

    A. 采购订货日   B. 合同签订日   C. 发货日   D. 生产日

2. 关于采购任务、职责和权利的分配,有三个不同的层次需要加以区分:战略层次、战术层次、( )。

    A. 计划层次   B. 业务层次   C. 销售层次   D. 管理层次

3. 采购团队的奋斗目标:团队的核心是( ),否则,团队只是松散的个人集合。

    A. 共同努力   B. 共同团结   C. 共同奉献   D. 共同进取

4. 采购活动评价指标体系主要由三类指标组成,即采购总量指标、物资符合性指标和( )。

    A. 工作效率指标   B. 效率指标   C. 速度效率指标   D. 服务效率指标

二、问答题

1. 采购绩效评估的目的有哪些?

2. 采购质量的不佳会造成哪些危害?

3. 采购团队奋斗的具体目标是什么?

4. 影响采购谈判的因素主要有哪些?

三、实训题

实训内容:交货管理

1. 实训目的

(1) 了解交货管理的概念和规则。

(2) 熟悉交货期管理的内容。

2. 实训组织

按教学班级分成数个小组，每个小组人数以 6～8 人为宜，小组中要合理分工，在教师统一指导下，对有关采购部门(如超市)进行调查，了解交货期管理方面的相关常识，并以小组为单位组织研讨、分析，在充分讨论基础上，形成小组的课题报告。

3. 实训题目

(1) 分析交货管理的内容，了解企业采购部门如何进行交货期的管理。

(2) 对所收集的企业交货管理资料进行分析、讨论，并能依据各种资料对供应商进行恰当的评价，最后观察能否进一步改进采购管理。

微信扫描
查看拓展资料

项目十　采购成本分析与控制作用

知识目标	技能目标	建议学时
■ 掌握降低采购成本的方法 ■ 掌握价值分析在采购中的应用和价值分析方法 ■ 了解供应价格影响因素和定价方法	■ 学会如何控制采购成本 ■ 掌握价值分析在采购中的应用 ■ 理解采购价格的构成	4

▶ **引导案例**

从采购入手降低成本

某生产婴儿食品的大型公司过去每年花在采购方面的开支接近8亿美元。由于处在一个高利润的行业,因此该公司对采购成本的管理不太重视,而且这种详细的审查在一个蒸蒸日上的经济环境中显得也没什么必要。然而,当经济开始回落、市场增长减慢时,该公司终于意识到,现在不得不花更大的力气以求保住利润了。由于过去几年的采购过程未经严格的管理,采购方面无疑是降低成本、维持利润的首要突破点。

该公司首先从保养、维修及运营成本入手,很快做出决定:请专家制订一套电子采购策略。这一做法有助于通过集中购买及消除大量的企业一般行政管理费用来达到节省开支的目的。然而在最后的分析中,节省的效果却并未达到该公司的预期。

为了寻求更佳的节省效果,该公司开始转向其主要商品,如原料纸盒、罐头及标签。公司分析了可能影响到采购成本的所有因素,包括市场预测、运输、产品规格的地区差异、谈判技巧及与供应商关系等,通过深入的调查,一些问题开始浮出水面。结果显示,在材料设计、公司使用的供应商数量和类型、谈判技巧以及运输方面均存在着相当明显的缺陷。

(1) 公司采购的谈判效率非常低:人们对是否该争取有利的谈判地位并不关心,采购经理极少对现状提出质疑。采购经理们通常习惯于在一个垂直一体化的卖家手中购买各种原料,而不是去寻找每种原料最佳的供应商。

(2) 公司几乎从不将自己的采购成本与竞争对手的采购成本进行比较。

(3) 公司缺乏将营销及购买部门制度化地集合在一起的机制,这也就意味着,公司没有对市场营销所需要的材料的成本与收益进行评估的系统。

(4) 公司节省成本的机制不灵活。即使当采购经理发现了节省成本的机会(可能需改变机器规格或本操作流程),他们很难让整个企业切实地实施自己的想法。任何一次对系统的调整所耗去的时间都会比实际需要的长得多。

当意识到未能进行采购成本管理而造成的诸多损失时,公司开始对这个问题进行全面处理:

(1) 设定商品的优先次序。随后进行了一系列成本收益的统计,并运用 6 个驱动力指标对竞争对手的情况进行了比较。

(2) 建立一套积极的谈判方式。采购经理们在进行谈判前应做好准备,充分了解供应商成本的相互比较并对供应商的成本结构做深入分析。在这些方面做好精心准备是非常重要的,对于大多数商品而言,70%的成本是由产品性质决定的,30%才是由供应商的竞争力决定的。

例如,公司发现在购买一种主要原料时,其供应商的要价是最高的。在对供应商的成本结构进行分析后,公司发现事实上该供应商是在其自身相对较高的成本基础上给产品定价的,对于该供应商而言这一定价确实已是不能再低了。于是,公司对其他供应商的成本结构进行了研究,研究结果显示,有一些企业的成本结构使它们能够以较低的价格出售产品,从而占据有利的市场地位。

公司同样对它的一家"一站式"供应商进行了研究,这家供应商不仅供应纸盒,还生产纸盒用的纸材并承揽纸盒印刷业务。经过对其他纸业及印刷业厂家成本的研究,公司发现,其实它能够以低得多的价格买到纸材并进行印刷。当公司在谈判中指出这一点时,供应商不得不降低了产品价格,否则它就将失去该公司的生意。事实证明,解剖纵向供应链以研究分散的成本实在是一种有价值的谈判手段。

这些工作的结果使公司原料成本节省了 12%,省省下来的这些钱被平分至产品规格的改进及谈判技巧的完善工作上。

问题:

1. 该公司的采购成本管理方面有哪些缺陷?为了更有效地改善采购成本的管理,公司采取了哪些措施?

2. 你认为公司还可以采取什么措施来有效地加强采购成本管理?

企业的根本目的就是追求利润最大化。在确保其他条件不变的情况下,最大限度地降低采购成本,将直接增加企业的总利润,为企业赢得竞争优势。

任务一 供应价格分析

10.1.1 供应商的定价方法

供应商定价的方法主要有三种,即成本导向定价法、需求导向定价法(又称为市场导向定价法)和竞争导向定价法。成本导向定价法是以产品成本(当然包括销售成本)为基础确定供应价格;市场导向定价法则是随行就市的方法,即以市场价格作为自己的产品价格;而竞争导向定价法则是结合市场因素及成本因素一起考虑来确定自己的产品价格,是最常见的方法。供应商在确定其产品价格时,通常会考虑到供应市场的供应关系,再结合自己的成本结构。供应商的定价方法又可细分为成本加成定价法、目标利润定价法、采购商理解价值定价法、竞争定价法以及投标定价法。

1. 成本加成定价法

这是供应商最常用的定价法。它以成本为依据,在产品的单位成本的基础上加上一定比例的利润。该方法的特点是成本核算与价格直接挂钩,但它忽视市场竞争的影响,也不考虑采购商(或客户)的需要。由于其简单、直接,又能保证供应商获取一定比例的利润,因而许多供应商都倾向于使用这种定价方法。实际上,由于市场竞争日趋激烈,这种方法只有在卖方市场或供不应求的情况下才真正行得通。

2. 目标利润定价法

这是一种以利润为依据制定卖价的方法。其基本思路是:供应商依据固定成本、可变成本核算以及预计的成交价,通过盈亏平衡分析算出保本产量或销售量,根据目标利润算出保本销售量以外的销售量,然后分析在此预计的卖价下能否达到总销售量。若不能达到则调整价格重新计算,直到在制定的价格下可实现的销售量能满足利润目标为止。

3. 采购商理解价值定价法

这是一种以市场的承受力以及采购商对产品价值的理解程度作为定价的基本依据,常用于消费品尤其是名牌产品,有时也适用于工业产品如设备的备件等。

4. 竞争定价法

这种方法最常用于寡头垄断市场。寡头垄断市场一般存在于具有明显规模经济性的行业,如较成熟的市场经济国家的钢铁、铝、水泥、石油化工以及汽车、家用电器等,其中少数占有很大市场份额的企业是市场价格的主导,而其余的小企业只能随市场价格跟风。寡头垄断企业之间存在着很强的相互依存性及激烈的竞争,某企业的产品价格的制定必须考虑到竞争对手的反映。

5. 投标定价法

这种公开招标竞争定价的方法最常用于拍卖行、政府采购,也用于工业企业,如建筑承包、大型设备制造,以及非生产用原材料(如办公用品、服务等)的大宗采购,一般由采购商公开招标,参与投标的企业事先根据公告的内容密封报价,参与竞争。密封报价是由各供应商根据竞争对手可能提出的价格以及自身所期望的利润而定,通常中标者是报价最底的供应商。

10.1.2 影响采购价格策略的因素

在拟订采购策略的时候,应同时考虑下列几项采购相关的情况:所采购产品或服务形态;年需要量与年采购总金额;产品所处的生命周期阶段;与供应商之间的关系。

首先,所采购产品或服务的形态是属于一次性的采购,还是持续性的采购,这应是采购最基本的认知。如果采购的形态有所转变,策略也必须跟着做调整。持续性采购对成本分析的要求远高于一次性采购,但一次性采购的金额如果相当庞大,也不可忽视其成本节省的作用。其次,年需要量与年采购总金额各为多少,这关系到在与供应商议价时,是否能得到较好的议价优势。但采购量又与产品所在生命周期的阶段有直接的关系,产品由导入期、成长期到成熟期的过程中,采购量会逐渐放大,直到衰退期出现,采购量才会逐渐缩小。以3C产业为例,非常明显的,产品生命周期有逐渐缩短的趋势。

最后,则是与供应商之间的关系。从卖方、传统的供应商、认可的供应商,到与供应商维持伙伴关系,进而结为策略联盟,对成本资料的分享方式也不同。如果与供应商的关系普通,一般而言是比较不容易得到详细的成本资料;只有与供应商维持较密切的关系,彼此互信合作时,才有办法做到。

10.1.3 价格折扣

折扣是工业企业产品销售常用的一种促销方式。了解折扣有助于采购商在谈判过程中降低采购价格。概括起来大体有以下几类折扣。

1. 付款折扣

现金付款比月结付款的采购价格通常要低;现金货币付款比其他货币付款具有价格优势。

2. 数量折扣

数量小的订单其单位产品成本较高,因为小数量订单所需要的订单处理(如印刷、电子元件的生产等,以印刷为例,每当印刷品的数量增加一倍,其单位产品的印刷成本可降低多达50%)累积成本较高。

3. 地理折扣

跨国生产的供应商在销售时实行不同地区不同价格的地区差价,对于地理位置有利的客户以折扣优惠。此外,如果供应商的生产场地或销售点接近顾客时,往往也可以因交货运输费用低等原因获得较优惠的价格。

4. 季节折扣

许多消费品包括工业消费品都具有季节性,相应的原材料和零部件的供应价格也随着季节的变化而上下波动。在消费淡季时将订单下给供应商往往能拿到较低的价格。

？小思考

季节折扣有什么意义?举例说明。

5. 推广折扣

许多供应商为了推销产品、刺激消费、扩大市场份额或推广新产品、降低市场进入障碍,往往采取各种推广手段在一起的时期内降价促销。策略地利用推广折扣是降低采购成本的一种手法。

10.1.4 如何确定采购价格

尽管价格是采购中一个非常重要的因素,应予以重视,但也不能因此过分重视,而忽略其他采购因素。影响采购总成本的因素,不止价格一个,对于这一点,采购人员必须了解,因此在决定采购的各项原则中,价格应被看作是最后的一项考虑因素。如不能确保适当的品质、数量与可靠供应,价格高低也就无意义可言。在采购作业阶段,企业应当注意要使所需采购物资在适当的品质、散量、交货时间及其他有关条件下,价格最低。

决定适当采购价格目标,主要在于确保所购物资的成本,以期能树立有利的竞争地位,并在维持买卖双方利益的良好关系下,使原材料应稳定持续,这是采购人员的主要责任。

1. 采购价格调查

一个企业所需所用的原材料,少的有八九十种,多的达万种以上,按其价格划分,可分为高价物品、中价物品和低价物品三类。由于采购物资采购繁多规范复杂,有关采购价格资料的搜集、调查、登记、分析十分困难。采购材料规格有差异,价格就可能相差悬殊,而且世界各地商业环境变化莫测,要做好国际商业环境调查是很困难的。

1) 调查的主要范围

在大型企业里,原材料种类不下万种,由于客观条件的限制,要做好采购调查并不容易。因此,企业要了解帕累托定理所说的"重要少数",就是通常数量上仅占 20% 的原材料,而其价值却占总价值的 70%~80%。假如企业能掌握住"重要少数",那么,就可以达到控制采购成本的真正效益,这就是重点管理法。根据一些企业的实际操作经验,可以把 6 大项目列为主要的采购价格调查范围:

(1) 主要原材料,其价值占全部总值百分比的 70%~80%;

(2) 常用材料、器材属于大量采购项目的;

(3) 性能比较特殊的材料、器材(包括主要零配件),一旦供应脱节,可能导致生产中断的;

(4) 突发事件紧急采购;

(5) 波动性物资、器材采购;

(6) 计划外资本支出、设备器材的采购,数量巨大,影响经济效益深远的。

上面所列 6 大项目,虽然种类不多,但是所占数值的比例却很大,或影响经济效益甚广。在一个企业中,为了便于了解占总采购价值 80% 的"重要少数"的原材料价格的变动行情,就应当随时记录,真正做到了如指掌。久而久之,对于相关的项目,它的主要原料一旦上涨,就可以预测到成品价格的上涨情况。

2) 信息搜集方式

根据统计,采购人员约有 27% 的时间从事信息搜集。信息搜集的方法可分为以下三类:

(1) 上游法,即了解采购的产品是由哪些零部件或材料组成的,换言之,查询制造成本及产量资料。

(2) 下游法,即了解采购的产品用在哪些地方,换言之,查询需求量及售价资料。

(3) 水平法,即了解采购的产品有哪些类似的产品,换言之,查询替代品或新供应商的资料。

3) 信息的搜集渠道

信息搜集常用的渠道有:杂志、报纸等媒体;信息网络或产业调查服务业;供应商、顾客及同业;参观展览会或参加研讨会;加入协会或工会。

由于商情范围广阔,来源复杂,加之市场环境变化的迅速,因此必须筛选正确有用的信息以供决策。最近几年,对国外采购信息的需要越来越迫切,除依赖公司派人亲赴国外搜集,也可利用外贸协会信息处资料搜集组的书刊(名录、电话簿、统计资料、市场调查、报告等)、期刊(报纸、杂志)、非图书资料(录音带、录像带、磁盘、统计微缩片等)及其他资料(小册子、宣传品、新书通告等)搜集信息。

4)调查所得资料的处理方式

企业可将采购市场调查所查资料,加以整理、分析与讨论,在此基础上提出报告及建议,即根据调查结果,编制材料调查报告及商业环境分析,对本企业提出有关改进建议(如提供采购方针的参考,以求降低成本、增加利润),并根据科学调查结果,研究更好的采购方法。

2. 采购价格确定方式

1)询价采购方式

所谓询价采购,即采购方根据需采购物品向供应商发出询价或征购函,请其正式报价(Quotation)的一种采购方法。通常供应商寄发报价单,内容包括交易条件及报价有效期等,有时自动提出信用调查对象,必要时另寄"样品"及"说明书"。询价经采购方完全同意接受,买卖契约才算成立。

2)招标确定价格

招标的方式是采购企业确定价格的重要方式,其优点在于公平合理。因此,大批量的采购一般采用招标的方式。采用招标的方式的基本条件是:所采购的商品的规格要求必须能表达清楚、明确、易于理解;必须有两个以上的供应商参加投标。

3)谈判确定价格

谈判是确定价格的常用方式,也是最复杂、成本最高的方式。谈判方式适合各种类型的采购。

任务二 采购成本分析

采购成本是指企业在生产经营过程中,因采购活动而发生的相关费用,即在采购过程中的购买、包装、运输、装卸、存储等环节所支出的人力、物力、财力等货币形态的总和。

10.2.1 采购成本的构成

在采购活动中,采购成本主要由购入成本、订货成本、存储成本、缺货成本、延期交货成本及失销成本等构成。

1. 购入成本

某项物品的购入成本始终要以进入仓库时的成本来计算。对于外购物品来说,单位外购成本应包括购价和运费。

2. 订货成本

订货成本是指企业向外部供应商发出采购订单的成本,是企业为了实现一次购买活动所支出的各种费用。订货成本中有一部分与采购次数无关,如常设采购机构的基本开支等,称为订货的固定成本;另一部分与采购的次数有关,如差旅费、通信费等,称为订货的变动成

本。更详细地说,商品的订货成本包括以下几个方面:

(1) 采购手续成本,采购所花的人工费用、事务用品费用、主管及有关部门的审查费用。

(2) 采购成本,估价、询价、比价、议价、采购、通信联络、事务用品等所花的费用。

(3) 进货验收成本,检验人员的验收手续所花费的人工费用、交通费用、检验仪器仪表费用等。

(4) 进库成本,物料搬运所花费的成本。

(5) 其他成本,如会计入账、支付款项等所花费的成本,检查库存水平的成本等。

3. 存储成本

存储成本通常也称为持有成本,是指企业为存储物料所花费的成本,主要包括资金成本、保险、陈旧、储存、税金、搬运、损耗和变质等费用。

1) 资金成本

资金成本反映失去的盈利能力或时间机会成本。物料的存储需要资金的投入,那么这笔投入的资金就丧失了其他有效使用这笔资金的机会,资金成本即指丧失了这笔资金有效使用带来的盈利。

2) 保险费用

保险费用一般是根据风险的评估或承担风险的程度直接征收的。风险的评估或承担风险的程度取决于物料和存储设施这两方面的性质。例如,容易被偷的高价值物料以及易燃的危害性物料将会导致相对较高的保险费用。保险费用还受到存储设施内的预防措施的影响。

3) 陈旧成本

陈旧成本是指存储的物料发生了耗损并且得不到保险的补偿,这笔费用的计算是根据过去的经验确定的,如物料容易发生品质变异、破损、报废、被盗、价值下跌等,这些都应计入物料陈旧成本中。

4) 储存成本

物料的存储数量增加,存储成本也会增加,其中主要是搬运和仓储成本的增加。仓库的租金、各种管理费用(如保安、消防、维修、盘点等)都是储存成本。

5) 税金

当物料被存储在仓库中的时候,许多国家把存货列入应价税的财产,因此,存货越多税金也越高。在一般情况下,税金是根据一年内某个特定日的存货水平或某一段时期内的平均存货水平征收的。有些地方对存货税金不做任何评估。

4. 缺货成本

采购成本中的缺货成本是指因没有持有物料或采购供应不及时,而造成的物料短缺,以致影响生产进度所引起的成本。例如,停工待料,有了物料之后的加班,生产计划的变动,信誉的损失,延迟交货,失销,失去客户以及为了不至于短缺而带来的安全存货等成本。

5. 延期交货成本

延期交货有两种形式:一是缺货可以在下次规划订货中得到补充;二是加急订货延期交货。

如果延期交货属于第一种形式,企业实际上没有什么损失。但如果经常延期交货,客户可能就会转向其他企业。

如果延期交货属于第二种形式,那么就会发生特殊订单处理和送货费用。延期交货的特殊订单处理费用相对于规划补充的普通处理费用要高。由于延期交货经常是小规模装运,进货费率相对要高,而且延期交货可能需要长距离运输。另外,可能需要利用快速、昂贵的运输方式运送延期交货的货物。因此,延期交货成本可根据额外订单处理费用和额外运费来计算。

❓小思考

延期交货会给生产企业带来哪些影响?

6. 失销成本

由于缺货而没有及时向客户交货时,尽管一些客户可以允许延期交货,但仍会有一些客户转向其他企业订货,在这种情况下,缺货导致失销。

失销给企业造成的损失主要包括直接损失、机会损失和失去客户的损失。

(1)直接损失。即失去这种产品销售机会的利润损失。可以通过这种产品的利润乘以客户的订货数量来确定直接损失。但有时客户的订货数量很难确定,如许多客户习惯电话订货,在这种情况下,客户只是询问是否有货,而未指出要订多少货,如果这种产品缺货,那么客户就不会说明需要多少,企业也就不会知道损失的总量。

(2)机会损失。当初负责这笔业务的销售人员的时间、精力的浪费,就是机会损失。

(3)失去客户的损失。由于缺货而失去客户,也就是说,客户会转向另一家企业。如果失去了客户,企业也就失去了未来一系列收入,这种缺货造成的损失很难估计,需要用管理科学的技术以及市场营销研究方法来分析和计算。除了利润损失,还有由于缺货造成的信誉损失。信誉的度量,在采购成本管理中常被忽略,但它对企业未来的销售及经营活动非常重要。

10.2.2　学习曲线

1. 学习曲线的含义

学习曲线(The Learning Curve)是分析采购成本、实施采购降价的一个重要工具和手段。学习曲线最早由美国航空工业提出,其基本概念是随着产品的累计产量增加,单位产品的成本会以一定的比例下降。需要说明的是,这种单位产品价格成本的降低与规模效益并无任何关系,它是一种学习效益。这种学习效益是指某产品在投产的初期由于经验不足,产品的质量保证、生产维护仍需较多的精力投入以致带来较高的成本,随着累计产量的增加,管理逐渐成熟,所需的人、财、物力逐渐减少,工人越来越成熟,质量越来越稳定,前期生产学习期间的各种改进逐步见效,因而成本不断下降。主要表现在以下几个方面:

(1)随着某产品逐步进入成长、成熟期,其生产经验不断丰富,所需的监管、培训及生产维护费用不断减少。

(2)随着累计产量增加,工人越趋熟练,生产效率不断提高。

(3)生产过程中的报废率、返工率以及产品的缺陷不断降低。

（4）生产批次不断优化，设备的设定、模具的更换时间不断缩短。

（5）随着累计产量的增加，原材料的采购成本可不断降低。

（6）经过前期生产学习，设备的效率及利用率等方面不断得到改进。

（7）通过前期生产学习，物流不断畅通，原材料及半成品等库存控制日趋合理。

（8）通过改进控制，突发事件及故障不断减少。

（9）随着生产的进行，工程、工艺技术调整越来越少。

2. 学习曲线的基本模型

学习曲线反映累计产量的变化对单位成本的影响，累计产量的变化率与单位工时或成本的变化率之间保持一定的比例关系。

3. 学习曲线的应用条件

学习曲线和其他管理方法一样，其应用是有条件的。它首先满足两个基本假定：一是生产过程中确实存在着"学习曲线"现象；二是学习曲线的可预测性，即学习现象是规律的，因而学习曲线率是能够预测的。除此之外，学习曲线是否适用，还要考虑以下几个因素：

（1）它只适用于大批量生产企业的长期战略，而对短期决策的作用则不明显。

（2）它要求企业经营决策者精明强干、有远见、有魄力，充分了解企业内外的情况，敢于坚持降低成本的各项有效措施，重视经济效益。

（3）学习曲线和产品更新之间既有联系，又有矛盾，应处理好二者的关系，不可偏废。不能片面认为只要产量持续增长，成本就一定会下降，销售额和利润就一定会增加。如果企业忽略了资源市场、顾客爱好等方面的情况，就难免出现产品滞销、积压乃至停产的局面。

（4）劳动力保持稳定，不断革新生产技术和改革设备。

（5）学习曲线适用于企业的规模经济阶段，当企业规模过大，出现规模不经济时，学习曲线的规律不再存在。

以上是学习曲线的应用条件，对于采购来说，学习曲线的分析一般适合以下情形：

（1）供应商按客户的特殊要求制造的零部件。

（2）涉及需大量投资或新添设备设施的产品生产。

（3）需要开发专用的模具、夹具、检具或检测设施，无法同时向多家供应商采购。

（4）直接劳动力成本占价格成本比例较大。

10.2.3 质量成本

质量成本（Cost Quality）是采购人员审核供应商成本结构、降低采购成本所应看到的另一个方面。目前质量成本尚无统一的定义，其基本含义是指工业企业针对某项产品或者某类产品质量、服务质量或质量不符合要求而导致的成本增加，其实质意义是不合格成本，主要包括退货成本、返工成本、停机成本、维修服务成本、延误成本、仓储报废成本等。

（1）退货成本，在整体供应链（包括采购、生产、仓储、运输各销售过程）中任何环节出现的不合格退货所发生的成本。

（2）返工成本，在采购、生产、仓储、运输和销售过程中由于产品或工作不符合要求而需要进行返工维修或检验所带来的成本增加，包括人工、材料、运输等费用。

（3）停机成本，因任何原因而导致的设备停机、生产停止所造成的损失，包括设备因维护不善出现故障，如处理顾客投诉、维修产品、更换零部件等成本。

（4）维修服务成本，在产品卖出以后，由于产品质量、服务质量等问题导致的在维修期内所发生的所有费用，如处理顾客投诉、维修产品、更换零部件等成本。

（5）延误成本，指产品开发及交货延误导致的成本增加或损失。其中，包括产品开发工程中，因设计错误或设计延误导致人工损失、设备设施报废、产品进入市场时间推迟而造成的直接经济损失，以及在生产及交货过程中，因交货延误导致的理赔或失去市场等损失。

（6）仓储报废成本，因产品换代、仓储时间过长、仓储条件不好等导致的原材料、零部件或成品报废。

10.2.4　整体采购成本

1. 整体采购成本的条件

在采购成本过程中，原材料或零部件的采购价格固然是很重要的财务指标，但作为采购人员，不只要看到采购价格本身，还要将采购价格与交货、运输、包装、服务、付款等相关因素结合起来考虑，衡量采购的实际成本。

表10-1为某单位采购的电视机玻壳采购成本分析，由表中数据可知，采购单价为37.20美元，而实际采购单位成本则为68.50美元，采购价格仅占采购成本的54.31%。

表10-1　单位玻壳采购成本分析

项　目	单价或单位费用/美元	该项目占总采购成本的比例/%
玻壳采购价（发票价格）	37.20	54.31
运输费	5.97	8.72
保险	1.96	2.86
运输代理	0.03	0.04
进口关税	2.05	2.99
流通过程费用	0.41	0.60
库存利息	0.97	1.42
仓储费用	0.92	1.34
退货包装等摊销	0.09	0.13
不合格品内部处理费用	0.43	0.63
不合格退货费用	0.14	0.20
付款利息损失	0.53	0.77
玻壳开发成本摊销	6.20	9.05
提供给供应商的专用模具摊销	5.60	8.18
包装投资摊销	6.00	8.76
其他费用	0.00	0
总　计	68.50	100

对于非生产用原材料（如设备、服务）等采购，除以上因素外，影响采购成本的还有维修与

保修,设备与附件、安装,调试、图样、文件与说明书、使用许可证书、培训、专用及备用工具等。

2. 整体采购成本的内容

整体采购成本又称为战略采购成本,是除采购成本之外考虑到原材料或零部件在本企业产品的全部寿命周期过程中所发生的成本,它包括采购市场调研、自制或采购决策、产品预开发与开发中供应商的参与、供应商交货、库存、生产、出货测试、售后服务等整体供应链中各环节所产生的费用对成本的影响。概括起来是指在本公司产品的市场研究、开发、生产与售后服务各阶段,因供应商的参与或提供的产品(或服务)多导致的成本,它包括供应商的参与或提供的产品(或服务)没有达到的最好水平而造成的二次成本或损失。作为采购人员,其最终目的是降低整体采购成本。

按功能来划分,整体采购成本发生在以下过程中:开发过程、采购过程、企划过程、质量过程、服务过程。

1) 开发过程中,因供应商介入或选择导致可能发生的成本

(1) 原材料或零部件影响产品的规格与导致可能发生的成本。

(2) 对供应商技术水平的审核产生的费用。

(3) 原材料或零部件的认可过程产生的费用。

(4) 原材料或零部件的开发周期影响本公司产品的开发周期而带来的损失或费用。

(5) 原材料或零部件及其工装(如模具)等不合格影响本公司产品开发而带来的损失或费用。

2) 采购过程中可能发生的成本

(1) 原材料或零部件采购费用或单价。

(2) 市场调研与供应商考察、审核费用。

(3) 下单、跟单等行政费用。

(4) 文件处理费用。

(5) 付款条件所导致的汇率、利息等费用,

(6) 原材料运输、保险等费用。

3) 企划(包括生产)过程中可能因采购而发生的成本

(1) 收货、发货(至生产使用点)费用。

(2) 安全库存仓储费、库存利息。

(3) 不合格来料滞仓、退货、包装、运输带来的费用。

(4) 交货不及时对仓库管理等工作的影响造成的损失。

(5) 生产过程中的原材料或零部件库存费用。

(6) 企业与生产过程中涉及原材料或零部件的行政费用等。

4) 质量过程中可能发生的采购成本

(1) 供应商质量体系审核及质量水平确认产生的费用。

(2) 检验成本。

(3) 因原材料或零部件不合格而导致的对本公司的生产、交货方面造成的损失。

(4) 不合格品本身的返工或退货成本。

(5) 生产过程中不合格品导致的本公司产品不合格而导致的损失。

(6) 处理不合格来料的行政费用等。

5) 售后服务过程中因原材料或零部件而发生的成本

(1) 零部件失效产生的维修成本。

(2) 零部件服务维修点不及时造成的损失。

(3) 因零部件问题严重而影响本公司的产品销售造成的损失。

(4) 因零部件问题导致本公司的产品理赔等产生的费用。

在实际采购过程中，整体采购成本分析通常要依据采购物品的分类模块，按 80/20 规则选择主要的零部件进行，而不必运用到全部的物料采购。

➤ 案例分析

宜家通过低价采购取得竞争优势

除中国大陆宜家的价格表现略为偏高外，在全球其他市场，宜家一直以优质低价的形象出现，这得益于宜家经济的采购策略。

一、以规模采购获得低成本

宜家在为产品选择供应商时，从整体上考虑以使总体成本最低。即以计算产品运抵各中央仓库的成本作为基准，再根据每个销售区域的潜在销售量来选择供应商，同时参考质量、生产能力等其他因素，由于宜家绝大部分的销售额来自欧洲和美国，所以一般只参考产品运抵欧洲和美国中央仓库的成本。

宜家在全球拥有近 2 000 家供应商(其中包括宜家自有的工厂)，供应商将各种材料由世界各地运抵宜家全球的中央仓库，然后从中央仓库运往各个商场进行销售，这种全球大批量采购集体采购方式可以取得较低的价格，挤压竞争者的生存空间。

同宜家的大批量采购相比，拷贝者无法以相同的低价获得原材料，产品定价要低于宜家的价格，只有偷工减料或者是降低生产费用，然而降低生产费用的空间不会太大，因为宜家的供应商由于订单的数量大，其单位生产费用、管理费用已经相当低了，且宜家在价格上所增加的销售费用、管理费用也不会太高。如果没有足够的利润空间，拷贝也就没有了原动力，偷工减料的产品也无法长期同宜家竞争。

二、因地制宜，改变采购通路，保持竞争优势

宜家亚太地区的中央仓库设在马来西亚，所有前往中国商场的产品必须先运往马来西亚，这种采购方式使宜家总体的成本降低。但是对于中国来说，成本较高，特别是对于家具这类体积较大的商品来说，运费在整个成本中会达到 30%，直接影响到最终的定价。

随着亚洲市场特别是中国市场所占的比重不断扩大，宜家正在把越来越多的产品或者是产品的部分量放在亚洲地区生产，这将大大降低运费对成本的影响。目前，宜家正在实施零售选择计划，即由中国商场选择几个品种，然后由中国的供应商进行生产，然后直接运往商店的计划。例如，尼克折叠椅原先由泰国生产，运往马来西亚后再转运中国。采购价相当于人民币 34 元一把，但运抵中国后成本已达到 66 元一把，再加上商场的运营成本，最后定价为 99 元一把，年销售量仅为 1 万多把。实施这项计划后，中国的采购价为人民币 30 元一把，运抵商店后成本增至 34 元一把，商场的零售价定为 59 元一把，比以前低了 40 元，年销

售量猛增至 12 万把。

随着中国房地产热潮的高温不退,家居用品市场的竞争也日趋激烈,宜家在产品设计、营销方法以及品牌上已经和其他竞争对手形成了足够的差异,但是这种壁垒能否以抵挡其他家居用品商的猛烈进攻,价格仍然是主要因素。降低采购成本后,宜家显然正在针对目标消费群体,加大本土采购力度,继续降低成本价格,把宜家在全球的价格优势发挥出来,再加上其特有的体验营销、服务营销等多种营销手法的综合运用,有助于其与众多竞争对手区别开来,从而取得竞争优势。

任务三　降低采购价格的策略

随着国际间日益激烈的竞争,产品生产周期逐渐地缩短,消费者的产品需求多样化,以及产品技术层次不断提升的压力,企业如果无法有效地开源,节流就成为因应变局的有效方法之一。尤其是在采购占平均销售金额比重逐渐增加的趋势下,降低采购价格是采购人员提高企业附加值最直接的方式。

10.3.1　降低采购价格的十大方法

根据统计,美国财富 200 公司所使用降低成本的方法,最有效果的前十项如下。

1. 价值工程(Value Engineering,简称 VE)

针对产品或服务的功能加以研究,以最低的生命周期成本,透过剔除、简化、变更、替代等方法,来达成降低成本的目的。价值分析用于新产品工程设计阶段,而价值工程则是针对现有产品的功能、成本,做系统化的研究与分析。但现在价值分析与价值工程已被视为同一概念使用。

2. 价值分析(Value Analysis,简称 VA)

针对商品的价值、功能与成本进一步思考与探索,集思广益朝各方向寻求最佳方案,再运用体系分工的方式达成价值提升或降低成本的目标。

3. 谈判(Negotiation)

谈判是买卖双方为了各自目标,达成彼此认同的协议过程,这也是采购人员应具备的最基本的能力。谈判并不只限于价格方面,也适用于有某些特定需求时使用谈判的方式,通常价格降低的幅度约为 3%～5%。如果希望达成更大的降幅,则需运用价格与成本分析、价值分析与价值工程(VA/VE)等手法。

4. 目标成本法(Target Costing)

管理学大师彼得·德鲁克(Peter F. Drucker)在《企业的 5 大致命过失》(*Five Deadly Business Sins*)一文中提到,企业的第 3 个致命过失是定价受成本的驱动。大多数美国公司及几乎所有的欧洲公司,都是以成本加上利润率来制定产品的价格。然而,他们刚把产品推向市场,便不得不开始削减价格,重新设计那些花费太大的产品,并承担损失。而且,他们常常因为价格不正确,而不得不放弃一种很好的产品。产品的研发应以市场乐意支付的价格为前提,因此必须假设竞争者产品的上市价,然后再来制定公司产品的价格。丰田和日产把德国的豪华型轿车挤出了美国市场,便是采用价格引导成本(Price-Driven Costing)的结果。

5. 早期供应商参与(Early Supplier Involvement,简称 ESI)

这是在产品设计初期,选择让具有伙伴关系的供应商参与新产品开发小组。经由早期供应商参与的方式,新产品开发小组对供应商提出性能规格方面的要求,借助供应商的专业知识来达到降低成本的目的。

6. 杠杆采购(Leveraging Purchases)

综合各事业单位或不同部门的需要量,以集中扩大采购量而增加议价空间的方式进行采购。避免各自采购,造成组织内不同事业单位,向同一个供应商采购相同零件却价格不同,但彼此又不知情,平白丧失节省采购价格的机会。

7. 联合采购(Consortium Purchasing)

联合采购主要用于非营利事业的采购,如医院、学校等,综合各不同采购组织的需要量,以获得较好的数量折扣价格。这也被应用于一般商业活动之中,应运而生的新兴行业有第三者采购,专门替那些需要量不大的企业单位服务。

8. 为便利采购而设计(Design for Purchase,简称 DFP)

自制与外购的策略主要是在产品的设计阶段采用,利用供应商的标准流程与技术,以及使用标准零件,以方便原物料的取得。如此一来,不仅大大减少了自制所需的技术支援,同时也降低了生产所需的成本。

9. 价格与成本分析(Cost and Price Analysis)

这是专业采购的基本工具,了解价格结构的基本要素,对采购者是非常重要的。如果采购不了解所买物品的价格结构,就不能算是了解所买的物品是否为公平合理的价格,同时也会失去许多降低采购价格的机会。

10. 标准化(Standardization)

实施规格的标准化,对不同的产品项目、夹具或零件使用通用的设计、规格,或降低订制项目的数目,以规模经济量达到降低制造成本的目的。但这只是标准化的其中一环,组织应扩大标准化的范围和作业程序,以获得更大的效益。

10.3.2　制订降低采购价格的策略

1. 依产品生命周期来定

采购项目在其产品生命周期的过程中,可以分为以下四个时期,各有其适用的手法。

(1)导入期。即新技术的制样或产品开发阶段。供应商早期参与、价值分析、目标成本法以及为便利采购而设计都是可以利用的手法。

(2)成长期。这一时期新技术正式产品大量生产上市,且产品被市场广泛接受。采购可以利用需要量大幅成长的优势,进行杠杆采购获得成效。

(3)成熟期。这是生产或技术达到稳定的阶段,产品已稳定地供应到市场上。价值工程、标准化的运作可以更进一步地找出不必要的成本,并达到节省成本的目的。

（4）衰退期。此时产品或技术即将过时或将衰退，并有替代产品出现，因为需要量已在缩减之中，此时再大张旗鼓降低采购价格已无多大意义。

2. 依采购特性及与供应商之关系来定

1）影响性较小的采购

影响性较小的采购部分，其金额虽然不高，但是也必须确认所取得的价格与一般市售价格比较，是属于公平合理的价格。采购人员切记，勿让花费在价格分析上的成本高于采购的实际金额。

策略：采用快速、低成本的价格分析方法。

（1）比较分析各供应商报价。

（2）比较目录或市场价格。

（3）比较过去的采购价格记录。

（4）比较类似产品采购的价格。

2）杠杆采购

杠杆采购指的是长期持续性的随机采购，但企业不愿意与供应商维持比较密切的合作关系。这可能是对价格的波动特别敏感或是产品上市的寿命非常短所导致，使得采购不得不随时寻找价格最低的供应商。因此，采购人员需要花费较多时间来进行价格上的分析。

策略：采用价格分析并以成本分析为辅助工具。

（1）价值分析。

（2）分析供应商提供的成本结构。

（3）进行成本估算。

（4）计算整体拥有成本。

3）重要计划的采购

重要计划的采购包括一次性或非经常性的花费，通常其采购金额都相当大，如主要机器设备、资讯系统或厂房设施等。

策略：采用成本分析为主要方法。

（1）计算整体拥有成本。

（2）分析整个供应链的成本结构。

（3）一旦重要计划的采购案变成重复性的例行采购，则必须考虑使用策略性采购中所提的方法。

4）策略性采购

策略性采购代表非常重要的持续性采购案，采购人员较希望与供应商建立长期或者联盟性质的关系。公司应该花较多时间在成本与价格分析上，这是因为所收到的效益会比较大。

策略：采用成本分析为主要方法。

（1）分析供应商伙伴的详细成本资料，并找出可能改善的部分。

（2）计算整体拥有成本。

（3）分析整个供应链的成本结构。

（4）使用目标成本法。

（5）让供应商早期参与新产品开发。

任务四 价值分析在采购中的应用

10.4.1 价值分析的含义

价值分析以降低成本为目的,致力于产品功能分析的有组织与有系统的群体合作的创造性活动。

价值分析成为降低成本的快捷方式,特别受到了美国企业界的重视。1959 年,在华盛顿成立了美国价值分析协会(S. A. V. A)。该协会借相互切磋促使价值分析工作得以扩展。当时美国的 PDR - CHASING 杂志发表了西电公司因利用价值分析节省了 1.5 亿多美元的文章,价值分析才开始引起世界各地企业界的重视。

价值分析是研究产品材料、劳务成本与功能,在不影响原有品质或效能的条件下,通过改进设计、改善制造方法、变更对供应商的要求条件等,达到降低成本的组织化与制度化的一种活动。价值分析已不是过去那种简单减低成本的方法,而是在加强成本意识,减少那些不必要的成本,以提高其使用价值的方法。换句话说,价值分析以最必要的成本,来实现产品所必须保持的功能、品质及价值,并设法扩大产品现有的价值。这里所说的价值,是指企业产品的价值,价值分析就是以最低的成本发挥出产品的主要功能。如果用公式来表示价值的话,就是:

$$价值 = \frac{品质}{价格或价值} = \frac{功能}{成本}$$

那么如何提高产品的价值呢? 根据上面的公式,可以采取以下策略:
(1) 提高功能,降低成本,大幅度提高价值。
(2) 功能不变,降低成本,提高价值。
(3) 功能有所提高,成本不变,提高价值。
(4) 功能略有下降,成本大幅度降低,提高价值。
(5) 适当提高成本,大幅度提高功能,提高价值。

10.4.2 价值分析在采购中的应用

早在 20 世纪 40 年代,美国通用电气公司的采购员 L. D. Miles 就成功解决了短缺物资的代用问题,随之创立了价值分析学说。对在物资采购中所遇到的问题,根据价值分析的原理进行研究,经过实践,发现价值分析可以有效地应用于物资采购中。

正确选购物资是企业合理使用物资、降低产品成本的先决条件,要做到正确地选购物资,就必须对采购物资进行价值分析,以最低的成本费用获取所需物资,价值分析的目的就是尽力降低成本费用。我们知道,采购成本不论是直接成本还是间接成本,都是影响企业经营、参与市场竞争、谋求利润的一大因素。同时,采用价值分析也有助于降低物资的使用费用。购置费用容易引起人们的重视,而使用费用往往被忽视。例如,有的物资购置费用低,但使用费用却比较高,而价值分析则要求整个寿命周期内的费用降到最低限度。

以往,企业面对经济萧条时,为了追求企业利润和降低成本,经常使用的方法是通过采购人员的强势或谈判能力尽量压低卖方的要价,进而达到降低成本的目的。近几年来,由于经济、社会环境的变化,不仅使企业经营成本大幅度提高,更导致企业经营管理的巨变,因此,只凭以往的强势行为,已无法达到降低采购价格与生产成本的目标。或许尚有些采购人员仍然抱着以往强势采购的观念,如卖方是靠买方企业生存的,只有杀价才能买到低价货物等。但相信企业若有这种类型的采购人员,将是影响企业成长和发展的重要祸源之一。

10.4.3　价值分析的过程

1. 价值分析法的特征、程序

1) 价值分析法的特征

(1) 以顾客为中心,即以市场或买主需要为依据。

(2) 运用功能中心的研讨方式,以成本分析达到节省成本的目的,但它是从产品设计的构想出发,并以确保功能为前提。

(3) 以团队合作的方式,凝聚了设计、生产、品质管理、采购人员的智慧。

2) 价值分析法的程序

价值分析法的工作程序主要包括三个过程(分析、综合和评价)、两个步骤(基本步骤与详细步骤),以及一项质询(针对产品的功能、价值、成本等进行质问)。

2. 价值分析法实施的步骤

(1) 选定对象、设定目标,即以采购物品中最主要的即影响最大的物品(按 80/20 原则确定)为对象。

(2) 成立价值分析改善小组,并以采购为核心,召集设计、生产、质管、采购及提供零组件或模具等人员共同组成。

(3) 收集、分析对象的情报。

(4) 拟订降低采购成本的战略方案,以正确掌握价值分析的目的及功能。

(5) 拟订具体实施计划,即改善方案。

(6) 改善方案的展开。

(7) 效果的确认,即确认具体改善方案及其成效。

(8) 新方案变更(即标准化)与跟催。

任务五　库存控制

10.5.1　库存的分类

根据我国国家标准 GB/T 18354—2001《物流术语》,库存是指处于储存状态的物品。通俗地说,库存是指企业在生产经营过程中为现在和将来的耗用或者销售而储备的资源。广义的库存还包括处于制造加工状态和运输状态的物品。

库存可以从库存物品的经济用途、存放地点、来源、生产过程、所处状态、经营过程和库存物品所占价值等几个方面来分类。

1. 按经济用途分类

库存按其经济用途通常可以分为商品库存、制造业库存和其他库存三类。

1）商品库存

商品库存是指企业购进后供转售的货物。其特点是在转售之前,保持其原有实物形态。

2）制造业库存

制造业库存是指企业购进后直接用于生产制造的货物。其特点是在出售前需要经过生产加工过程,改变其原有的实物形态或使用功能。

3）其他库存

其他库存是指除了以上库存外,供企业一般耗用的物品和为生产经营服务的辅助性物品。其主要特点是满足企业的各种消耗性需要,而不是为了将其直接转售或加工制成产品后再出售,如包装物和低值易耗品等。

2. 按存放地点分类

库存按其存放地点可分为库存存货、在途库存、委托加工库存和委托代销库存四类。

1）库存存货

库存存货是指已经运到企业,并已验收入库的各种材料和商品,以及已验收入库的半成品和制成品。

2）在途库存

在途库存包括运入在途库存和运出在途库存。运入在途库存是货款已经支付或虽未付货款但已取得所有权、正在运输途中的各种外购库存。运出在途库存是指按照合同规定已经发出或送出,但尚未转移所有权,也未确认销售收入的库存。

3）委托加工库存

委托加工库存是指企业已经委托外单位加工,但尚未加工完成的各种库存。

4）委托代销库存

委托代销库存是指企业已经委托外单位代销,但按合同规定尚未办理代销货款结算的库存。

3. 按库存来源分类

库存按其来源可分为外购库存和自制库存两类。外购库存是企业从外部购入的库存,如外购材料等。自制库存是由企业内部制造的库存,如自制材料、在制品和制成品等。

4. 按生产过程分类

库存按生产过程可分为原材料库存、零部件及半成品库存和成品库存。

5. 按物品所处状态分类

按物品所处状态,库存可分为静态库存和动态库存。静态库存指长期或暂时处于储存状态的库存,这是人们一般意义上认识的库存概念。实际上广义的库存还包括处于制造加工状态或运输状态的库存,即动态库存。

6. 按经营过程分类

按经营过程可将库存分为经常库存、安全库存和季节性库存。

1) 经常库存

经常库存是指企业在正常的经营环境下为满足日常的需要而建立的库存。这种库存随着每日的需要不断减少,当库存降低到某一水平时(如订货点),就要进行订货来补充库存。这种库存补充是按一定的规则反复地进行。

2) 安全库存

安全库存是指为了防止由于不确定因素(如大量突发性订货、交货期突然延期等)而准备的缓冲库存。

3) 季节性库存

季节性库存是指为了满足特定季节中出现的特定需要(如夏天对空调机的需要)而建立的库存,或指季节性出产的原材料在出产的季节大量收购所建立的库存。

7. 按库存物品所占价值分类

按物品所占价值,库存可分成 A、B、C 三类。

ABC 分类的标准是:

A 类:品种数目占总品种数目的 10% 左右,资金额占总库存资金的 70% 左右;

B 类:品种数目占总品种数目的 20% 左右,资金额占总库存资金的 20% 左右;

C 类:品种数目占总品种数目的 70% 左右,资金额占总库存资金的 10% 左右。

❓小思考

你如何理解"零库存"? 生产企业能够做到吗? 为什么?

10.5.2 库存控制系统的要素

1. 库存控制系统的概念

库存控制系统是以控制库存为共同目的的相关方法、手段、技术、管理及操作过程的集合。这个系统贯穿于从物资的选择、规划、订货、进货、入库、储存及至最后出库的一个长过程,这些过程的作用结果是最后实现了控制库存的目的。

2. 库存控制系统的要素

一个企业的库存控制不好,就容易造成停工待料或物资积压,从而影响企业的生产和经营活动,使企业生产经营成本加大。

一般的库存控制系统中,起较大作用的要素主要有以下几个方面。

1) 企业的选址和选产

这是库存控制系统中决定库存控制结果的最初的要素。在规划一个企业时,企业的选址对未来控制库存水平的关系极大,如果这个企业远离原材料产地而运输条件又差,则库存水平便很难控制到低水平,库存的稳定性也很难控制。

同样,企业产品的决策本身便已是库存控制的一个影响因素,有的产品决策脱离了该地库存控制的可能性导致产品失败的先例是不少见的。

企业选址和选产在一定意义上是库存对物品供应条件的选择,即该供应条件是否能保证或满足某种方式的控制。

2）订货

订货批次和订货数量是决定库存水平的非常重要的因素。对于一个企业而言，库存控制是建立在一定要求的输出的前提下，因此，企业需要调整的是输入，而输入的调整依赖于订货，所以订货与库存控制关系十分密切，乃至不少企业的库存控制转化为订货控制，以此解决库存问题。

3）运输

订货只是商流问题，是否能按订货意图的批量和批次以实现控制，这便取决于运输的保障。运输是库存控制的一个外部影响要素，有时库存控制不能达到预期目标并不是控制本身或订货问题，而是运输的提前或延误，提前则一下子增大了库存水平，延误则使库存水平下降甚至会出现失控状态。

4）信息

在库存控制中信息要素的作用和其他要素的作用应当是不可分的，在库存控制系统中，监控信息的采集、传递、反馈是控制的一个关键，这可以说是信息要素在这个系统中的突出点。

5）管理

管理和信息一样，也是一般要素。库存控制系统并不是靠一条流水线、一种高新技术工艺等硬件系统支持，而是靠管理，因此，管理要素的作用可能更大一些。

3. 库存控制的途径

库存控制可从以下几方面采取措施。

1）正确计划用料

（1）配合企业经营目标；

（2）增加资金预算灵精度；

（3）减少呆废料的产生；

（4）加强用料的控制；

（5）便于存量的管理。

2）适当存量管理

（1）强化重点管理效果；

（2）提高物料周转率；

（3）保持适量的库存；

（4）适时、适量地供料。

3）强化请购管理

（1）适质、适量；

（2）适价、适时；

（3）充分掌握市场行情；

（4）和供应商保持良好关系。

4）发挥储运功能

（1）确保储运质量；

（2）正确地收发作业；

（3）强化验收管理；

（4）安全维护仓库。

5）发挥盘点功效

（1）消除料账差异；

（2）确保物料数量准确。

➤ 案例分析

走出"滞胀"困境

所谓滞胀，是指经济生活中同时出现了生产停滞、失业增加和特许水平居高不下的现象。在现代物流中，较高的库存水平保证了较高的产品及时可得性，可以说是物流状况较好；较高的库存水平得到了较低的产品及时可得性，可以说是物流"滞胀"。

北京寒冷的冬天就快过去了，田梅的心情并没有因为天气转暖而有一丝轻松，最近一段时间，她的部门面临着提高备件供应管理水平的压力。田梅是美仁数码有限公司（以下简称美仁数码）的服务部总监，该公司主要生产电脑、MP3 等数码产品，另外也提供网络应用的解决方案。美仁数码刚刚涉足数码产品领域，对数码产品的特殊性了解不够深入，尤其是对数码产品备件供应管理的特殊性缺乏了解。因此，随着美仁数码的产品在市场上占有份额的逐步扩大，销售量稳步增加，其备件管理则面临"滞胀"困境，这也是数码生产企业在成长过程中可能遇到的备件问题。

困境的形成

美仁数码服务部主要负责三个方面的工作：客户支持、服务渠道管理以及产品备件支持管理。前一段时间，田梅带领服务部设了客户电话中心并规范了接单流程，通过对原有服务渠道的整合，逐步理顺了原来错综复杂的服务体系。从目前的情况看，客服电话中心管理、服务渠道管理效率很高，且运转正常。她终于可以腾出手来处理服务部的短板——备件管理问题。通过对服务部特别是备件管理工作的分析，田梅感到备件管理面临诸多问题。

首先，在备件订单管理方面。产品备件订单具有少量、多频次的特点，单据的处理工作量大、效率低。美仁数码采用的是售后服务加盟店的方式，为客户进行维修等售后服务。这些服务商大部分具有丰富的数码产品维修经验与技术，但是对美仁数码产品的特性、质量等方面还不熟悉，无法准确预测产品的备件需求。各地加盟店为了尽量降低库存，通常使用"小步快跑"的库存管理策略，即店内存有很少的产品备件，通过频繁补货支持备件的消耗。这种策略可以使每种备件在加盟店内储备量相对少，但会造成订单的频次较高。通常一个加盟店每周会有 2～3 张备件申请单，每张申请单订购的备件数量都不大。面对这种情况，服务部需要设专人每天处理来自全国各地上百家加盟店传真到总部的备件订单。由于订单处理工作量大，造成订单处理人员成本较高，削减订单处理人员则难以保证这一工作的时效性和准确性，导致备件不能按要求正常发货，直接影响到各加盟店的维修服务水平。但如果简单地增加订单处理人员，又会增加部门人力成本。

其次，面临备件库存持续增高的压力。由于美仁数码产品销售量的不断增加，产品种类日趋多样化,仅备件管理种类就呈几何级数增长。为了达到目标满意度,备件库存就要不断增加。为了更好地支持各地维修加盟店的服务,公司在外地的维修加盟店都设有备件库房。面对高度分散的库房,服务部不但很难确定全国实际的备件库存量,而且由于各地维修加盟店采用"小步快跑"的库存策略,对备件运输的时效及准确率要求极高,因此,造成了高昂的运输成本。

由于备件需求的不可预知性,使得备件的库存管理必须更大程度地依赖预测和库存参数设定的合理性。由于缺乏有效的预测模型、库存管理模型以及运作时间短、缺少统计预测数据等问题,为了提高备件订单的满足率,美仁数码只有采取增加备件库存的方法,但造成库存积压。

令人头痛的问题还有备件递向物流管理的难度。递向物流在整个备件物流系统中非常重要。与产品销售不同,备件在正向物流的同时也伴随着大量的坏损备件递向回收物流。各加盟店维修替换下来的备件要退回部件总库,经服务部检验后再退回到零部件供应商进行索赔或者由服务部统一报废,备件能否在供应商的维保期内及时返回厂商,直接决定了备件能否得到厂商维修或偿付,从而直接影响了服务备件的成本。要提高递向物流的效率从订单开始就要对备件进行全程跟踪,监督每个环节,防止坏损备件外流形成对正品的冲击。

路在何方

田梅分析了目前存在的问题后,把备件管理的目标锁定为提高备件订单及时满足率、降低备件库存和备件管理成本。

田梅决定从以下几个方面改善备件管理:首先对总部的备件管理进行全面评估,分析影响、制约备件供应管理的因素,制定明确的备件供应链的总目标和KPI指标,重新修订业务运作流程和操作方法,制定严格的考评评估体系。此外,还要构建一套适合美仁数码的备件管理信息系统,这是进一步提高备件管理水平的重要保证。

问题:

你认为美仁数码的主要问题是什么? 应如何改进?

10.5.3　库存过程概述

一个完整的库存过程,包括四个过程。

1. 订货过程

一个库存过程的开始,总是先要采购订货。订货过程是一个商流过程,在账面上形成库存量,称为"名义库存量"。

2. 进货过程

即订货成交的货物用运输工具从供方所在地运进自己的仓库的过程。进货过程是一个物流过程,成为仓库中的实际库存量,增加了库存。

3. 保管过程

物资入库后,仓库保管员采用各种各样的保管措施,保持物资的使用价值不变,直到物资销售出去为止。保管过程也是保持物资数量不变的过程,也是一个物流过程。

4. 销售过程（或供应过程）

物资保管一段时间后，就要被销售或者被领用而出库。出库过程是库存物资数量减少的过程。此过程即是商流过程，又是物流过程。

10.5.4 库存费用概述

1. 订货费

订货过程中发生的全部费用，包括差旅费、各种手续费、通信费、招待费以及因订货而支付给订货人员的有关费用。订货费与订货次数呈正比，而与每次订货量的多少无关。

2. 保管费

保管过程中发生的一切费用，如出入库时的装卸、搬运、验收、堆码检验费用；保管用具用料费用；仓库房租水电费；保管人员有关费用；保管过程中因货损货差等支付的费用；还包括被保管物资作为流动资金的积压应支付的银行利息费用等。显然，保管费用的大小与被保管物资数量的多少和保管时间的长短有关。

3. 缺货费

缺货，就是当用户来买货时，仓库没有现货供应，就叫缺货。缺货会造成缺货损失，也就是缺货费用。缺货对供应商和客户都会造成不同程度的经济损失。缺货量越大，缺货费越高。

4. 补货费

补货，是指用户来买货，仓库没有现货供应，但是不叫顾客空手而去，而是劝顾客仍然在这里订货，自己承诺马上去采购，待采购回来马上补货给顾客。这种先订货、后补货的做法，少占用资金和库存，其经营成本特低、效益特高，但要求有一批很信任自己的顾客，有很高的信誉。

5. 进货费与购买费

进货费是在进货过程中发生的费用。购买费用物资的购买单价表示。

10.5.5 库存控制原理和采购订货策略

1. 库存控制原理

在库存过程中，能影响库存量大小的只有订货、进货、销售供应过程。订货、进货过程使库存量增加，销售供应过程使库存量减少。

通过对销售过程的控制来控制库存，意味着要对用户的需求进行限制性供应，这样自然会影响客户需求的满足度。适用于紧缺物资的进销存系统、供不应求物资。

通过对订货和进货过程的控制来控制库存，是在保证用户需求的情况下，通过控制订货进货的批量和频次来达到控制库存的目的。它是主动的、可行的，适合于供大于求的物资市场情况。

2. 采购订货策略

采购订货策略的基本内容包括三个方面：什么时候订货？即订货时机；订多少？即订货

量;如何实施,即订货操作方法。一个采购订货策略,既是一个采购策略,又是一个库存控制策略。

3. 制订采购订货策略

制订采购订货策略,主要考虑三个方面的问题:需求者的需求类型分析;经营者的经营方式分析;选用合适的控制方法。

(1) 首先要分析需求者的需求类型,要弄清需求的性质和规律,不同性质的需求应当采用不同的订货策略。① 它属于什么需求类别,是独立需求,还是相关需求? ② 它属于什么需求性质,是属于确定型,还是随机型? ③ 它属于什么需求分布,是正态分布,还是其他分布?

其中,需求的性质可以分为确定型和随机型两种。确定型需求就是单位时间内的需求量均匀稳定,而且是确定不变的需求。随机型需求,是指单位时间内的需求量随机变化,时大时小,没有一个确定的值的需求。

(2) 其次要弄清经营者的经营方式。① 不允许缺货。就是用户的所有需求都能由仓库实现现货供应,不能缺货。不允许缺货,意味着整个物资供应期间,库存量不能等于或小于0,仓库里总是有现货供应用户。② 可以缺货。即允许不保证对用户的现货供应。用户来买货,仓库中有现货,就供应;没有现货,不会实行欠账供应。缺货,就意味着整个物资供应期间,库存量可以等于0,但不能小于0。③ 实行补货。补货,意味着整个物资供应期间库存量能够等于0,也能够小于0,也就是仓库里有现货就供应用户;没有现货也供应,实行欠账供应,赶紧进货,待进货后再补货给用户,消除所欠的账。这三种经营方式,每一种都可以采取以下两种进货方式:瞬时到货方式,即订即到,一次到货;持时到货,最起码要花一个以上单位时间,货物持续到货入库。

➤ 案例分析

某公司运用VA/VE降低采购成本的做法

某公司是家电动机专业制造厂,引进了VA/VE改善活动。首先,由采购部门召集研发、采购、生产、财务各部门及供应商共同组成项目改善小组,副总经理担任小组召集人,采购经理担任总干事,各部门主任担任干事。然后,在企业内召开成立大会,举行宣誓仪式,正式开展活动。

公司选定的对象是A型号电动机,目标设定为降低20%的零件成本。展开步骤如下。

(1) 选定对象情报的收集、分析。

① 将A型号电动机的所有情况装订成册,分送专业小组每位成员人手一册,并让其反复仔细审视,找出可以改善之处。

② 准备A型号电动机材料表,列出全部的料号、名称、规格、数量,并将1台电动机的实际材料放置于改善活动地点,以备研究之用。

③ 将VA/VE改善手法及程序摘要制成大字报,张贴于活动地点的四周墙壁,以便让项目小组成员随时能看见,增加记忆。

④ 运用材料表,将其材料的品名、料号、材质、单位、单价、每台用量、每台价格及占总成本比例等予以展开,找出适合以VA/VE降低成本的材料。

（2）制作成本比例饼图，结果筛选出硅钢片（占 35％）、漆包线（占 25％）及轴承（10％）合计其占全部成本 70％的三项，作为主要改善重点。

（3）列出同业竞争者比较表，并拆检竞争者同机种电动机，以了解其用料与用量，希望能知己知彼，取长补短。

（4）提出改善方案，并准备实物和磅秤，并确认其功能与重量及效果。实施 3 个月内，共降低 A 型号电动机零件成本达 24 件，占电动机总零件 45 件的 53.3％，并在往后 3 个月内又降低了 7 件，累计共降低 31 件零件成本，占电动机总零件的 68.9％，其成本降低 6.3％。年节省零件再构成本 1 亿元左右。

问题：

你认为该公司运用 VA/VE 降低采购成本的做法会产生哪方面的经济效益？

10.5.6　库存控制方法

1. 订货点采购与库存控制

订货点就是仓库必须发出订货的警戒点。到了订货点，就必须发出订货，否则就会出现缺货。订货点就是订货的启动控制点，是仓库发出订货的时机。订货参数有两个：一是订货时机；二是订货数量。

2. 定量订货法模型（经济批量、EOQ 或 Q 模型）（基本）

定量订货法是一种基于物资数量的订货法，它主要靠控制订货点和订货批量两个参数来控制订货进货，达到既最好地满足用户需求，又使经营总费用最低的目的。但每天需要检查库存量，费时费力，是"事件驱动"。

3. 定期订货法（定期系统、定期盘点系统、P 模型）

基于时间的订货控制方法，它设定订货周期和最高库存量，从而达到库存量控制的目的。只要订货周期和最高库存量控制得当，既可以不造成缺货，又可以达到节省库存费用的目的，是"时间驱动"。

4. 多品种联合订购

在实际工作中，大量出现多品种的联合订购，尤其是同类多品种、同城多品种的联合订购更是普遍。

联合订购按订购时间分为两类：同品种相同周期的联合订购；同品种不同周期的联合订购。

10.5.7　物资盘点的基本方法

仓库中的库存物品始终处于不断地进、存、出动态中，在作业过程中产生的误差经过一段时间的积累会使库存资料反映的数据与实际数量不相符。有些物品则因存放时间太长或保管不当，会发生数量和质量的变化。为了对库存物品的数量进行有效控制，并查清其在仓库中的质量状况，必须定期或不定期地对各储存场所进行清点、查核。这一过程称为盘点作业。盘点的结果经常会出现较大的盈亏，因此，通过盘点可以查出作业和管理中存在的问题,并通过解决问题提高管理水平以减少损失。

1. 物资盘点的方法

物资盘点的方法通常分为两大类:一是定期盘点法;二是循环盘点法。

1) 定期盘点法

定期盘点法就是定期地检查所有物资的在库余量,以核对和保持准确的库存记录的方法。定期盘点法要求在一个短暂的时期内对各种物资进行全面盘点。对大多数企业而言,一年或半年核查一次便足够了。假若一年只做一次物资盘点,则它通常安排在每年生产和库存水准处于最低点时进行。

物资盘点的次数通常是根据物资价值的大小和物资在公开市场上订购的难易程度来确定的。贵重或值钱物资的盘点次数比一般物资的盘点次数要多些。

2) 循环盘点法

循环盘点法又称连续盘点法或永续盘点法,它是有顺序地、不定期地进行的一种物资盘点方法,是控制库存记录准确性的一种基本方法。

因为循环盘点法并不需要像定期盘点法那样停止出入库作业,因此,有效的循环盘点,能缩减生产停工,改善对客户的服务,减少物资损耗。同定期盘点法相比,通常循环盘点法所需费用较少。

毫无疑义,准确的库存记录是库存控制的基础。如果夸大了库存余额,便会有缺货的危险;如果缩小了库存余额,又有超储的可能。所有有关订货时间、订货数量的决策都是以该项物品的库存余额为依据的。错误的库存记录会引起许多问题的连锁反应,如失销、进度计划落空、交货延误等。

企业必须准确掌握物资的实际数量,才能更好地进行库存控制与管理。因此,要经常进行物资盘点。物资盘点是指为了确定企业仓库内或其他场所内现存物资的库存数量,而对物资的数量加以清点。物资盘点通常由仓库管理人员及会计人员完成。

2. 盘点结果的分析与处理

1) 账物差异原因分析

核对盘点所得资料与账目,如发现账物不符的现象,则应积极追查账物差异的原因。通常账物不符的原因可能来自以下几个方面:

(1) 记账员素质不高,登录数据时发生错登、漏登等情况。

(2) 账务处理系统管理制度和流程不完善,导致数据出错。

(3) 盘点时发生漏盘、重盘、错盘现象,盘点结果出现错误。

(4) 盘点前数据资料未结清,使账面数据不准确。

(5) 出入库作业时产生误差。

(6) 货物损坏、丢失等原因。

2) 盘点结果的处理

物料盘点工作完成以后,所发生的差额、错误、变质、呆滞、盈亏、损耗等结果,应分别予以处理,并防止以后再次发生。

3) 盘点结果的问题分析

通过盘点了解的问题主要有:

（1）实际库存量与账面库存量的差异有多大；是否在允许范围之内。

（2）这些差异主要集中在哪些品种。

（3）这些差异对公司的损益造成多大影响。

（4）平均每个品种的物品发生误差的次数情况如何。

（5）发生盘盈盘亏的原因，今后是否可以事先设法预防或能否缓和账物差异的程度。

通过对上述问题的分析和总结，找出在管理流程、管理方式、作业程序等方面需要改进的地方，进而改善库存管理的现状，降低库存损耗，提高经营管理水平。

4）修补改善工作

（1）依据管理绩效，对分管人员进行奖惩。

（2）料账、物料管制卡的账面纠正。

（3）不足料迅速办理订购。

（4）呆、废料迅速处理。

（5）加强整理、整顿、清理、清洁工作。

5）预防工作

（1）呆料比率过重，宜设法研究，致力于降低呆、废料。

（2）存货周转率极低，存料金额过大造成财务负担过大时，宜设法降低库存量。

（3）物资供应补给率过大时，设法强化物料计划与库存管理以及采购的配合。

（4）料架、仓储、物料存放地点足以影响到物料管理绩效时，宜设法改进。

（5）产品成本中物料成本比率过大时，应予以探讨采购价格偏高的原因，设法降低采购价格或设法寻找廉价的代用品。

项目小结

企业的根本目的就是追求利润最大化。在确保其他条件不变的情况下，最大限度地降低采购成本，将直接增加企业的总利润，为企业赢得竞争优势。因此，采购成本管理是采购管理中的一项重要工作。

在拟订采购策略的时候，应同时考虑下列几项采购相关的情况：

首先，所采购产品或服务的形态是属于一次性的采购，还是持续性的采购，这应是采购最基本的认知。如果采购的形态有所转变，策略也必须跟着做调整。持续性采购对成本分析的要求远高于一次性采购，但一次性采购的金额如果相当庞大，也不可忽视其成本节省的作用。

其次，年需要量与年采购总金额各为多少，这关系到在与供应商议价时，是否能得到较好的议价优势。但采购量又与产品所在生命周期的阶段有直接的关系，产品由导入期、成长期到成熟期的过程中，采购量会逐渐放大，直到衰退期出现，采购量才会逐渐缩小。以3C产业为例，非常明显的，产品生命周期有逐渐缩短的趋势。

最后，则是与供应商之间的关系。从卖方、传统的供应商、认可的供应商，到与供应商维持伙伴关系，进而结为策略联盟，对成本资料的分享方式也不同。如果与供应商的关系普通，一般而言是比较不容易得到详细的成本资料；只有与供应商维持较密切的关系，彼此互信合作时，才有办法做到。

➤ **案例分析**

<h2 style="text-align:center">精益库存控制忌讲"可能"</h2>

现实生活中,我们经常听到有人讲"可能""或许"等此类的话。听得多了,大家可能就习惯了。但是从库存控制的角度讲,这是不能容忍的。

体现在制造业库存控制上,我们应该用如下方式来表达:

这个电阻的物料代码是什么?

目前这个电阻的库存是多少?

按照已经发出的采购订单,该电阻最近的到货(到工厂)时间是哪一天?该电阻目前用于哪几个产品?

目前这个产品的生产计划是什么?根据目前的生产计划,以及BOM上的单件用量,理论上该电阻的库存可以满足生产到什么时间(具体到哪天、几点)?考虑到历史损耗情况以及目前的设备状态,到什么时间生产要停产?最近的到货是否可以衔接并满足连续生产的需要⋯⋯

看起来不起眼的一个小电阻,却反映了很大的问题。道理很简单,制造业的生产就如同张艺谋拍的那个电影《一个都不能少》。即使少了一个电阻,生产也无法进行,其他的物料库存就得积压,如同千军万马被堵在独木桥上一样。库存也是一样,多放在手中一分钟,就多一点贬值、报废的风险。所以,我们认为,从财务的角度可以去区分A/B/C,控制不同的物料,但从物料计划与库存控制的角度,管它ABC,必须一视同仁。反之,你能对电阻的控制,搞什么"或许""大概""可能",你也可能对IC/BGA等所谓重要的物料来个大概控制,最终的结果就是,企业大概不会赚钱了!

精益生产与JIT的理念要求我们把生产计划、存货控制到小时,甚至分钟。为什么?这就是精益求精。生产与库存控制本身是分不开的,精益生产往外延伸,就到了对整个需求与供应链的控制以及对整个链条的各个环节的库存控制。我们是否可以说客户大概哪一天要我们的货呢?客户的订单大概是多少?我们或许某一天可以出货给可能的某某客户呢?如果大家都去大概如何,我们"大概"也就把生意做得"差不多"了。

有些时候,如果我们能够静下心来想一想,比一比,我们很容易就会发现我们的企业与那些国际著名企业在企业文化上的差别,我们比较容易做一些"大概""或许""可能"的事情,而他们在做事情的时候却往往是建立在精确计算的基础上。尤其体现在制造业上。如同大家熟知的笑话,老外炒菜,说加盐5克,就是5克,因为菜谱上就是这么说的。而我们的菜谱上则一般是"加盐少许",真正炒的时候,谁也不知到"少许"真正是多少。只好凭经验,根据自己的口味,想加多少就多少。于是结果就是,可能10个老外做出来的东西会有8个是相同的,而我们做出来的则是一个人一个样。当然,这么炒菜"可能"是允许的,但这么做制造业,就万万不可以了。

问题:

在制造业中,如何做到精益求精?

提示:

精益生产与JIT的理念要求我们把生产计划、存货控制到小时,甚至分钟。为什么? 这就是精益求精。生产与库存控制本身是分不开的,精益生产往外延伸,就到了对整个需求与供应链的控制以及对整个链条的各个环节的库存控制。

同步练习

一、选择题

1. 决定适当采购价格目标,主要在于确保所购物资的成本,以期能树立有利的竞争地位,并在维持买卖双方利益的良好关系下,使原材料应稳定持续,这是采购人员的( )。

A. 主要责任　　　　B. 主要义务　　　　C. 主要目的　　　　D. 主要利益

2. ( )是指企业在生产经营过程中,因采购活动而发生的相关费用,即在采购过程中的购买、包装、运输、装卸、存储等环节所支出的人力、物力、财力等货币形态的总和。

A. 采购费用　　　　B. 采购成本　　　　C. 采购业务　　　　D. 采购曲线

3. 在采购活动中,采购成本主要由购入成本、订货成本、存储成本以及( )四部分构成。

A. 运输成本　　　　B. 仓储成本　　　　C. 缺货成本　　　　D. 供应成本

4. ( )指的是长期持续性的随机采购,但企业不愿意与供应商维持比较密切的合作关系。这可能是对价格的波动特别敏感或是产品上市的寿命非常短所导致,使得采购不得不随时寻找价格最低的供应商。

A. 持续采购　　　　B. 平衡采购　　　　C. 质量采购　　　　D. 杠杆采购

二、问答题

1. 什么叫存储成本? 主要包括哪些?

2. 什么叫库存控制系统? 库存控制系统的要素有哪些?

3. 根据统计,美国财富200公司所使用降低成本的方法,最有效果的前十项有哪些?

4. 质量成本主要包括哪些内容?

三、实训题

实训内容:采购成本控制

1. 实训目的

(1) 正确分析采购成本的构成。

(2) 能够恰当运用 ABC 分析法及价值分析法来分析采购成本。

(3) 能提出恰当的采购策略。

2. 实训组织

按教学班级,将学生分成数个小组,在教师指导下统一相关标准。对有关超市或其他采购部门进行调查,了解采购成本方面的相关资料。以小组为单位对所收集的资料进行分析并组织研讨,在充分讨论的基础上,形成小组的课题报告。

3. 实训题目

(1) 对相关采购部门采购物料种类、数目、成本等方面的资料进行调查并做相应纪录，从而为采购成本分析做相应的准备工作。在收集资料时，主要根据采购部门的实际项目开展活动，任课教师调控整个过程。

(2) 各小组对所收集的采购信息进行分析、讨论，了解所调查采购部门采购成本的构成，并能将所学的成本分析法适当地加以应用，最后提出合适的采购策略。

微信扫描
查看拓展资料

项目十一　其他采购管理

知识目标	技能目标	建议学时
■ 掌握企业如何取得公共采购订单 ■ 掌握国际采购的运输与保险 ■ 了解公共采购方式	■ 掌握国际贸易术语 ■ 了解国际采购的结算 ■ 掌握国际采购的程序	6

➤ 引导案例

菲尔通航空结构公司的采购与供应链管理

菲尔通航空结构公司(Filton Aerostructures)的产品范围很广,其供应商也非常分散而难于管理。由于供应商的支出占了公司销售产品总价值的50％(4 500万英镑)以上,公司也试图来协调几千个供应商,并鼓励它们不断自我完善提高。在最近的变革开始前,实施的主要手段是派驻供应商的质量管理审计系统。然而,由于目前使用的供应商数量太多,这一项目只起到了一定的效果。

供应商提高和关系改善的一个障碍是原有的不良关系。这方面的一个例子是菲尔通航空结构公司曾经实行的供应商退货系统,即将多余的库存退还给供应商,其成本或贬值的损失全部由供应商承担。很多情况下,退回的库存菲尔通航空结构公司已经不再需要了。这种方法不利于形成长期的合作关系。

供应商面临的另一个困难是很多可能的改善和提高,由于菲尔通航空结构公司的运作方式而无法实施,菲尔通航空结构公司经常会做出一些单方的决策,而在无意中给供应商造成麻烦。例如,由于菲尔通航空结构公司在最后时刻改变了日程或产品规格,使得供应商及时供货的比例只有60％～70％。而由于一个供应商常常要同时与采购部下的多个部门打交道,采购部的员工也不了解其他员工对这个供应商的要求,这使得难度加大。供应商通常要同时与采购员、催货员、计划员甚至生产部门的人员合作,这对供应商造成了很大的困难。供应商日常接触的人员不能涉及问题的所有方面,但又无法与他们希望的人员直接沟通。

在供货商中也存在着相当程度的不满,他们的专业能力没有能够得到充分发挥,他们的想法不能得到认真地对待。总体来看,供应商的专业能力是菲尔通航空结构公司的员工所不具备,也未加以利用的。这些专长只是在非正式渠道获得认可,并在偶然的机会下得以发挥。此外,供应商提出的建议也不能得到重视,因为菲尔通航空结构公司的员工认为他们自己是专家,而供应商只要按他们的要求去做就行了。即使在极其偶然的情况下供应商的建议被采纳,供应商也很少能够得到好处。因此,供应商对于整个采购过程逐渐变得漠不关心,不愿意再提出自己的想法。

还有很多原因在供应商之间造成不满,其中有两个原因很有代表性:一个是由于菲尔通航空结构公司生产计划的频繁变化造成订货的临时变化;另一个是采购系统,或者更准确地说缺乏一个系统来处理有争议的账单。供应商认为菲尔通航空结构公司的效率很低的一个现象,是供应商迟迟不能收到货款,它们的账单经常由于实际送货的数量与菲尔通航空结构公司最后修改的数量不吻合而遭到拒绝。这些都使得供应商始终与菲尔通航空结构公司保持一定的距离。

公司总经理迈克·克拉布特里把公司的使命确定为:通过提供高水平的服务,提高客户的满意度,使公司成为飞机部件和装配的主流供应商,在全球市场上取得竞争优势。

在供应商管理的层面上,总的要求是:"我们必须认识到,公司未来的良性发展要求我们与供应商共享我们的管理和技术,使得双方都为对方的经营创造价值。"(迈克·克拉布特里)

"通过与供应商和客户伙伴式的合作,采购部门将以最优的成本保证最高质量的产品。"(约翰·拉姆齐,采购经理)

(资料来源:戴维,泰勒:《全球物流与供应商管理案例》,北京:中信出版社,2015年版)
问题:
菲尔通航空结构公司应如何加强与供应商的沟通与协调?

任务一　战略采购

战略采购是一种系统性的、以数据分析为基础的采购方法,着眼于降低企业采购总成本。战略采购要求公司确切了解外部供应市场状况及内部需求,通过对供应商生产能力及市场条件的了解,公司可以战略性地将竞争引入供应机制和体系以降低采购费用。另外,战略采购通过协助公司更加明确地了解内部需求模式,从而有效地控制需求。通过深入的价值分析,公司甚至能比供应商自己更清楚供应商的生产过程和成本结构。有了这种以数据分析为基础的方法,公司在供应商选择、谈判及关系维持管理方面能够获得很大支持。同时,战略采购使公司重新定义如何与供应商交易、永久降低成本基础和提高供应商的价值贡献,从而确保成本降低。对很多公司而言,外部采购占公司平均费用的60%～80%。所以,这部分的支出哪怕是微量减少,都将对公司赢利带来相当重大的影响。

11.1.1　战略采购的原则

战略采购的好处在于充分平衡企业内外部优势,以降低整体成本为宗旨,涵盖了整个采购流程,实现了从需求描述到付款的全程管理。战略采购包括以下几个重要原则。

1. 考虑总成本

成本最优往往被许多企业的管理者误解为价格最低,只要购买价格低就好,很少考虑使用成本、管理成本和其他无形成本。采购决策的依据就是单次购置价格。例如,购买一台复印机,采购的决策者如果忽略了采购过程中发生的电话费、交通费、日后维护保养费用、硒鼓纸张等消费品情况、产品更新淘汰等因素,而只考虑价格,采购的总成本实际上没有得到控制。采购决策影响着后续的运输、调配、维护、调换乃至产品的更新换代,因此必须有总体成本考虑的远见,必须对整个采购过程中所涉及的关键成本环节和其他相关的长期潜在成本进行评估。

2. 在事实和数据信息基础上进行协商

战略采购过程不是对手间的谈判,而应该是一个商业协商过程。协商的目的不是一味比价压价,而是基于对市场的充分了解和企业自身长远规划的双赢沟通。

在这个过程中需要通过总体成本分析、第三方服务供应商评估、市场调研等,为协商提供有利的事实和数据信息,帮助企业认识自身的议价优势,从而掌握整个协商的进程和主动权。

3. 采购的终极目标是建立双赢的战略合作伙伴关系

双赢理念一般很少用在采购中,更多的企业管理者更喜欢单赢。事实上,双赢是"放之四海而皆准"的真理,它在战略采购中也是不可或缺的因素,许多发展势头良好、起步较早的企业一般都建立了供应商评估与激励机制,通过与供应商长期稳定的合作,确立双赢的合作基础,取得了非常好的效果。在现代经济条件下,市场单靠一两家企业是不能通吃的,必须运用"服务、合作、双赢"的模式,互为支持,共同成长。

4. 制衡是双方合作的基础

企业和供应商本身存在一个相互比较、相互选择的过程,双方都有其议价优势。如果对供应商所处行业、供应商业务战略、运作模式、竞争优势、稳定长期经营状况等有充分的了解和认识,就可以帮助企业本身发现机会,在双赢的合作中找到平衡。现在,已有越来越多的企业在关注自身所在行业发展的同时,开始关注第三方服务供应商相关行业的发展,考虑如何利用供应商的技能来降低成本,增强自己的市场竞争力和满足客户。

11.1.2 战略采购的核心

战略采购是国内外物资采购与供应领域一种比较先进的工作程序,是一个复杂、严密、高效的系统工程。它是一种方法、一种程序,更是一种理念。它是企业通过严谨而系统的工作程序,在维持并改进品质、服务与技术水平的同时,降低外购物资、物品与服务的整体成本。它把物资采购供应纳入企业整体战略发展规划来研究,其核心是价值、质量、成本和供应商关系。

1. 价值

价值是企业通过战略采购所要获取的最终成果与整体价值取向,也就是通过战略采购要达到什么样的效果,对企业的经营带来多大的收益,对企业经营和技术进步带来多大推动,同时也包括了对供应商利益的维护。

2. 质量

质量包括两个层面的含义。第一层含义是购买商品本身的质量,也就是购买方与供应方买卖行为共同指向的标的物的质量。既包括所采购的物资本身的质量,即物资的核心质量,同时又包括供应方所能提供的产品服务和质量保证,是采购物资核心质量的延伸,也是采购者所能获取的价值附加值。这两者构成了采购物资的整体质量。第二层含义是采购工作本身的质量,也就是通过战略采购使企业的物资采购与供应工作整体水平提高到一个新的层次,提升企业的物资采购与供应效率,继而提升企业物资采购与供应的整体工作水平和档次。

3. 成本

成本就是战略采购所带来的成本收益,在发挥企业整体优势的基础上降低了多少经营成本。特别是集团式企业,通过战略采购工作的实施,必将能够形成"捆绑"效应。一方面通过采购量的整合,提高企业讨价还价的能力;另一方面可以集中企业的物资采购与供应人员的力量,发挥人员和网络的最大潜力。

4. 供应商关系

供应商关系就是通过战略采购工作的开展,在对企业的供应商网络渠道进行优胜劣汰重新整合的基础上,在利益兼顾、保证双赢的基础上,发展和维护良好的合作关系。

？小思考

商品的价格和价值有什么关系?

11.1.3 战略采购的实施步骤和关键因素

从价值链的角度来看,如果说在传统的大规模生产方式下,顾客处于价值链最末端的话,那么在当前需求链开始拉动供应链的时代,顾客已经走到了价值链的最前端。采购方和供应商框架结构和运作过程以消费者为中心,并且面向需求链进行高效运作。在此基础上,采购方和供应商共同负责开发单一、共享的消费者需求预测系统,这个系统驱动整个价值链计划,同时双方均承诺共享预测,并在消除供应过程约束上共担风险。为能真正有效地达到降低本企业的原材料库存、减少供应周期时间和降低成本的目标,战略采购应从以下几个步骤入手实施。

1. 创建需求链采购团队

该团队必须对需求链采购的目标、流程和技能有深入的理解和认识,接受过专业的培训和考核。他们将承担的责任是与供应商谈判签订需求链采购合同;向供应商发放免检签证;对供应商进行新型采购模式的培训和教育;改善与供应商接口流程的效率等。

2. 销售、研发、生产、采购定期召开周度、月度的预测会议

一方面对以往需要量进行历史数据统计分析,另一方面对现阶段和未来的需要量做出最佳滚动预测,确保生产和采购供应的及时可得和订单满足率。同时,有关新产品上市的最新进度也将在会议上及时通报,以便各部门做好相应准备。

3. 分析现状,确定供应商

从采购物品中选择价值大、体积大的主要原材料及零部件作为出发点,结合供应商关系,优先选择伙伴型或优先型供应商进行需求链供应可行性分析,确定实施对象。

4. 设定改进目标

针对供应商目前的供应状态,提出改进目标。改进目标包括供货周期、供货批次、库存等。目标的改进需要限定时间。

5. 制订实施计划

该计划要明确行动要点、负责人、完成时间、进度检查方法。首先,将原来的固定订单改为非固定订单。订单的订购量分成两部分:一部分是已确定的,供应商必须按时按量交货;另一部分将随市场需求的变动而增减,也就是说,供应商会根据企业每月更新的半年需要量预测进行原材料准备,安排生产计划。如果出现预测百分比超出 10%,供应商有权提醒企业对所做预测再次检查。其次,企业必须对生产周期、供应商的生产交货周期、最小批产量做出最优规划。再次,调整相应的运作流程。在公司相关人员之间进行沟通、交流、统一认识、协调行动。最后,确定相应工作人员的职责及任务分工。

6. 供应商的培训

必须对供应商进行沟通、培训,使供应商接受需求链供应的理念,确定本公司提出的改进目标,包括缩短工作时间、增加供应频次、保持合适的原材料、在制品及成品库存等。同时供应商也需要配备相关的接口人员的职责、行动完成时间。

7. 改进实施

首先要考虑原材料的质量改进和保障,同时为改善供应,要考虑改善标准、循环使用的包装、周转材料与器具,以缩短送货的装卸、出入库时间。而实施的主要环节是将原来的独立开具订单改为滚动下单,并将订单与共享的滚动计划预测结合起来。

8. 定期进行绩效考评

衡量需求链供应实施绩效要定期检查进度,以绩效目标的具体化关键指标来评估和控制整个过程的实施,图表和趋势图是较常用的报告形式。面向需求链的战略采购从本质上说是一种企业战略思维的转变,它不仅仅是一套采购的技能,更是范围广泛的一套组织能力。从那些先行企业的身上,我们挂一漏万地总结了一些战略采购成功的关键因素:

(1)高层管理真正认识到战略采购是和企业的损益情况、再订购水平、产品质量紧密关联的,并将采购置于和营销、生产职能同等重要的战略地位和岗位上。

(2)在向价值链的合作伙伴推广全面的需求链战略采购之前,首先要确保整个企业内部已经成功实施了需求链拉动的运营模式,并且行之有效。

(3)建立双赢的采购战略,包括建立总成本模型、建立并保持供应商关系、整合供应网、利用供应商创新、发展全球供应基地。

(4)采购过程的几个要素包括减小批量、频繁而可靠的交货、提前期压缩并且可靠、保持物料采购长期的高质量。

(5)需求链采购功在现在,利在长久。不要被短期的成本上升、协调困难、内部阻力、供应商的抱怨所吓退,甚至放弃。坚持不懈地按照正确的步骤和原则沟通贯彻,终能打破坚冰,使企业获得长期丰厚的利润回报。

▶ 案例分析

思科系统公司新模式

思科系统公司(CISCO System),正在实践着它的企业服务理念。它的产品有85%是用于因特网的网络设备,在中国则达到了100%,每天通过因特网的销售额超过4 000万美元,每年至少节约8亿美元的运营成本,因此,思科的市场自然是直接从其网站向它的商务客户销售产品。每天24小时,全世界的组织购买者都可以登录思科网站的网络产品市场区域。

购买者从在思科网站注册开始,填写一份有关自己公司情况的表格,之后就得到一个进入密码。在购买之前,他们需要提交一个已经签字的思科公司因特网商务协议,其中,他们同意自己的电子订单同印刷的采购订单具有同等法律约束力。然后,就可以在任何时候,在想到思科高科技产品时,浏览其网站。

在购买决策的早期阶段,顾客可以在思科网站上注册,寻找相关产品的规格、价格和引导时间。他们甚至可以在网上测试不同的产品结构,在做出最终决策前,了解什么样的改变会影响决策。

订货后,买主可以利用思科网站查看他们采购的产品状态,下载有关的订单数据,检查发票和他们的账户的借贷方余额情况。买主也可以从思科网站上得到广泛的售后服务和支持,包括订购服务、零件和产品升级的能力、确定适当的服务公司的位置、安排退货事宜等。

有了计算机网络和通信的结合,思科公司利用电话线进行扩展,既可以发送数据,又可以传递声音信息和产品,从而取得了行业中的领导地位,思科公司正在扩大它的因特网上公司形象,提供方便的、用户友好的营销和支持。

问题:

思科系统公司成功的经验是什么?

任务二　国际市场采购

11.2.1　国际采购概述

1. 基本概念及特点

国际采购是指利用全球的资源,在全世界范围内去寻找供应商,寻找质量最好、价格合理的产品(货物与服务)。经济的全球化,使企业在一个快速变化的新世界和新经济秩序中生存与发展,采购活动已成为企业的重大战略。采购与供应链管理可以使一个企业成为利润的"摇篮",同样也可以使企业成为利润的"坟墓"。

在全球范围的竞争环境下,产能过剩、企业并购、压缩费用等压力都使得全球采购成为企业生存的关键因素。通过利用更为廉价的劳动力,成本更低的物流网络和管制更少的市场环境可以帮助企业获取更多的利润并保持在市场中的立足之地。与此同时,全球物流容量的增长和通信能力的提高将进一步有助于削减产品的单位成本,成为全球采购发展的动力之一。

不仅如此,全球采购成为无论是制造商还是零售商在制订商业策略时所考虑的重要因素,并成为企业创造客户价值的重要手段之一。在各种分析报告中经常可以见到对这种策略的描述,沃尔玛在其年度报告中这样写道:"我们在内部产品发展和全球采购这两个领域取得长足的进步。我们通过第二方物流进行了全球范围的采购,这使得我们可以更好地协调我们在全球的供应链,更好地进行货物配送。全球采购还促使我们能够在全球范围内更好地利用我们的采购力量和商业网络。"

国际采购的特点有以下几个:

(1)国际采购最大的特点就是追求更低的成本。这一点在亚洲地区体现得非常明显:较低的劳动力成本吸引了从服装到计算机,从消费品到工程设备的各种制造企业。

(2)国际采购的跨地域性,使得在订货、备货、制造和运输上的时间都被延长。与国内采购相比,国际采购涉及更多的环节,如储运中心、港口、班轮、海关以及质量检验。有研究表明,国际物流在整个供应链中,占货物总成本的 2%~5%,但其所花费的时间占到了 30%~50%。

(3)由于不同国家和地区运输能力、社会条件、自然环境、运作模式等物流条件的不同,国际采购更加复杂,难度更大。例如,受到经济条件制约,西方的企业在亚洲地区会发现,其无法找到和使用在本国常见的多联运输,很多转运工作依然是手工操作,而且物流追踪很困难,因为承运人无法提供准确的信息。

(4)与传统"门到门"运输不同。国际采购包含了更多的内容:物料流动、资金管理、风险控制、战略合作,因此要求有更先进的技术和设施的支持。近些年发展起来的集装箱班轮运输 EDI 系统、代码管理是目前国际物流活动中比较重要的技术条件。

2. 国际化采购的原因

国际市场采购商品或服务的原因很多,随着对特定商品的需求的不同而不同。但是选取国际供应商的最基本、最简单的原因,是从国外购买商品或服务可以获得更多的利益。具体而言,对国际市场采购的选择可能是出于以下考虑。

1)价格

国外供应商提供产品的总成本比国内供应商低,这是进行国际市场采购的主要原因。一般而言,价格优势主要由以下方面组成:

(1)发展中国家低廉的劳动力成本。这也是许多发达国家采用国际市场采购的原因。公司寻求低劳动力成本,哪里的工资低,工厂就往哪里迁。韩国、新加坡等国家曾经就是劳动力成本很低的地方,而如今随着经济的发展,这些国家的劳动力成本不再具有吸引力。跨国公司现在又开始将工厂迁至马来西亚、印度尼西亚、泰国、中国大陆以及菲律宾等地。随着发展中国家的发展,其劳动力成本也有逐渐升高的趋势。但是,由于机器人的使用和自动化的实现减少了工人的数量,所以劳动力成本带来的差异也逐渐减小。例如,我国的成衣制品、鞋帽等就具有极大的成本优势,理论上可供全球 75%的衣着。

(2)有利的汇率变动。由于汇率的影响,许多公司购买外国产品更有利。汇率对国际采购影响很大,几年前日元不断升值对日本轿车等产品的出口带来很大负面影响。如果一国货币不断升值,从国外购买同样价格的产品会因为汇率的上升而得益。

(3)国外供应商所采用的设备和工艺比国内厂家的效率更高。发达国家具有技术领先的优势,其生产的商品在性能上往往高于发展中国家,发达国家的供应商所采用的设备和工艺比国内厂家效率高,有些国家由于历史因素在某些产品的生产技术上具有效率和品质优势。例如,瑞士的机床,其生产技术世界领先,质量上乘。

(4)国际上的原材料供应商将生产集中在某些商品上,并将出口商品定位在一个相对较低的价位以扩大产量。虽然有许多措施防止倾销,但是对其控制却是复杂的,而且效果也不明显。

2)质量

采购者选择国际市场在质量方面的考虑主要有以下几个方面:某些国外产品的性能是国内生产的同类型产品所达不到的,某些国外供应商的质量的稳定性以及技术革新的力量要强。虽然国外供应商的产品质量并不是都比国内供应商好,但在某些产品上,国外供应商的产品质量更稳定,如石油工业用的钢管。同时,一些发达国家从国外采购以完善其产品线,因为国内供应商提供的是精加工,技术含量高的"下游",而国外供应商提供的是技术含量低(如原材料等)的"上游"物件。

3)匮乏的国内物资

某些原材料,特别是自然资源,国内没有储备,只能大量从国外进口。此时采购者可能必须到其他国家才能采购到他所需的货物。例如,某些原材料在本国根本就不出产,而有一些国家自己不生产某种工业品,仅出口原材料而进口制成品,如我国从中东、俄罗斯进口原油和天然气,从巴西、澳大利亚进口铁矿石。

4)快速交货和连续供应

由于设备及生产能力的限制,在一些情况下,国外的大型供应商交货速度要比国内的快,其甚至可能在世界各地持有产品库存,一旦需要,就可以立即发货。有实力的供应商为了防止缺货风险可能会备有大量库存,从而能够保持供应的连续性,即使遇到一些特殊情况也不会影响采购方的生产。

5)更好的技术服务

由于国际化分工的不断发展,特定专业的专有技术在不断变化,领先的国家也不断交替。为了能从最好的地方采购到最好的服务,或者是在适当的地点采购到适当的技术,需要在全球范围内选择供应商。假如国外厂家在本地有一个组织完善的分销网络,那么所能提供的担保服务及技术咨询等相关服务会比国内厂家做得更好。

6)竞争的影响

有的时候,采购方为了向国内供应商施加压力而引进国外供应商来参与竞争,这样做可以使国内供应商为了自身能够长期发展下去,而不断地提高自己的生产效率,以保持国际先进水平。另一方面,采购者还可以以进口威胁作为砝码,向国内供应商施加压力,以获得价格或其他方面的让步。此外,采购方也可能为了保证供给而在国外开辟另一个采购来源。

7)国际市场采购环境的好转

国际市场采购环境的好转也促进了国际市场采购的发展。这些变化主要有以下几个方面:

(1)质量得到改进。采用 ISO 9000 后,有了统一的国际质量标准。

(2)现代技术的发展降低了电子通信成本。主要得益于国际互联网的高速发展,使通信成为一件简单和低廉的工作。

（3）关税在不断降低或取消。

（4）远程运输成本在不断降低。虽然油价屡创新高，但随着标准集装箱及大型远洋船舶的普及，运输成本还是在不断降低。但短程运输成本有上升的趋势。

❓小思考

国际市场采购和国内市场采购有什么不同？

3. 国际采购的趋势

1）供需双方实现信息共享

由于供需双方建立起了一种长期的、互利的战略伙伴关系，因此供需双方可以及时把生产、质量、服务、交易期的信息实现共享，使供方严格按要求提供产品与服务，并根据生产需求协调供应商的计划，以实现准时化采购，最终使供应商进入生产过程与销售过程，实现双赢。零缺陷供应商战略是目前跨国公司采购与供应链管理中的共同战略，是指追求尽量完美的供应商，这个供应商可以是生产商，也可以是分销商。在选择供应商时也要考核这个供应商所在地的环境，即我们常说的跨国采购的四个基本要素，即价值流、服务流、信息流与资金流。

2）采购方式由单元化到多元化

传统的采购方式与渠道比较单一，但现在迅速向多元化方向发展，全球化采购与本土化采购相结合。跨国公司生产活动的区域布局更加符合各个国家的区域比较优势，而其采购活动也表现为全球化的采购，即企业以全球市场为选择范围，寻找最合适的供货商，而不是局限于某一地区。

3）传统采购到电子商务采购

传统的采购模式的重点放在如何和供应商进行商业交易的活动上，特点是比较重视交易过程中供应商的价格比较，通过供应商的多头竞争，从中选择价格最低的作为合作者。而电子商务采购迅速准确，信息具有开放性，除了能够提高采购效率外，还可以加强同供应商的交流合作，及时了解供应商信息，调整采购活动。

4）为库存而采购到为订单而采购

在商品短缺的状态下，为了保证生产，必然形成库存而采购，但在如今供大于求的状态下，为订单而采购则成了一条铁的规律。在市场经济条件下，大库存是企业的万恶之源，"零库存"或少库存成了企业的必然选择。制造订单是在用户需求订单的驱动下产生的，然后，制造订单驱动采购订单，采购订单再驱动供应商。这种准时化的订单驱动模式可以准时响应用户的需求，从而降低了库存成本，提高了物流的速度和库存周转率。

5）普遍注重采购商品的社会责任

据统计，全球超过200家跨国公司已经制定并推行公司社会责任守则，要求供应商和合约工厂遵守劳工标准，安排公司职员或委托独立审核机构对其合约工厂定期进行现场评估，即我们常说的工厂认证或验厂。其中，家乐福、耐克、锐步、阿迪达斯、迪士尼、美泰、雅芳、通用电气等超过50家公司已经在中国开展社会责任审核，有些公司还在中国设立了劳工和社会责任事务部门,根据专家估计,目前中国沿海地区已经有超过 8 000 家企业接受这类审核,超过 50 000 家企业将随时接受检查。

美国、法国、意大利等传统中国轻工业产品进口国的贸易组织正在讨论一项协议,要求中国所有生产纺织、成衣、玩具、鞋类等产品的企业必须事先经过 SA 8000 标准的认证(即社会责任国际标准认证),否则就要联合抵制进口。SA 8000 社会责任标准认证是全球第一个关于企业道德规范的国际标准,也是继绿色壁垒之后发达国家设置的又一个新的非关税贸易壁垒。其宗旨是明确生产商和供应商所提供的产品符合社会责任标准的要求,同时提高发展中国家产品的生产成本,扭转发达国家由于劳动力价格较高导致部分产品缺乏竞争力的不利局面。此外,环保也是国际采购必备的条件。

11.2.2 国际采购流程

公司在进行国际采购时,通常遵循着一定的步骤,尽管各公司进行全球采购时,执行的流程顺序有可能会有所差异,但是要想成功地进行全球采购,这些步骤都是必须完成的国际采购流程图如图 11 - 1 所示。

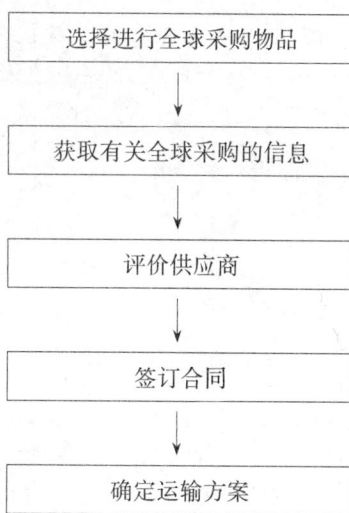

图 11 - 1 国际采购流程图

1. 选择进行全球采购的物品

对于那些不熟悉全球采购的企业来讲,第一次进行全球采购是一个学习的过程。国外购买的最初目标可以影响到整个全球采购过程的成功与否。几乎所有能在当地采购到的产品都可以通过全球采购来获得,尤其是基本的日用品,公司应该选择质量好、成本低、便于装运且无风险的商品进行国外采购。

以下是一些有关进行全球产品采购的参考方法:

(1)选择对现存操作并不重要的产品,如日用品或具有多种采购来源的产品。

(2)选择标准化产品或者说明书易懂的产品。

(3)选择购买量大的产品来检验全球采购的效果。

(4)选择能够使公司从长期采购中获得利益的产品。

(5) 选择那些需要较为标准化设备的产品。

一旦采购这些产品积累了足够的经验,就可以进行其他种类产品的全球采购了。

2. 获取有关全球采购的信息

在确定需要进行全球采购的物品之后,接下来公司就要收集和评价潜在供应商的信息或者识别能够承担该任务的中介公司。如果公司缺乏全球采购的经验、与外界联系较为有限或获得的信息有限,那么获取有关全球采购的信息对于这些公司而言可能就比较困难。获取采购信息可以参考国际工业厂商名录作为公司确定潜在供应商或中间商的最初途径,工业厂商名录随着因特网的发展而迅速增加,它是产业供应商或者区域供应商信息的一个主要来源。数以千计的企业名录可以帮助公司识别潜在的供应商。

3. 评价供应商

无论是买方公司还是外国代理机构进行全球采购,公司评价国外供应商的标准都应该与评价国内供应商的标准相同。

4. 签订合同

确定了合格的供应商之后,买方就要征求供应商的建议书。如果国外供应商并不具备竞争力(通过评价建议书来确定),那么采购员则会选择国内供应商;如果国外供应商能够满足买方的评价标准,那么买方就可以与供应商磋商合同条文。无论与哪个供应商合作,买方都要在合同的整个有效期内对供应商进行持续的绩效考察。

5. 确定运输方案

在采购品和供应商都确定之后,就要安排货物的运输。由于国际运输的距离和复杂性,运输在采购中所占时间和费用都远高于国内采购。因此,必须选择合理的运输方式,制定经济有效的运输方案,将采购品运送到指定地点,满足生产和经营的需要。

11.2.3　国际贸易术语与惯例

国际贸易较国内贸易复杂,从一国出口到另一国进口往往要经过诸多环节,如货物的交接、风险的划分、进出口手续的办理、费用的承担和有关单据的处理等。如果交易双方对每一环节进行详细磋商,将耗费大量的时间和费用,影响交易的进程。国际贸易术语的出现有效地解决了这个难题,这是国际贸易发展到一定阶段的必然产物。最早的贸易术语出现在18世纪末19世纪初,即FOB贸易术语的出现,以后又不断地演变。

1. 国际贸易术语的含义

国际贸易术语是在长期的国际贸易实践中产生的,是用来表示商品的价格构成,交易双方就交货地点、方式、费用、风险等有明确责任划分内容的专门贸易术语。贸易术语可以在一定程度上反映出商品的价格构成,因此也称价格术语。

贸易术语的出现的确给国际贸易带来了很大的便利,但各国没有统一的解释。为了推进国际贸易的发展,某些国际组织和工商团体曾制定了有关国际贸易术语方面的规则、条例。这些条例虽然无强制性,但得到世界许多国家的认可,并在其国际贸易实践中加以运用,逐渐成为国际性的贸易惯例。

2. 国际贸易惯例

国际贸易惯例是指在国际贸易的长期实践中,逐渐形成和不断完善的一些较为明确、具有普遍指导作用和实际意义的贸易习惯和解释。

国际贸易惯例的法律地位主要表现在以下三个方面:

(1) 一般情况下,国际贸易惯例对买卖双方没有必然的法律约束力。因为国际贸易惯例本身既不是各国的共同立法,也不是某一个国家的法律,因此对使用国际贸易惯例的当事人都没有法律约束力。

(2) 如果双方在合同中明确表示使用某一方面的国际贸易,则这一惯例将对双方都有法律约束力,合同双方必须遵守。

(3) 如果买卖双方在合同中没有明确说明适用何时何地的法律,双方在履行合同中一旦发生争议,法庭或仲裁庭往往会引用一些国际上公认的和影响较大的惯例来解决争议。

目前国际上关于贸易术语惯例主要是《2000 年国际贸易术语解释通则》(*International Rules for the International of Trade Terms*,INCOTERMS 2000),简称《2000 通则》,由国际商会在《90 通则》的基础上进行修订,并于 1999 年 9 月公布,2000 年 1 月 1 日正式生效。其宗旨是,为国际贸易中最普遍使用的贸易术语提供一套解释的国际规则,以避免因各国解释不同出现的不确定性,或至少在相当的程度上减少这种不确定性。ICC 自 1936 年创立该规则以来,分别于 1953 年、1967 年、1976 年、1980 年和 1990 年对 INCOTERMS 进行了不同程度的修订和补充,基本上每十年进行一次修改。连续修订的原因主要是适应国际商务的实践。

11.2.4 国际采购货款的支付

国际采购合同中虽然用货币进行计价和结算,但由于运送的不便以及各国对货币的管制,国际采购中货款的支付很少使用现金,大多使用票据作为支付工具。票据作为国际通行的结算和信贷工具,是指由出票人在票据上签名,无条件约束自己或指定他人,以支付一定金额为目的的证券。票据是可以流通和转让的债权凭证。国际采购中常用的票据包括汇票、本票和支票三种。

1. 国际采购的支付工具

1) 汇票

汇票是一个人向另一个人签发的,要求见票时或在将来的固定时间或可以确定的时间对某人或其指定的人或持票人支付一定金额的无条件的书面支付命令。

2) 本票

本票是一个人向另一个人签发的,保证于见票时或定期或在可以确定的将来的时间,对某人或其指定人或持票人支付一定金额的无条件的书面承诺。简言之,本票是出票人对受款人承诺无条件支付一定金额的票据。本票可分为商业本票和银行本票,由工商企业或个人签发的称为商业本票或一般本票;由银行签发的称为银行本票。商业本票有远期和即期之分,银行本票则都是即期的。在国际采购中使用的本票,大都是银行本票。

3）支票

支票是以银行为付款人的即期汇票,即存款人签发给银行的无条件支付一定金额的委托或命令,出票人在支票上签发一定的金额,要求受票的银行于见票时,立即支付一定金额给特定人或持票人。

2. 国际采购货款的结算方式

1）信用证

信用证是银行做出的有条件的付款承诺,即银行根据开证申请人的请求和指示,向受益人开具的有一定金额,并在一定期限内凭规定的单据承诺付款的书面文件,或者是银行在规定金额、日期和单据的条件下,愿代开证申请人承购受益人汇票的保证书。信用证属于银行信用,采用的是逆汇法。

信用证是目前国际贸易中的一种主要支付方式,但它并无统一的格式。不过其主要内容基本上是相同的,大体包括以下七项:

（1）对信用证自身的说明。信用证的种类、性质、编号、金额、开证日期、有效期及到期地点、当事人的名称和地址、使用本信用证的权力可否转让。

（2）信用证有关当事人。包括开证申请人、开证行、通知行、受益人和付款行。

（3）货物的描述。货物的名称、品质、规格、数量、包装、运输标志、单价等。

（4）对运输的要求。装运期限、装运港、目的港、运输方式、运费应否预付、可否分批装运和中途转运等。

（5）对单据的要求。单据的种类、名称、内容和份数。

（6）特殊条款。根据进口国政治经济贸易情况的变化或每一笔具体业务的需要,可做出不同的规定。

（7）对开证行的要求。开证行对受益人和汇票持有人出具保证付款的责任文句。

2）托收

托收是指出口商(债权人)出具汇票或单据委托银行通过其分行或代理行向债务人(进口商)代为收款的一种结算方式。托收是仅次于信用证的常用的结算方式。托收根据是否随附货运单据,分为跟单托收和光票托收。国际贸易中使用的多为跟单托收。跟单托收有两种交单方式:付款交单和承兑交单。

（1）付款交单。出口方在委托银行收款时,指示银行只有在付款人(进货方)付清货款时,才能向其交出货运单据,即交单以付款为条件,称为付款交单。按付款时间的不同,付款交单又可分为即期付款交单和远期付款交单。

① 即期付款交单。出口方按合同规定日期发货后,开具即期汇票(或不开汇票)连同全套货运单据,委托银行向进口方提示,进口方见票(和单据)后立即付款。银行在其付清货款后将商业单据交给进口方。

② 远期付款交单。出口方按合同规定日期发货后,开具远期汇票连同全套货运单据,委托银行向进口人提示,进口方审单无误后在汇票上承兑,于汇票到期日付清货款,然后从银行取得货运单据。

（2）承兑交单。承兑交单指出口方发运货物后开具远期汇票,连同货运单据一起委托银行办理托收,并明确指示银行,进口人在汇票上承兑后即可领取全套货运单据,待汇票到期日再付清货款。承兑交单方式只适用于远期汇票的托收。承兑交单是在买方未付款之前，即可取得货运单据，凭其提取货物。一旦买方到期不付款，出口商便可能银货两空。因而，出口商对采用此方式持严格控制的态度。

（3）光票托收。所谓光票托收，是指不附货运单据的托收，主要用于向进口人收取货款差额、从属费用和索赔款。

3）汇付

汇付指由汇款人（进口方）委托银行，将货款汇交给收款人（出口商）的一种支付方式。在国际采购交易中采用汇付，通常是由买方按合同规定的条件和时间（如预付货款或货到付款或凭单付款）通过银行将货款汇交卖方。汇付包括四个当事人，即汇款人、汇出行、汇入行和收款人。汇付支付方式由于所使用的支付工具不同，通常分为信汇、电汇和票汇三种。

（1）信汇。信汇是汇出行应汇款人的申请，将信汇委托书寄给汇入行，授权其向指定收款人解付一定金额的汇付方式。信汇方式费用低廉，但速度较慢。因信汇方式人工手续较多，目前欧洲银行已不再办理信汇业务。信汇委托书须由汇出行签字，经汇入行核对无误，方能解汇。

（2）电汇。电汇指汇出行应汇款人的申请，用电报或电传通知其在国外的分行或代理行（汇入行），向指定收款人解付一定金额的汇款方式。电汇因其交款迅速，在三种汇付方式中使用最广。因银行利用在途资金的时间短，所以电汇的费用比信汇的费用高，在电报或电传上应加注双方约定的密押，以便汇入行核对金额和进行确认。

（3）票汇。票汇是以银行即期汇票为支付工具的一种汇付方式。由汇出行应汇款人的申请，开立以其代理行或账户行为付款人，列明汇款人所指定的收款人名称的银行即期汇票，交由汇款人自行寄给收款人，由收款人凭票向汇票上的付款人（银行）取款。票汇除了汇票外，也适用于本票与支票等票据。

4）银行保函

在国际采购交易中，合同当事人为了维护自己的经济利益，往往需要对可能发生的风险采取相应的保障措施。其中，跟单信用证是买方向卖方提供银行信用作为付款保证，但在卖方需要向买方做担保的场合以及国际合作中货物买卖以外的其他各种交易方式中，信用证无法起到为买方提供担保的作用，这时就需要银行保函来完成这一工作。

银行保函是银行应委托人的请求，向受益人开立的一种书面担保凭证。银行作为担保人，对委托人的债务或义务承担赔偿责任。委托人和受益人的权利与义务由双方订立的合同规定，当委托人未能履行合同义务时，受益人可按银行保函的规定向担保人索赔。从使用情况来看，银行保函既可以作为合同的支付手段，也可以作为其他义务履行的保证手段。它既可以是国内贸易项下的结算方式，也可以是国际贸易项下的结算方式，更可以是非贸易项下的信用工具。银行保函的应用范围远远大于信用证、银行承兑汇票等银行支付工具。

11.2.5 国际采购的保险与索赔

国际采购的保险主要是指国际运输货物保险。国际运输货物保险是以对外贸易货物运输过程中的各种货物作为保险标的的保险。进出口贸易中的货物由一国运往另一国，货物在长时间、长距离的运输过程中，要进行装卸、搬运和存储等多个环节，存在难以预料的风险，导致货物发生损坏或灭失。买卖双方为了保护自己的利益，往往通过办理货物运输保险的方式，在向保险人交纳了一定的保险费用后，将这种风险转嫁给保险人。由于保险涉及买卖双方在货物发生风险损失时各自的切身利益，所以订立保险条款也就成了合同条款中的一个重要组成部分。

保险条款具体内容是同国际贸易术语有密切联系的，主要包括投保责任由谁承担、保险条款的选择、保险险别的确定和保险金额的确定四个方面的内容。《中国保险条款》(*China Insurance Clauses*)是中国人民保险公司制定的海洋、陆上、航空、邮包运输方式的货物运输保险条款，以及适用于各种运输方式货物保险的各种附加险条款的总称。

1. 国际货运保险险种的确定

在国际货物运输中，一批货物的运输全过程一般都使用两种或两种以上的运输工具，这时往往以货运全过程中主要的运输工具来确定投保何种保险种类。国际货物运输保险的险种主要分为四类：海洋运输货物保险、陆上运输货物保险、航空运输货物保险、邮包保险。

1) 海洋运输货物保险

由于国际贸易中主要以海洋运输为主要的运输手段，因此海洋运输货物保险在国际货物运输保险中占有特别重要的地位。

货物运输保险按照能否单独投保，可以分为基本险和附加险。基本险可以单独投保；附加险不能独立投保，只有在投保某一种基本险的基础上才能加保附加险。

(1) 基本险。按照中国人民保险公司1981年1月1日修订的《海洋运输货物保险条款》的规定，海洋运输货物保险的基本险别分为平安险、水渍险和一切险三种。

上述三种险别都是货物运输的基本险别，被保险人可以从中选择一种投保。险别不同，保险范围责任不同。一切险的保险范围和责任比平安险、水渍险大，保险费率也相对较高。此外，保险人可以要求延长保险期。例如，对某些内陆国家出口货物，经过港口卸货转运内陆，无法在保险条款规定的保险期内到达目的地，即可申请延长。经保险公司出立凭证予以延长，每日加收一定的保险费。

不过，在上述三种基本险别中，明确规定了除外责任。所谓除外责任，是指保险公司明确规定不予承保的损失或费用。

(2) 附加险。《中国保险条款》中的附加险有一般附加险和特殊附加险两大类。在伦敦保险业协会的《海运货物保险条款》中，恶意损害险属于附加险；战争险和罢工险可以作为附加险，在需要时也可以作为独立险别投保。

① 一般附加险。一般附加险所承担的是由于一般外来风险所造成的全部或者部分损失，共有11个险别：偷窃、提货不着险；淡水雨淋险；短量险；混杂、沾污险；渗漏险；碰损、破碎险；串味险；受潮受热险；钩损险；包装破裂险；锈损险。

上述11种附加险，不能独立承保，它必须附属于基本险下面。当投保险别为平安险或者水渍险时，可以根据货物的特性和运输的条件加保其中一种或者数种险别。但是如果已经投保了一切险，就不需要再加保任何一般附加险的险别，因为保险公司对于各个一般附加险险别的责任，已经包含在一切险的责任范围内。

② 特殊附加险。特殊附加险承保特殊外来风险所造成的全部或者部分损失，也属附加险类，但不属于一切险的范围之内。它与政治、国家行政管理规章所引起的风险相关联。目

前,中国人民保险公司承保的特别附加险别有:交货不到险、进口关税险、黄曲霉素险和出口货物到香港(包括九龙在内)或澳门存储火险责任扩展条款。此外,还包括海运战争险和罢工险等。

根据《2000 年通则》的规定,在 CIP 和 CIF 项下,如果买方要求并负担费用,卖方可加投战争、罢工、暴乱和民变险。

2)陆上运输货物保险

陆上运输货物保险是货物运输保险的一种,分为陆运险和陆运一切险两种。

(1)陆运险。陆运险的责任范围是被保险货物在运输途中遭受暴风、雷电、地震、洪水等自然灾害,或由于运输工具(主要是指火车、汽车)遭受碰撞、倾覆或出轨。保险公司对陆运险的承保范围大致相当于海运险中的水渍险。

(2)陆运一切险。陆运一切险的责任范围除包括上述陆运险的责任外,保险公司对被保险货物在运输途中由于外来原因造成的短少、短量、偷窃、渗漏、碰损、破碎、钩损、雨淋、生锈、受潮、发霉、串味、沾污等全部或部分损失,也负赔偿责任。

陆上运输货物保险的除外责任包括:

① 被保险人的故意行为或过失所造成的损失。

② 属于发货人所负责任或被保险货物的自然消耗所引起的损失。

③ 由于战争、工人罢工或运输延迟所造成的损失。

保险责任的起讫期限与海洋运输货物保险的仓至仓条款基本相同,是从被保险货物运离保险单所载明的起运地发货人的仓库或储存处所开始运输时生效。但如未抵上述仓库或储存处所,则以被保险货物到达最后卸载的车站后开始计算,保险责任以 60 天为限。不过,在陆上运输货物保险中,被保险货物除了保陆运险和陆运一切险外,经过协商还可以加保陆上运输货物保险的附加险,如陆运战争险等。

3)航空运输货物保险

保险公司承保通过航空运输的货物,保险责任是以飞机作为主体来加以规定的。航空运输货物保险也分为航空运输险和航空运输一切险两种。

航空运输险的承保责任范围与海洋运输货物保险条款中的水渍险大致相同。航空运输一切险除包括上述航空运输险的责任范围外,保险公司还负责被保险货物在运输中由于被偷窃、短少等一般外来原因造成的全部或部分损失的赔偿。

在航空运输货物保险的情况下,除外责任与前面所述的海洋运输货物保险的除外责任相同。

航空运输货物保险的责任起讫期限也采用"仓至仓"条款,但与海洋运输险的"仓至仓"责任条款不同的是:如货物运达保险单所载明目的地而未运抵保险单所载明的收货人仓库或储存处所,则以被保险货物在最后卸载地卸离飞机满 30 天为止。

❓小思考

在国际货运中,企业如果不对运输的货物进行保险,可能会发生什么样的结果?

4)邮包保险

邮包保险承保通过邮政局邮包寄递的货物在邮递过程中发生保险事故所致的损失。邮包保险按其保险责任分为邮包险和邮包一切险两种。前者与海洋运输货物保险水渍险的责任相似,后者与海洋运输货物保险一切险的责任基本相同。

邮包运输货物保险的除外责任和被保险人的义务与海洋运输货物保险相比较,其实质是一致的。其保险责任起讫期为:自被保险邮包离开保险单所载起运地点寄件人的处所运往邮局时开始生效,直至该项邮包运达本保险单所载目的地邮局,自邮局签发到货通知书当日午夜起算满15天终止。但是在此期限内邮包一经交至收件人的处所时,保险责任即行终止。

2. 保险金额的确定

1) 保险金额

保险金额是被保险人对保险标的的实际投保金额,是保险人承担保险责任的标准和计收保险费的基础。在被保险货物发生保险责任范围内的损失时,保险金额就是保险人赔偿的最高限额。因此,投保人投保运输货物保险时,应向保险人申报保险金额。

保险金额原则上应与保险价值相等,但实际上也常出现不一致的情况,可分为足额保险、不足额保险和超额保险。国际贸易货物运输保险金额,一般是按 CIF 发票金额加一成(即加成率为 10%)计算。

2) 保险费

投保人向保险人交付保险费,是保险合同生效的前提条件。保险人只有在被保险人承诺或实际支付保险费的条件下,才承担相应的保险责任。

保险费是保险人经营业务的基本收入,也是保险人用做支付保险赔偿的保险基金的主要来源。每个被保险人应缴纳的保险费是以投保货物的保险金额为基础,按一定的保险费率计算出来的,其计算公式为:

$$保险费＝保险金额×保险费率$$

3. 货物索赔的预防措施

在本章的结尾,我们要讨论一下货物索赔的预防,也就是设计一个系统,以减少在国际货物运输过程中出现索赔情况。

导致货物索赔的情况概括如下:货物丢失;货物损坏;货物污损、破碎;由于运输的原因导致货物不再适合销售,如由于运输延迟,导致货物腐烂;由于货物未在规定日期到达目的地,导致对方索赔;不适当的包装;不适当的理舱;不适当地处理货物或堆放货物,导致货物损失、挤压等。

进口商采取适当的措施可以使损失降至最低水平,尽量避免索赔情况。下面列出的内容并不是无懈可击的,但是却可以提醒大家注意关键部分,并采取相应的措施:

(1) 相关单据的内容应该具体说明要求索赔的原因和详细情况。

(2) 应该充分利用承运人的计算机在线跟踪系统,对每一批货物的运输情况进行跟踪了解。大部分的大型航空公司和集装箱运营商都配有这种系统。

(3) 应该改进产品的质量控制、运输服务和包装。

(4) 应针对货物的装卸、理舱情况仔细研究其包装方法,以使货物适合运输途中的天气情况。

（5）要考虑对货物的偷窃，应改进货物包装，以提高其安全性。正确地安排运输路线、货物包装、货物标记等。

（6）要考虑货物破损，应改进货物的包装和理舱技术。

（7）对几种可供选择方法的成本进行评估，并制定各种方法的补救措施，评估成功概率。

（8）对全体职员进行索赔预防的培训。

（9）制定报告货物丢失和损坏情况的程序。

（10）应鼓励承运人雇佣足够的职员，来预防索赔。

（11）应采用所有可以采用的技术，以减少索赔。

（12）编制一本预防索赔的手册。

（13）尽早与供应链中的承运人和其他各方进行磋商，以采取补救措施解决困难和监督运输情况。

项目小结

国际采购是指利用全球的资源，在全世界范围内去寻找供应商，寻找质量最好、价格合理的产品（货物与服务）。经济的全球化，使企业在一个快速变化的新世界和新经济秩序中生存与发展，采购活动已成为企业的重大战略。采购与供应链管理可以使一个企业成为利润的"摇篮"，同样也可以使企业成为利润的"坟墓"。

国际采购是全球经济一体化的必然产物，本章系统地介绍了战略采购，国际采购的原则、核心、流程，战略采购的实施步骤和关键因素，国际采购的程序，国际采购货款的结算方式，国际采购有关单据的管理，国际采购中经常用到的保险方法等内容。战略采购是一种系统性的、以数据分析为基础的采购方法，着眼于降低企业采购总成本。

在全球范围的竞争环境下，产能过剩、企业并购、压缩费用等压力都使得全球采购成为企业生存的关键因素。通过利用更为廉价的劳动力，成本更低的物流网络和管制更少的市场环境可以帮助企业获取更多的利润并保持在市场中的立足之地。与此同时，全球物流容量的增长和通信能力的提高将进一步有助于削减产品的单位成本，成为全球采购发展的动力之一。

➤ 案例分析

济南汽运总公司与日本松下的合作之路

虽然目前我国物流业的发展还处于初级阶段，但其巨大的市场发展空间还是吸引了众多的参与主体。一些物流供应商已经进行了积极的探索与实践，与客户建立了良好的合作关系，并取得了优秀的经营业绩。济南汽运总公司作为山东省经贸委指定的"优化企业物流管理试点单位"，近年来遵循物流业的发展规律，不断追踪业界新动态，在基础设施建设、网络建设、信息管理等方面都取得了长足的进步与发展，并以规范的管理、优质的服务赢得了世界著名企业——日本松下公司的青睐。

济南汽运总公司通过承运山东松下影像产业有限公司的产品，结识了松下物流公司（松下株式会社的专业物流子公司),并以优质的服务给对方留下了深刻的印象。不久,松下公司中国本部决定在中国实施物流计划,将分布在中国的33家下属企业纳入统一物流管理,实现"原料采购—产品调配—市场销售"的一体化物流管理,以减少流通费用,降低生产成本。松下物流公司为了验证物流计划的可行性,在中国进行了一系列的试验,其中运输部分由济南汽运总公司承担。具体试验的内容包括松下电器中彩电、冰箱、显像管等产品在中国境内的流通。试验线路途经济南、无锡、上海、杭州、北京、天津、大连等地,历时两个多月。济南汽运总公司在组织、设计、完成的运量、实载率及时间、地点、线路选择等方面,均超过了松下物流公司的预定标准,被松下物流列为物流经营首选供应商。通过此次试验,松下公司中国本部决定在北京、济南、无锡、广州等地设立中转物流管理所。

为进入国际市场,济南汽运总公司组建了山东贸通国际货运代理有限公司,经国家外贸部审验批准,取得了国际货运一级代理权,可独立承办进口物资的制单、报关等多种业务。在网络建设方面,济南汽运总公司在山东省内建立了以强大的客运网络体系为依托的快运配送网络。主要以高时效、批量小、高附加值的小件货物为服务对象,在省外则致力于将原有的联运网络、零担货运网络改造为物流服务网络,并参加了中国物流联盟,与24家物流企业建立了稳定的合作关系,还在广州、中山、番禺、北京、上海等地广设服务网点。

现在,济南汽运总公司经过与松下公司近5年的携手合作,服务能力有了极大的提高,仓储面积由原来的5 000平方米增加到20 000平方米,各种运输车辆达到100余部,并与国内外几十家客户建立了稳定的合作关系。前不久,济南汽运总公司又与日本松下电器有限公司中国分公司正式签约,由济南汽运总公司全面代理其电器产品的整机、配件、样品机等货物品种的物流业务,负责在全国范围内为其提供多功能、一体化的综合性物流服务。这次新的合作,打破了以往以运输、仓储为主的单一服务模式,由济南汽运总公司根据松下公司需求自行设计服务方案,开始了真正意义上的物流运作。

(资料来源:http//www.logisics-ec.com)

问题:
济南汽运总公司与日本松下合作的基础是什么?

提示:
1. 济南汽运以优质的服务给对方留下了深刻的印象。
2. 严格的管理是企业发展的基础。

同步练习

一、选择题

1. 战略采购诞生于20世纪80年代的( ),然后被迅速传至欧洲和世界的其他地方。

    A. 美国   B. 中国   C. 日本   D. 英国

2. 托收是指出口商(债权人)出具汇票或单据委托银行通过其分行或代理行向债务人(进口商)代为收款的一种( )。

    A. 计算方式   B. 结算方式   C. 汇款方式   D. 代收方式

3. 国际采购是指利用全球的资源,在全世界范围内去寻找供应商,寻找质量最好、价格合理的(　　)。

　A. 原料　　　　　　B. 产品　　　　　　C. 利润　　　　　　D. 合作伙伴

4. 国际货物运输保险的险种主要分为四类:海洋运输货物保险、陆上运输货物保险、航空运输货物保险、(　　)。

　A. 水路保险　　　　B. 管道保险　　　　C. 货物保险　　　　D. 邮包保险

5. 国际采购最大的特点就是追求(　　)。

　A. 更低的成本　　　B. 更大的范围　　　C. 更高的效率　　　D. 更好的服务

二、问答题

1. 战略采购的实施步骤有哪些?

2. 战略采购成功的关键因素有哪些?

3. 国际采购的特点有哪些?

4. 战略采购的原则有哪些?

三、实训题

实训内容:采购的结算

1. 实训目的

(1) 了解采购结算的手续。

(2) 掌握如何进行采购结算。

2. 实训组织

教师组织学生在实训室进行采购的模拟结算,包括如何填证、手续如何传递等。

3. 实训题目

(1) 如何进行单证的填写和传递?

(2) 在采购结算时,应注意哪些问题?

微信扫描
查看拓展资料

参考文献

1. 吴清一. 物流管理[M]. 北京：中国物资出版社，2015.
2. [美]罗纳德·H. 巴罗. 企业物流管理——供应链的规划、组织和控制[M]. 王晓东，等译. 北京：机械工业出版社，2013.
3. 王忠宗. 采购管理实务[M]. 广州：广东经济出版社，2016.
4. 文锋. 轻松管物料[M]. 广州：广东经济出版社，2015.
5. 魏振国. 采购实际操作技巧[M]. 北京. 中国物资出版社，2014.
6. 刘俐. 现代仓储运作与管理[M]. 北京：北京大学出版社，2015.
7. 傅和彦. 物料管理[M]. 广州：广东经济出版社，2016.
8. 霍红. 华蕊. 采购与供应链管理[M]. 北京：中国物资出版社，2015.
9. 鞠颂东. 徐杰. 采购管理[M]. 北京：机械工业出版社，2016.
10. 温卫娟. 如何进行采购与供应商管理[M]. 北京：北京大学出版社，2014.
11. [加]米歇尔·R. 利恩德斯，[美]哈罗德·E. 费伦. 采购与供应管理[M]. 张杰，张群译. 北京：机械工业出版社，2016.
12. 王槐林. 采购管理与库存控制[M]. 北京：中国物资出版社，2014.
13. 刘会亚. 现代物流管理[M]. 北京：中国农业出版社，2015.
14. 徐源. 物控主管实务[M]. 广州：广东经济出版社，2016.
15. 王国文. 赵海然. 供应链管理[M]. 北京：企业管理出版社，2014.